出版编辑案头必备

▶ 张芬之　周杨　编著

中国言实出版社

图书在版编目(CIP)数据

出版编辑案头必备 / 张芬之，周杨编著. -- 北京：
中国言实出版社，2023.11
ISBN 978-7-5171-4696-4

Ⅰ.①出… Ⅱ.①张… ②周… Ⅲ.①出版工作②编
辑工作 Ⅳ.①G23

中国国家版本馆CIP数据核字（2023）第222494号

出版编辑案头必备

责任编辑：佟贵兆
责任校对：张　朕

出版发行：中国言实出版社
　　　　地　　址：北京市朝阳区北苑路180号加利大厦5号楼105室
　　　　邮　　编：100101
　　　　编辑部：北京市海淀区花园路6号院B座6层
　　　　邮　　编：100088
　　　　电　　话：010-64924853（总编室）　010-64924716（发行部）
　　　　网　　址：www.zgyscbs.cn　电子邮箱：zgyscbs@263.net

经　　销：新华书店
印　　刷：北京温林源印刷有限公司
版　　次：2024年1月第1版　　2024年1月第1次印刷
规　　格：710毫米×1000毫米　　1/16　　25.5印张
字　　数：360千字

定　　价：68.00元
书　　号：ISBN 978-7-5171-4696-4

序言 优质图书和优秀编辑从哪里来？

摆在读者面前的这本书，名为《出版编辑案头必备》，乍听起来似乎觉得"必备"二字，有点夸大其词，但当你认真读完全书，一定会觉得它货真价实，名副其实。

当今市场，有关图书出版类的书籍并不多，有的也颇有阅读和指导价值。此次面世的《出版编辑案头必备》一书，与众不同，有其独特的编辑构想和鲜明的实用价值，值得从事图书出版工作的同人必备阅读。

从事图书出版工作的同志都知道，编辑出版一本书并不难，但要出版一本导向正确、文字生动、无错别字、标点符号及语法修辞无误且装帧设计精美、真正符合社会需求的精品佳作，谈何容易?!

众所周知，一本好书、新书乃至精品图书的出版，作为著作权人的作者，其综合素养、文字功力高低固然重要，但作为图书出版的"助产士"和专为他人作嫁衣的图书编辑，同样如空气、阳光一样不可或缺，有时甚至能起到"锦上添花"和"推波助澜"的关键作用。本着出好书、出精品和培养优秀图书编辑的宗旨和愿望，本书紧紧围绕党和国家图书出版的方针政策与法律法规，紧密结合图书出版整个系统工程的具体实践，运用在日常编辑书稿过程中发现并予以改正的海量资料和典型案例，力求理论与实践相结合，从图书

"三审三校"的全过程，从图书编辑的培训与成长上，进行一次全景式、全方位的展示与论述，相信对坚持不懈用习近平新时代中国特色社会主义思想凝心铸魂，坚定文化自信，对培养合格的图书出版人，对提高图书出版的整体质量，以获取良好的"双效益"和可持续发展的潜力与后劲，有着现实的指导和借鉴作用。

为了充分展示该书"必备"的功能，我们特意约请新闻出版界的领导、专家、学者，为本书撰写专论，他们深沉细致的理论思考，丰厚睿智的实践经验，将会给读者以深刻的启迪。与此同时，我们还选录党和国家有关图书出版工作的重要政策法规，供图书出版工作者和广大读者随时学习遵循。

你想成为一名合格而优秀的图书编辑吗？你想使自己的出版企业在激烈的市场竞争中，勇立潮头，扬帆远航，永远立于不败之地，永远"风景这边独好"吗？那就请你读读《出版编辑案头必备》吧！

是为序。

张芬之

2017 年 8 月 16 日

目 录

第一编
编校短论集萃

　　这里精心选编的三十一篇编校短论，长则五六百字，短则一二百字，以深入浅出的语言，画龙点睛的笔法，从宏观到微观，从外延到内涵，从理论到实践，围绕图书出版整个系统工程和各个环节，做了简明扼要的阐述，值得从事图书出版工作的领导者和实践者参阅。

1

春节，是中华民族的传统节日，也是一年辛劳，团聚休整，整装待发的良好时机。节日期间，张灯结彩，合家团圆，大鱼大肉，其乐融融，一片祥和欢乐的景象。但是，作为图书出版人，三句话不离本行，过节了也要想着自己的本职。除了与父母、亲友欢度春节，确保节日的安全之外，还要关注两件事。其一，利用与亲友、老师、同学以及诸多百姓的接触，不失时机，有针对性地做一些市场调研，问问老百姓去年普遍喜欢看什么样的书，今年又有什么新的需求，从而摸清市场脉搏，为新一年的图书出版提出一些合理化建议。其二，俗话说，凡事预则立，不预则废。利用过节的闲暇时间，依据市场调研的资料与数据，结合自己的本职工作，静下心来想一想，以便在图书的选题策划、市场营销等方面，有所思考，有所设计，为新的一年多出多销好书，再创佳绩，打下有备无患的思想基础，何乐而不为呢?! 高高兴兴回家过节，欢乐安全回来上班，这是父母亲友的心愿，亦是领导对大家的期望。借此机会，祝大家春节快乐，一路平安。

2

"莫道君行早，更有早行人。"阳春三月，风和日丽，正是春耕春种的大好时节，亦是图书出版的良辰吉日。俗话说，一天之计在于晨，一年之计在于春。又说，春华秋实。诚望全体员工，珍惜春天的大好时光，紧密结合自己的本职工作，抓紧谋划，辛勤耕耘，力求在明媚的春日里，播种下"优良品种"，到金黄的秋季，去收获丰硕的果实。

3

阳春三月，图书出版已到忙季，但书出得快、出得多，不一定"双效益"就好。这里的关键因素有两个：一是图书市场竞争越来越激烈，利润越来越薄；二是要看书的内容、质量是否具有时代特色、符合市场需求。书的内容好、质量优，适应新时代的需求，老百姓喜欢，也乐意掏腰包买，如是这样，一家出版企业，即使一个月只出两三本书，也可能获得可观的效益，这叫作：事在人为，"以一当百"。所以，在图书出版忙季，我们尤其要在以下三个方面下功夫：一是紧跟时代，追求原创，多出彰显自己特色的新品、精品。二是精选引进版、外文版作品，不是上品佳作，不是真正符合图书市场需求的作品，尽量少引进、少出版。实践证明，这种图省事的"拿来主义"效益通常不好。三是集中精力、集中力量抓一些适销对路或更有影响力的大书、好书、畅销书，唱响主旋律，打好主动仗，为再创辉煌竭尽心力。让我们共勉。

4

现在是七月上旬，正是万物生长、葱茏一片的季节，亦是图书出版业的忙季、旺季。但从书稿审读看，有两个亟须高度重视的问题。一是书稿多为"拿来货"，有半数以上属于外版书，这个简单又省力，也没有多少政治性的敏感问题，审读相对轻松。但从内容看，可读性与可售性都显得"一般"，要成为超级畅销书，要创造可观的"双效益"，很难！二是书稿量少，尤其是优质的原创作品更少，这隐藏着出版"危机"，需要策划部门深长思之并采取积极有效的措施加以解决。往年书稿审读，这个时候，通常要加班加点。但今年从六月起初审复审的书稿明显减少，以致审读人员要"停工待料"，这种情况可能是暂时的，但毕竟不太正常，不引起警觉不行！分析其原因，虽然有几个，但最重要的还是选题策划部门下苦功不够。天上没有掉下来的馅饼，好选题、优质高效的书稿坐在办公楼里等不来，作者也很少主动送上门来，关键在于策划人员要按照公司的总体设计与选题要求，结合图书市场行情，紧扣"上天入地"的需要，动脑筋、绘蓝图、寻作者、觅书稿，才能"水到渠成"，唱好图书出版"重头戏"。"多少事，从来急；天地转，光阴迫。一万年太久，只争朝夕。"诚望图书策划部门所有员工从现在起，看到自身存在的问题，紧张地行动起来，"亡羊补牢，为时不晚"。只要我们不失时机地迎头赶上，书稿的暂时短缺一定会尽快改观。

5

近期书稿量少，自己精心策划的重头书和原创性书稿更少。这反映出我们当下书稿选题筹备不足，"等米下锅"的日子不是好兆头，亟须引起高度重视。

图书市场竞争激烈，内容为上，精品为王，已成为图书出版业内人士的共识，也是一个出版企业能否获得双效益，能否可持续发展的命脉所在。

好的图书选题从哪里来？从市场调研中来；从学习和借鉴自己的已有经验和兄弟单位的实践经验中来；从与作家、作者的交谈、交流和探讨中来；从策划部门群策群力，日复一日勤勉协作的创意中来。

事在人为。气可鼓而不可泄。只要大家振奋精神、挖空心思，更加勤奋地抓紧策划，以只争朝夕的精神去想选题、抓选题、寻书稿，公司书稿暂时不足的现象必将迅速改观，年终仍然是好收成。我们热切地期待着。

6

当下已是秋天，是遍地金黄、收获果实的季节。春华秋实，五谷丰登。图书策划部门和相关同志要回过头去，数数自己的脚印，看看自己的努力够不够，是否做到了春华秋实？！如果达到了预期目标，值得庆幸与祝贺，如果离预想的"五谷丰登"有差距，甚或差得很远，那就需要深思和奋发了。

离年底还有三个月，还有"亡羊补牢"之时日，诚望相关部门的相关同志，认真总结一下自己的经验与教训，细心谋划好年底前的各项工作，力争业绩不好的迎头赶上，业绩好的更上一层楼。

7

季羡林是国学大师、文学大家，本月接连审读他的散文精选集，如同在炎热的夏季，吃了一串冰糖葫芦，色香味俱全，酣畅淋漓，受益颇多。该系列可望成为精品书、畅销书。大家就是大家，名人果然不一般。但是，从审读中，我们也发现，名人名家的作品也有观点表述不当，甚至还有错别字。当然，这或许是出版审读流程中不严谨所致，不一定都是作者的差错，但就图书出版而言，无论是名人名家还是普通读者，"在真理面前人人平等"。只要书稿中有这样或那样的问题，我们都要本着对国家、对读者负责的态度，认真加以修改、删节、纠正。我们，既要尊重和敬畏名人、名家，也要对名人、名家不盲目崇拜。人，都是血肉之躯，名人、名家不是神仙！他们的作品中也会有差错，也要与其他作者的文稿一样，一视同仁，认真审读与修改。这是职责使然，也是出版法规所要求的。愿我们共勉。

8

图书出版是宣传贯彻党的路线方针政策，传播科学文化知识，讴歌先进模范人物，宣传革命道理，弘扬中华优秀传统文化。总之，是为党和人民酿造优质精神食粮，使命光荣，责任重大，来不得半点马虎与松懈。

从近来审读书稿情况看，有几个问题应引起警觉与重视。

第一，书稿"入口"把控不严。有一部书稿，系外版书，可能已付了部分稿酬和翻译费，按说为了避免给公司造成更大的损失，质检部门一贯的理念是能抢救即抢救，哪怕动"大手术"，也要"死马"医成"活马"，千方百计争取出版，但这部书稿的主要内容是提倡不要做好人，其中讲了许多做好人的种种"负担",还讲了些世上好坏没有衡量标准等一大堆不合时宜的观点,与社会主义核心价值观背道而驰。因此,也就失去了"动手术"的基础,只能建议取消出版。这方面的事例过去也曾多次出现,这说明相关产品经理和策划部门负责人在定选题和把好书稿"入口"关上不够严谨细心,以后务必要引起注意。

第二,党建类书稿"扎堆"量大,编校质量总体一般。主要是文件内容滞后,有的提法不统一、有的观点表述不准确等。党建类图书与文艺类书籍不同,离政治最近,有些问题也相对敏感,绝对要符合党和国家的方针政策。这类书不出错万幸,一旦出错就可能下架,损失大矣!

第三,原创书稿少,有畅销潜质的书稿更少。图书市场竞争激烈,要"风景这边独好",关键是事在人为,而事在人为的关键一环,是要抓紧抓好图书选题策划。俗话说,思路就是出路,思路就是效益,亦是金钱。就图书出版来说,思路就是选题,好选题就有好效益,"金选题"就是超级畅销书,当下显得尤其重要。图书策划部门要把策划图书选题当作出版工作的重中之重,切实抓出成效。

第四,书稿审读要有"火眼金睛",要在"认真"二字上下功夫。一本书稿拿到手里,经过逐字逐句认真地审阅、推敲、修改,交到下一个环节审读时,一定要确保不留大的"隐患"和疏漏,尽量少留问号,这才是合格。现在看,还有许多不足,甚至在一、二审之后还埋有"地雷",仍有重大失误,这需进一步提高责任心,还要有虚怀若谷的自知之明。诚然,人无完人,金无足赤。编审中偶尔出点差错难免,可以通过三审流程最终解决。但作为负责审读的个人务必看到差距,方能知不足,勤学习,有长进。

9

图书出版,核心竞争力是什么?实践和经验告诉我们,一是选题好,二是质量优。选题好,即:出版导向好,主题思想好,贴近读者好,适应市场好;质量优,即:文字、编校、装帧及印制质量皆上等。两者合在一起,就是优质书，就有"双效益"，反之亦然。

出版人都知道，编辑印制并出版发行一本乃至更多的图书，并不那么困难，只要有书稿有书号就 OK 了。但要编辑出版一本乃至更多的优质图书，并获得市场认可，读者欢迎，却不那么容易。这里的关键在出版人的素养、眼光、策划、把关与追求，五者息息相关，相辅相成。

从书稿审读和实际出版情况看，不可否认，我们的确策划、选择并出版发行了一些适销对路的好书或优质书，也取得了较好的"双效益"。但从打造图书出版的核心竞争力、取得出版发行的可持续发展而言，还的确存在很大的差距，对此应具有清醒的认识。归纳起来，主要问题有三。一是对公版书和外版书，一段时间以来一直采取"拿来主义"，省事又轻松，却没有经过仔细筛选，以致"拿来"的不少书，质量平平，销售前景堪忧，有的书甚至存在思想格调不高，论述观点不当，语言文字平庸等问题，亟须引起高度重视，要切实在精挑细选上用心力。二是对某些作家、作者情有独钟，在策划图书选题时，视野不宽广，弄来弄去还是这些自己较为熟悉或者较有名气的一些作家的书稿，殊不知就是名人名家，也难有那么多的新品、优品，何况有的作者还算不上名人名家，审读中发现其书稿质量一般，有的甚至差错率高得惊人，达不到出版水平线，这就提醒我们要把眼界放宽些，不要老是盯着那几个"老熟人"讨书稿，要注意发现新作者，不断扩大作者队伍。三是图书选题策划下功夫不够，书稿筛选把关不力，主要表现在：同体裁、同内容、同质量的书稿常常"撞车"，有扎堆、雷同之感，这是图书选题策划之大忌。一些书稿从书名到标题、内容，再到文字表述，都缺少新意，属于可出可不出的"货色"，可想而知这类书出多了，怎不造成滞销积压，又哪来"双效益"？

综上所述，要改变公司现有图书出版面貌，必须从以下三个方面发力。第一，加强图书市场调研，精心策划和认真挑选适销对路、质量上乘的图书选题；第二，对公版书和外版书，既要坚持出版和引进，又要贯彻少而精的原则，做到精选而又适量、适当，把更多的力气用在策划和组织质量较好的原创书稿上，以利于形成具有自己特色的精品图书群落。第三，定期召开书稿选题决策会议，对一些质量不高，甚至在思想内容上存在问题的书稿，要敢于亮"红灯"，开"杀戒"，严把书稿"入口关"。这样做会有两个好处，一是让产品经理更加重视自己的选题策划，多选"优良品种"，多出优质书；二是让审读人员减少重复的无效劳动，进一步提高审读进度和质量。如此这般，一以贯之，久久为功，就会改变现有图书出版的被动局面，出现新气象，开创新局面，获得图书出版的"双效益"。

10

出版实践一再证明，要取得图书出版的"双效益"，有一个重要的关口要把住，那就是在筛选和精选书稿选题上下功夫。从审读中，我们发现有一些书稿，主要是外版书，无论是文字质量，还是出版价值，主要指对现阶段人们思想行为的启发与引导上看，都显得比较一般化，属于低层次的重复出版，这一定会影响到印量与销售，类似这样的"外来书"，还是不出为好。

军队打仗和惩治腐败，都讲究"稳准狠"，我们图书出版在选题的把握上要追求"高精新"。高，是指高质量，即文字和内容相统一，有可读性，有指导性，有阅读快感，甚至有震撼人心的力量。精，是指精到、精彩、精品，即与众不同、非同凡响，一看眼睛就发亮，一读就不忍放开。这样的书会成为超级畅销书，当然会有高销量高效益。新，是指新鲜、新颖、新品。图书出版一个重要的思想原则，要锐意求新，刻意创新，无论是体裁、题材、内容、版式、文字、图片、印装设计等等，都要追求一个"新"字，力求别出心裁，别开生面，别具一格。当然，要做到这些不容易，也正因为不容易才彰显其珍贵，令人向往。一直出版那些既不上座也不叫好，市场上可有可无，读者少有问津的一般书，甚至平庸书，又有何味道和价值呢?! 所以，建议策划部门的同志，来一次认真的"回头看"，仔细数数我们的"脚印"，看看已经出版和正在选定的书稿，有哪些属于"不好不坏"的那类书，认真总结一下经验教训，努力把以后的书稿选题筛选得更准确，更精致，更有效。

11

民营书业，灿若群星，这些年发展迅猛，但由于竞争激烈，优胜劣汰，民营书业的可持续发展困难重重。要力求"风景这边独好"，主要应在三个环节上用功夫。一是选人用人，要选政治立场坚定，具有一定出版专业知识基础和一定实践经验的人，来主抓图书出版工作。这样才能做到：懂业务、上手快、创业绩。既无专业基础，又无实际操作能力的"门外汉"，原则上不选不用。二是要注重图书市场需求调研，下大力搞好图书选题策划与决策，力求出一本是一本，每一本都有效益，不做"狗熊掰棒子"那样的傻事。三是在发行环节上想门道，多用心，让好书卖好，精品书卖出高销量、好价钱，并力求畅销常销，成为公司的品牌书、看家书。当前，特别要利用多媒体做好图书宣传推介，追求"墙里开花墙外香"，还要善于开展直播带货的现场售书，只要"龙头"和"龙尾"同心协力，真正把图书出版各个环节衔接好、协调好，做到"上下游"同向同心发力，可以断定，民营书业的图书出版一定会有新面貌，创造出新业绩。

12

坚持正确出版导向，确保图书出版质量，是图书出版工作的永恒主题。从近期书稿审读情况看，应当说，我们在对一些书稿的把握与筛选上，还存在着不小的差距。

总的看，外版书仍占有图书出版的绝对比重，这不是一个好现象，销售前景也不乐观。我们还是要集中人力精力，精心策划具有自己特色的原创书，方能保持可持续发展的强劲动力与生机。

近几个月，质检部已建议取消出版几部书稿，主要是，出版导向不正确，书稿内容负能量大，不少文字表述观点失当，有的举例违背公序良俗，显得低级平庸。

确保图书出版质量，只出好书，不出差书坏书，这是一个需要上下左右同心协力、精益求精的系统工程，无论是组稿、选稿，还是审读与印制，都是一个又一个连续不断，必须严防死守的重要关口，来不得半点的松懈与马虎。要确保出好书、出精品，首先要从自己做起，从每一个环节做起，打一场消灭编校差错的"人民战争"，才能坚守导向、把住关口，提高质量，确保图书出版的"双效益"！

13

由于互联网的强烈冲击和人们获取新闻信息以及各种知识传统习惯的改变，现在许多人都成了"低头族""头条控"，像过去那样埋头读书、爱不释手的情景不多见了。这为图书出版和书业营销带来了很大的困难，也对图书出版提出了更加严苛的要求。因此，我们必须正视这个严酷的现实，下大力搞好图书选题策划，力争用新品、优品、精品来吸引读者，扩大发行。否则，在竞争日益加剧的图书市场情境中，不仅难以取得辉煌业绩，甚至连生存都堪忧；图书出版应有紧迫感，应有忧患意识、创新意识和精品意识，用更多的辛劳与心血改变现状，一新面貌。要相信，像我们这么一个有 14 亿多人口的泱泱大国，图书市场是广阔的，也是有大量需求的，党和国家也在大力提倡建设学习型社会、营造书香社会。实践一再证明，要开创图书出版新局面，关键在于：事在人为，精心酿造。

14

图书出版是一个特殊行业，要追求社会效益和经济效益相统一，并力求"两个效益"同步增长。

综观书稿一年来的审读情况，有个现象应引起策划部门和产品经理的注意。即：有一部分书稿属于"年三十拎着猎枪打兔子——有它也过年无它也过节"的可有可无的"料"。这些书稿没有多少政治性问题，编校质量或翻译质量尚好，但就市场发行和营销而言，可能都有相当大的差距。主要是，书稿多是小众读物，不是专业性特强，就是少有阅读快感，很难有较好的发行量，到头来很可能是赔本赚吆喝。这种情况不改变，长此以往，对于民营书业等于是自绝生路。俗话说，磨刀不误砍柴工。又说，新品精品出效益。图书出版本来利润空间不大，要有好效益，要创造可持续发展的前景与后劲，必须舍得花时间和用心力，在策划精品、新品和超级畅销书上下功夫。

新的一年，新的形势，新的谋略，新的追求。策划部门要把更多的精力用在策划适销对路的大众读物上，用在策划新品、优品和精品上，用在组织和策划具有"两个效益"的超级畅销书上。须知，一本好书、一本超级畅销书，可能是"黄金万两滚滚来"，甚至能救活一个企业。但若将就凑合出了几十本质量平庸又不"叫座"的书，十有八九是"白费财力，两手空空"。请大家谨记：只有新品、精品多，只有超级畅销书多，图书出版事业才能凯歌高奏，重铸辉煌。

15

图书出版靠策划出彩、立足；靠新品、精品创效赚钱。那么，怎么策划，优质高效的图书选题从哪里来？当然，出版企业的领导层、决策层是最重要的，首先自己要有谋略，有金点子、银点子，每年度针对不同的形势任务与市场需求，拿出自己的整体方案，为下属做出示范，使其有所遵循。其次是各策划总监和产品经理，要发挥自己的聪明才智，结合分管的图书种类与项目，依据公司年度的总体架构，搞好调研，独立思考，列出较为详细实用的选题书单，而且尤其要在策划和营销本版书上下功夫。这样，顶层设计与中层设计有机联动，就有可能编织好全年度图书选题优质网络。这好比，农民种庄稼，选好了优良品种，加上辛勤耕耘，当年肯定有好收成。

说起图书策划选题，可以用八个字概括，叫作：顶天立地。顶天，指的是紧跟党中央、国务院的战略部署和本年度的中心工作。中央号召什么，提倡什么，全力以赴抓什么，你就敏锐洞察，紧紧跟上，再加上有点预测，有点提前量，这样策划印制出来的图书，就是唱响主旋律、打好主动仗。立地，指的是贴近市场，贴近生活，贴近百姓。出书是要卖的，卖得出去，卖得越多，双效益越好。如果你出的书不对老百姓的胃口，不适合图书市场营销，属于"隔靴搔痒""隔山买牛"的"货色"，那怎么能热卖热销。只有贴近市场、贴近百姓"口味"，有的放矢，投其所好，老百姓才会掏腰包，才有可能获得双效益。诚然，图书策划事在人为，要八仙过海、各显神通。谁的智商高，谁的视野开阔、点子多，推出的新品、精品多，谁就能别开生面，创造非凡业绩。

16

做一个称职合格的职业出版人，必备的学养和技能有许多。但其中最重要、最关键的，是必须具有敏锐的把关意识和精准的把关能力。

冰冻三尺非一日之寒。同理，要练就一双"火眼金睛"，要熟练掌握并恰到好处地把好图书出版政治关和文字关，并不断提高把关能力，绝不是轻轻松松的一日一月一年之功，需要在长期的出版工作实践中，潜心学习，日积月累，才有可能"跌过几次跤，喝过几口水"，从而在"游泳中学会游泳"，在长期的出版实践中学会出书，逐步成长为称职合格的职业出版人。

近日终审《伊藤润二：异形世界》书稿，这是一本日本著名漫画家的作品选集，就漫画构图与技巧而论，确有其独到之处，可能在日本乃至其他国家还颇受欢迎。但按照我国的出版法规与审读眼光看来，明显存在着诸多问题。一是不少画面动刀动枪，龇牙咧嘴，渲染凶杀暴力；二是一些漫画面目狰狞，丑陋无比，令人恐惧；三是整个画集多是少年儿童形象，少儿出版尤应严谨并讲究正能量。漫画是一种技法，也是一种艺术，或幽默，或讽刺，或夸张，皆有寓意，亦有宣传和审美价值。但绝不能用漫画形式渲染色情与凶杀暴力，更不宜以少年儿童形象做载体，以此影响和损害青少年的健康成长。国家对少儿图书出版要求甚严，有关凶杀、色情、封建迷信等不当不雅之文字与图像，均不得出版，过去这方面的教训已有许多，我们理当引以为戒，警钟长鸣。

此外，在书稿审读把关中，还有几点要引起注意：①盲目崇拜名人，以为作者是大作家、大画家，甚至在国际上都有些影响，便认为其作品在我国出版没有任何问题。须知，各国文化背景不同，国情与出版法规也不同，因此，对一些较为敏感的名人名家的出版物，必须用我国的出版"标尺"量一量，看看是否适宜出版，仔细斟酌，谨慎决策。②盲目相信名作，以为这些作品曾在他们国家或某个地区获过奖，系名人名作，还会有啥问题，这是一个思想误区。譬如，曾获得诺贝尔文学奖的许多作品，在我国就不一定能出版。③拿到书稿不认真阅读，也不用出版法规做鉴别，便匆忙与作者签约，甚至预付了稿酬。最终费时费力，经审读或专题报批未获批准，结果是"赔了夫人又折兵"，教训深矣！希望图书策划人员，包括出版单位的领导层，要自觉加强职业培训，进一步增强把关意识与综合素质，在书稿"入口关"严防死守，在整个出版流程守土有责，确保出版万无一失。

17

临近年关，年终工作总结即将进行。质检部审读书稿"回头看"，总的感到，就图书选题策划来说，有两点需要引起格外重视。若老是像今年这样"原地踏步"，新的一年要想夺取图书出版的"双效益"，真可谓：希望渺茫，难上加难。

一是下决心压缩外版书。不是外版书不可以出版，而是要压缩数量，提高质量，力求少而精，尤其要砍掉可出不可出的"鸡肋书"。从本月审读情况看，外版书仍占月审读总数的60%以上。从图书品种看，多是经管类、心理学和文学类作品，品类重叠的不算多，但从图书内容和营销潜质看，真正令人眼睛发亮、击掌叫好的少之又少，大多属于没有多少可读性和可售性的一般书或平庸书。这类"鸡肋书"，对民营出版公司来说，尤其需要压缩控制。否则，"双效益"何来，可持续发展何来？！

二是下大力增加自己组织和策划的本版书，即与市场适销对路的优质书、原创书。俗话说，十年磨一剑。又说，磨刀不误砍柴工。做图书选题策划，也要有耐性，讲质量，切记狗熊掰棒子，掰一个扔一个，费力不讨好，书多效益差。综观图书选题策划，主要应把好三要素：①注重作者的选择，力求有名气，有素养，作品有质量；②搞好市场调研，防止闭门造车，隔山买牛。组织和策划的图书一定要"投市场"所好，适应市场需求，吸引读者自己掏腰包购买，这样才利于营销。③图书选题策划既要只争朝夕，又要未雨绸缪，有"提前量"，还要有耐心、耐力。有时一个月甚至两个月策划组织出一本好书、精品书、畅销书，其"双效益"有可能超过一个月策划或组织出来的3本书，甚至5本书。不要萝卜快了不洗泥，也不要拣到筐里都是菜，务必注意质量，追求新品、精品，这是衡量策划编辑、产品经理专业素质高低与精品意识多少的一个重要标尺。

新的一年，新的追求。让我们立即行动起来，目光如炬，同心协力，切实在策划和组织本版书、畅销书上功夫，力争在新的一年展现新风貌，创造新业绩。

18

辞旧迎新，万象更新。在新的一年到来之际，为了开拓进取，创造新的业绩，在出版工作指导思想上，必须紧紧抓住以下四个"牛鼻子"，力求稳扎稳打、创新突破。

一是用心力，搞好图书选题策划与决策，避免出现浪费人力物力的无效劳动。筛选图书选题，如同农民种庄稼，挑选优良品种。"种子"选好了，丰收就比较有保证。新的一年，再也不能重犯过去的"毛病"，一本书稿折腾好几个月，有的甚至提前付了稿酬，最后质检时被"枪毙"。

二是下本钱，谋划和组织本版书，追求新品、精品。往年，外版书占公司出版总量70%上下，这种图省事的"拿来主义"本年度要有根本改观。各策划部门要依据专业分工，结合图书市场调研，认真谋划自己的本版书、专业书、精品书，不够标准不要，不够分量不出，做到宁缺毋滥，宁新不俗。力求出一本是一本，本本有"双效"。

三是下功夫，精挑细选再版书，组成可创双效益的再版书方阵，继续保持长销与畅销态势，为公司积累可持续发展的实力与后劲。十多年来，我们出版了一系列主旋律新书大书和名人名家系列名著，均取得了良好的影响与效益。这是我们的"看家书"，也是我们取得双效益的传统书系。要依据发行部门提供的数据和当下市场的需求，对过去的双效益图书来一次"回头看"，及时选定若干书目，迅速安排再版与补货，确保市场需求。

四是下决心，优选外版书，力求少而精。纵观以往的外版书，基本上是四类：经管、心理、文学与励志。总体上看有好书，也有"双效"书，但所占比重不大，而不好不坏、可出可不出的外版书占多数。这种不费脑筋、不分好赖、"拿到筐里就是菜"的"拿来主义"，要不得。新的一年，各策划部门在组织外版书时，务必认真严判，好中选优，争取选一本是一本，本本有效益。

牵牛要牵牛鼻子，种田要选好把式。新的一年，公司主要负责人和各策划总监包括各位产品经理，若能群策群力、同心协力，牢牢牵住上述四个"牛鼻子"，那么，公司的图书策划与营销一定会展现新气象，开创新局面，创造新辉煌。

19

据《中国新闻出版广电报》报道，上海一家实体书店在2月份的一次图书促销中，10天之内便实现销售码洋200多万元。去年12月份，广西北海市新华书店有一个作家辅导少儿写作的活动，书店经理告诉记者，北海市新华书店年销售码洋可达600万元。这两个事实说明：实体店售书虽受网店冲击，但在大疫之年，只要有好书，且宣传促销方法得当，书照样好卖，实体店的生意还行。这两家书店的销售实践告诉我们，开展全民阅读，建设书香社会，为图书出版业的繁荣发展创造了广阔的空间；同时也提出了图书出版要追求高质量发展的要求。好女不愁嫁，好书必好销。作为图书出版人，一定要深刻认识，当前社会形势发展带来的新机遇，要精心谋划，多出新品精品，善于在危机中育新机，于变局中开新局。

20

本月书稿审读，经认真讨论权衡，结果好书空缺，差书评出 2 本，这种情况为多年来少见。其实，原因很简单。好书空缺，主要因本月审读书稿属于重大主题的书稿少，可读性和可售性皆好的书稿也不多，为确保好书质量，所以一本好书未评。这个事实告诉我们，策划部门要下功夫筛选和取消"不好不坏"之类的平庸书，用心力组织策划优质书、畅销书、品牌书、双效书，才能减少无用功，创造新业绩。

差书存在的问题，审读简报中的"立此存照"栏已有记载。主要是书稿有重要政治性差错，或者文字表述粗制滥造，还有个别篇目以偏概全，对现实充满愤青情绪。这类文字一经出版，就可能"一粒老鼠屎，坏了一锅汤"。历史的经验值得注意。在过去受到下架或处罚的图书中，有的整本书基本上无问题，就是因为一张图片、一幅插图或一两段文字出了政治问题，结果整本书成了坏书，有关人员受到严肃处理。这样的教训应当警钟长鸣，深刻记取。

图书出版，贵在求新创新出新，切忌一般化，切忌平庸，切忌跟风，"吃别人嚼过的馍"。策划部门在组织书稿时，心中要有一杆秤，就是筛选新书、新品、精品，锐意追求人无我有，人有我新。不如此，何来优质书、畅销书?!何以在日益竞争激烈的图书市场中，占有一席之地，"风景这边独好"？

21

俗话说，剧本剧本，一剧之本。这是戏剧创作的经验之谈。若就图书出版来说，何尝不是这个道理。

　　图书出版是生产不同种类、不同内容的精神产品，不仅要花色品类齐全，更要追求上品、精品，适合市场及读者的需要。今年的图书市场由于疫情防控和众所周知的原因，图书销售空间与数量都受到影响，势必导致销售流转额和销售利润有所下滑。对此，我们应有清醒的认识。

　　人常说，种瓜得瓜，种豆得豆。又说，一分耕耘，一分收获。这两句俗语的本质说到底，是事在人为。同样的市场，同样的环境和条件，为什么有的出版机构好书、新书、精品书频出，自然双效益就好，而为什么有的出版机构却一直"原地踏步""山河依旧"，甚至效益严重下滑，有的还可能危及生存?! 究其原因，肯定是多方面的，但归根结底，还是在图书选题策划和产品出版决策上见了高低。因此，公司策划部门一定要从这些方面总结经验教训，在组织和筛选敲定书稿上下一番苦功夫，凡质量一般化又无销售潜力的书稿，属于可出可不出的，则坚决不出，要下大力组织策划出版导向好，可读性及可售性皆好的新书、好书、精品书。只有如此，才能开拓新局面，创造新业绩，永远立于不败之地。

22

　　十年来，我们是第一次有一本书稿，评了好书又评差书。编校差错率在万分之二十以上评了差书，又为何还评好书? 主要考虑在本月审读的书稿中，《从伤口里爬出来》的这位作者，本身是位残疾人，他的经历，他的苦难，他的顽强奋斗，充满传奇色彩，书稿中洋溢着催人奋进的力量。这本书宣传推介得好，会成为一部热销书、畅销书，从选题策划角度衡量，应当给予肯定与鼓励。另一本差书，存在的错误也堪称"传奇"，居然堂而皇之地写上 2 月 24 日宜叛逃、某月某日忌实话实说，等等。这是一加一等于二的明显错误，如此不负责任对待自己的工作，不知何时就可能出差书、坏书，给公司带来不可估量的损失。图书出版是党的思想文化战线的重要组成部分，是为党和人民酿造优质精神食粮，务必精心精意，精益求精，不允许带着"故障"和"毒素"出版。对此，必须有十分清醒的认识。

23

由于疫情和互联网的冲击，当下图书出版面临着营销萎缩和利润下滑的明显趋势，时政类书籍也不像往年那么好销。这种局面如何改观，图书出版的前景是否堪忧，这个现实问题如暮鼓晨钟响在耳旁，必须引起高度重视，并加以认真研究。

首先要承认，困难确实不少，图书出版与营销真的不像过去那么好做了。但是，有困难不等于不能做；利润空间有所萎缩，不等于做书就没有利润可赚。从国家整个图书出版形势而言，这些年来图书品类数量以及实际创造的利润都有大幅度增长，图书进出口贸易额呈前所未有的发展势头，这说明图书出版作为第三产业仍有广阔的发展前景，只要有人类存在，图书作为积累、传播历史与知识，具有悠久历史传统的文化载体，就有其存在与发展的必然性和重要性。因此，对我们继续做好图书出版发行工作，实现社会与经济效益的双丰收，也要充满信心和勇气。

诚然，事在人为。一个出版企业能否认清形势、与时俱进，开拓进取、创造辉煌，关键在这个企业的当家人，要有政治远见与抱负，要有审时度势、顺势而变的智谋与举措。常言道，曲径通幽，顺其自然。此路不通，另辟新路，不能哪壶不开提哪壶。时政书不好做了，我们可以少做，更重要的是在面向市场、面向读者，在"按需抓方""投其所好"上下功夫、做文章。从市场营销实践看，适销对路、名目繁多的少儿书；医学健康、养生保健的专业书；名人名家传记与林林总总的文学书；励志、心理学、管理营销等方面的书，仍有大量需求和广阔的市场空间，就看你的策划是否精准，你的营销是否到位。过去我们出过一些畅销书、爆品书，有的书从内容到装帧设计和印制上看，并不那么起眼，却能连续销上几十万册，利润几十万、几百万，我们应从中吸取有益的经验，紧密结合市场调研，从"顶天立地"的原则出发，认真抓紧抓好图书选题策划，力求多出新品、精品、爆品。少搞无效劳动，多搞一本万利。这就要求我们在追求一定数量的前提下，更多更用心地去追求产品的质量。只要大家开动脑筋、群策群力，挖空心思、不懈追求，可以断定，我们明年的图书出版与营销，一定会面貌大变，凯歌高奏。

24

新年伊始，万象更新。对从事图书出版的我们来说，何尝不是满怀希冀与期望?!

但是，从近期书稿质检审读角度看，可以坦率地说，送审书稿质量总体上并不如意。本月虽未评出差书，但就书稿的选题策划和文字质量而言，都显得很一般，甚至可以说，不咸不淡，有些平庸。把这些书印制出来，推向市场，恐怕很难热销、畅销。试问，图书出版的"双效益"又从何谈起？

以 2021 年 12 月审读完成的书稿为例，归纳起来，主要问题有三：一是《名家散文精选》中，除王蒙等几位作家还称得上著名，其余多数作者和作品均算不上名人名作，不少作品质量一般化，读起来没有阅读快感，读者会买账？市场能热销？这说明在书稿质量的筛选和把关上标准不高。

二是从日本引进的两本书稿，一本是奇幻悬疑小说集，故事情节不精彩，人物形象不丰满，文字质量平平，市场营销堪忧，已建议取消出版。一本是讲述夫妻相处关系的书，其中作者联系自己的生活实际，从脑科学角度，讲了男人与女人的差异及夫妻之间的相处之道等等，或许与翻译有关，书稿整体语言文字啰唆不精练，就是出版也不一定好销，这说明对外版书的质量和"入口"把关不严。

三是低层次的重复出版偏多。一些书虽出自名家之手，但毕竟多为半个多世纪的"陈年旧作"，而且是众多出版机构多次再版之老书、旧书，可以想见，这类作品要翻出新花样不是一件容易的事，"老酒装新瓶"的书成为爆品的空间不大，需要精心筛选、精心制作，不可随大流、一窝蜂。

上述问题，希望相关同志真正警醒起来。有志气、有创意、有追求的出版人，从内容和营销角度着眼，要注重组织出版有自己品牌特色的原创书，以形成精品图书品牌群落，这是出版正道，也是可持续发展的宝典真经。

25

新冠疫情此起彼伏，图书市场竞争加剧，利润空间日益萎缩，整个图书市场营销形势严峻。我国有句很励志的话，办法总比困难多。还有一句被无数实践证明了的真理：事在人为。

办法，天上掉不下来，要靠我们自己去筹谋，要绞尽脑汁，冥思苦想。事在人为，关键是自己要振作精神，励精图治，凝神聚力，艰苦奋斗。

基于以上认识，新的一年，图书出版工作要重振雄风，开创新局面，创造新业绩，主要应抓好以下三点。

着力优化图书选题，在甄别筛选"优良品种"上下功夫。图书出版要讲数量，但更要讲质量。对那些不好不坏、可出可不出的图书选题，要以壮士断腕的气魄下决心压缩精简，力求出一本是一本，本本有效益。

把危机意识转化为精品意识、效益意识，在出新书、出精品书上用功夫。出新品、精品，是图书出版的永恒主题，也是图书出版人的不懈追求。新的一年，要群策群力，穷尽智慧，从公司领导层到每一位产品总监和产品经理，都要把出新书、出精品书、出超级畅销书作为重中之重，精心策划，全力打造，一级抓一级，切实抓出成效。

贴近市场，"投其所好"，坚持和发扬已有的出版风格和传统，继续抓好"主旋律"图书的出版；同时摸准市场脉搏，在"转换跑道"、另辟新路上开拓创新。实践一再证明，林林总总、名目繁多、适销对路的少儿书以及养生保健等休闲书，颇有市场营销潜力。新的一年，我们要在这方面多投入一些财力人力，争取有新的突破。少儿是祖国的花朵和未来，也是父母和爷爷奶奶的宝贝疙瘩。有关少儿的所有知识层面的图书，只要有利于少儿的美智体成长，家长一般都乐于掏腰包购买。譬如，少儿读唐诗、宋词，少儿读孔子、老子，少儿读三山五岳，少儿知长江黄河，少儿懂孝道，读好书，包括少儿的吹拉弹唱、衣食住行等等，都可作为图书选题来策划。中少总社打造的专注原创的绘本品牌，汇聚神话传说、成语典故、农耕文化、历史信仰等中国特有元素，为孩子们构筑了一个纯真的童心世界，也为世界儿童搭建起一座认识中国、走近中国的桥梁。近来该社推出《一条大河》姊妹篇《中国》，不仅展现了中国高速发展的经济与科技，还讲述了中国特有的文化精神、情感内核，销售前景广阔。少儿书政策性强，敏感度高，但只要精心谋划，切实把住导向关、内容关，不必多虑。

当下，我国已进入老龄化社会，65 岁以上的老年人近 3 亿，老年人的养生保健，老年人的退休生活，老年人的婚姻以及家庭关系的和谐之道，等等，都需要相关的书籍提供阅读和帮助。譬如，老年疾病的预防与救治，退休后是居家养老还是进养老院，老年人与儿女及孙子孙女的相处之道，老人的夕阳恋，老年人跳广场舞，老年人的饮食结构，等等，这些品种多样内容丰富的图书，都是老年人乐意读到的，也有益于养生保健，要积极策划与开发。搞得好，一本书销个十万八万册，甚至可以成为畅销书、长销书，何乐而不为呢？

总之，2022 年是一个充满挑战也充满机遇的一年，只要我们牢固树立策划意识、危机意识、精品意识、双效益意识，步调一致，同心同德，迎难而上，化危为机，那么我们的目标就一定能够实现，也一定能够重振雄风，再创辉煌。

26

图书出版的"双效益"来自哪里？尽管因素有许多，但一言以蔽之，图书选题策划的优质、优良，是最核心最关键最重要的因素。

图书出版是一个系统工程，俗称"上下游"，也叫"龙头"与"龙尾"。所谓"龙头"，指的就是图书选题策划；所谓"龙尾"，指的是图书印制与营销。不言而喻，"龙头"是"脑袋"，是"总指挥"，是图书出版系统工程中的"中枢神经"，所以，显得格外重要。这好比农民种庄稼，一年四季，辛辛苦苦忙到头，要想五谷丰登，喜获丰收，就要精心筛选"优良品种"。品种优良，才能苗齐苗壮苗旺。与此同理，做图书出版工作，也要在优化图书选题上下功夫，图书选题优质、优良，出版导向正确，文字质量上乘，适应读者和市场需求，必然热销畅销长销，乃至成为一家出版机构的名牌产品，成为新的效益增长点，这是保持可持续发展的宝典真经，何乐而不为呢？

从近期书稿审读角度衡量，坦率地说，公司图书选题策划，与往年相比有进步，有一部分书稿有新意、有亮点、有良好的市场营销潜力，可望获得好收成，但仍有不少书稿旧貌不改，"原地踏步"；更有少量书稿选题策划失察、失当，存在着严重的"故障"和隐患。诚望引起策划部门和每一位产品经理的警醒与反思。

27

策划部门应有什么样的选稿眼光？书稿编辑应有怎样的政治把关意识？

这是两个老生常谈的问题，又是常常被我们轻视和忽略的问题，其要害关乎图书出版的"双效益"，甚至关乎一家出版企业的生命线。

近来审读一位小有名气的作家的书稿，是一本散文集，其中有多篇出版导向不正确，思想内容严重失当，甚至可以说丑化暴露一览无余，等于给美国及一些仇恨攻击我国的西方政客提供"炮弹"和所谓的依据，读来令人触目惊心。

策划部门之所以挑选其作品结集出版，主要理由有二：一是作者是知名作家，名人名作有啥问题？二是散文集中的一些作品曾入选语文选修教材，列入了"课外阅读"，有啥问题？而问题就恰恰出在这里。图书出版是一项严肃的文化事业，是为党和人民酿造优质精神食粮，要严格把好出版导向，而不能唯名人、明星是瞻。名人也是人，不是神。何况神仙也有打盹的时候，谁能保证名人的作品就一定不是次品？！不出问题？！

一个称职的有政治头脑的出版人，我们的选稿眼光不是只盯着名人，而是要盯住导向、盯住质量，有敏锐的把关意识和对党的出版事业极端负责任的精神。否则，后患无穷。

28

图书出版的出路和效益在哪里？一言以蔽之，在策划，在创意，在产品，在质量，在营销。这是一个系统工程，少了哪一个环节都可能功亏一篑。上述五个图书出版生产与营销流程中，选题策划是源头，是基础，但最重要的环节，是产品，是质量。出版人常说，内容为上，产品为王。图书出版要获得双效益，没有什么捷径可走，唯有精心策划，别出心裁，严谨编校，确保质量，多出新品、精品，才是正路正道。

用上述标准衡量我们审读的一些书稿，无论从出版导向，还是文字质量、编校把关而言，应当说都是不合格的。这些书稿如不经过认真审读修改，一旦带着"地雷"出版，不知道何时就会"爆炸"，势必给公司带来不可估量的损失，这绝非危言耸听。

诚然，气可鼓而不可泄。我们的成绩要肯定，策划部门的辛勤付出要鼓励，但"问题不说不得了"。想要真正成为一个合格的出版人，要想永葆"风景这边独好"，那就要认真在选题策划和书稿的深度把关上下功夫，别无他法。

29

本年度的工作接近收尾，新年度的工作规划与蓝图，应未雨绸缪，提早动手制定和绘就。毛泽东说过，不打无准备之仗，不打不把握之仗。与此同理，我们要在新的一年取得更大的进步，创造新的业绩，同样要对整个出版工作运筹帷幄，早做设计。为此，从公司领导层到策划、发行等各部门，在做好年度各项工作顺利收尾的同时，要集中一些时间和精力，开展调查研究，并紧密结合公司和部门的工作实际，群策群力，搞好新年度整个工作框架和任务指标的总体设计。公司的图书选题策划部门，尤其要制定好明年第一季度的图书选题规划，不仅要有选题目录，还要有相对应的作者队伍，有具体的组织者和落实人，防止春节过后忙忙碌碌、工作无序，错失了大好春光。

天地转，光阴迫，一万年太久，只争朝夕。让我们紧急行动起来，一手抓年度工作收尾，一手绘明年度的规划蓝图，争取在新的一年，有新的谋划、新的设计、新的绩效，开年迈开第一步，打开新局面，迎来新气象。

30

国家新闻出版署质检中心近来抽查书稿编校质量，抠得很细，扣分较严，不少图书被判定不合格，有的做下架处理。现在看，图书出版要真正做到"万无一失"，的确越来越困难，产品经理组稿、编辑人员审稿更要认真严谨。一是注重从书稿源头把住"入口"和质量关；二是编辑人员要敬业、精业，更要在"认真"二字上下功夫，确保书稿审读质量，方能达到"万无一失"！

新冠疫情日趋复杂，国家调整了防控策略。当下，"阳人"越来越多，在一定程度上打乱了我们的工作秩序。希望大家直面现实，加强防护，确保健康安全。即使不慎被感染，"阳"了也不可怕，年轻人只要身体素质好、心态好，适时适量服药，通常一周左右转阴。正如大张伟的那句歌词：天空飘来五个字，那都不是事。

冬天来了，春天还会远吗？扛过这一波普"阳"疫情，扑面而来的是阳光灿烂，春暖花开。让我们同心同德、攻坚克难，满怀信心与力量，去迎接更加美好的明年、明天。

31

审读是个精细的活儿，要把好关，确保万无一失，必须敬业，敬畏岗位，兢兢业业；必须精业，精通业务，精心精意。审读中，对书稿，特别是著名作家、知名人士的著作，不要因敬畏失去了自我，坚持在审读中人人平等，发现有表述不当，观点不当之处，要敢于纠正，力求锦上添花。但切忌按自己的语言习惯去修改别人的作品，可改、可不改的原则上不改，要注意尊重作者的劳动。尤其是作者坚持自己的观点或意见时，更应虚心听取作者的意见。对于书稿中思想观点不正确，语法修辞有错误，特别是十拿九稳的病句、错字、漏字等，则要一视同仁、毫不留情地逐一改正。须知，作者有著作权，我们有出版权，凡不符合国家出版方针，凡编校上有"货真价实"差错的书稿，作者拒不按审读意见修改的，我们可以退稿不予出版。过去我们编审出版过余秋雨的《文化苦旅》、贾平凹的《自在独行》，均提出了许多修改意见，两位著名作家都表示同意。这就是虚怀若谷，也可谓互相尊重。

这里需要强调一点，书稿经编辑部门审读，提出了修改意见，责任编辑认为不适当之处，可与编审老师沟通，经同意可以不改。但经过三审流程审定的作品，责任编辑原则上要照单全收，不允许擅自做主不予改正。否则，公说公有理，婆说婆有理，出版质量将难有保证。诚望在大家的精心策划和认真编审中，差书越来越少，而好书、精品书、超级畅销书，如雨后春笋不断涌现。

第二编
百字书评赏析

编辑完一本二十万字或三十万字的书稿，能以一二百字的篇幅，简略、中肯、生动而又不失重点地写出一则合格的书评，并不容易。这里特意选编一百余则，作为示范，以飨读者。

1

《蒋勋谈米开朗基罗：苦难中的巨人》，是美学大师蒋勋的作品，围绕文艺复兴巨匠米开朗基罗的生平和创作，解读了他传奇而痛苦的一生。作者通过一些细节描写还原、解读这位巨匠的不平凡人生，并向读者传达他的雕塑、壁画以及他的其他创作有多么美。正如作者所说，美是一种呼吸，用心阅读文字，贴近作品，聆听"美"的声音吧。

2

《幸福都是奋斗出来的》，阐述了共产党人应具有的幸福观，从信仰、廉洁、家庭、修德、读书、交友等方面逐层深入，引申出共产党人要为人民群众的利益而奋斗，让人民的生活更加幸福美满这一主旨。书稿极富正能量，引用大量古今中外的事例和名言警句以阐述观点，语言流畅易读。但从标题制作的简洁上衡量，可改为"幸福是奋斗出来的"，"都"字有点多余。

3

《终身学习》，是以学习和成长为主题的关于个人成长的励志书，作者以自身经历总结出人生的十大法则，通俗易懂而富有哲理，许多内容与社会主义核心价值观相通，相信会受到读者的欢迎。

4

《人生不惧时间的弯镰》，是余光中先生的散文精选集。密集的叠音、陌生化的词汇，营造出如诗般的语言节奏，意象丰盈奇特。书稿记述了作者久远的记忆和离愁别绪，漂泊异乡的往事以及对生活和艺术的见解。行文生动幽默，令人赏心悦目。

5

《巨变：我们这个时代的中国》，全书对中国的政治、经济、社会、改革及崛起等方面进行了大视野的透视，对深化改革与发展提出了建设性的意见。总的基调是积极向上的。但文中也有判断与观点存在偏激与片面，要作必要的删节与修改。当然，作为一个中国问题的研究专家，能够提出一些有见地的思想与观点，还是值得肯定的，不少建言也值得借鉴。

6

《保持微笑》，是美国前总统奥巴马的副幕僚长的自传体作品。作为一名女性，美国第一任非裔总统的得力助手，她结合自身的经历阐述了一个传统的观念：努力工作，有端正的态度，保持年轻的心态，才能让你走得比你梦想的美景更远。

7

《漫长的分离》，讲述了一个女人"寻找"将要离婚的丈夫的故事，文字平实，但充满悬念。女主人公本来和丈夫协议离婚，丈夫却突然消失了。因种种原因，主人公踏上了异国寻找丈夫的旅程，却意外发现丈夫已客死他乡。这一寻找过程引发主人公对爱情、婚姻、背叛、生死等一系列问题的思考。书稿融悬疑、情感、推理等元素于一体，既有对婚姻、爱情、背叛的细腻深刻剖析，也有对丈夫意外死亡抽丝剥茧的推理过程，值得一读。

8

《销售就是要玩转细节》，书稿以如何做好销售为主要内容，作者结合自身经历详细阐述了销售服务中销售人员的名片与话术以及顾客的心情与信息管理等细节的重要性，强调销售重在做好细节，要善于和顾客交朋友，从而赢得业务的成功，有一定的实用操作性。

9

《农村基层党组织工作手册》，从加强农村党组织工作入手，以党的十九大精神为指导，对基层党组织设置、党员发展、党员教育培训、党员组织管理、党组织纪律检查等方面进行了全面论述，是宣传党的理论和知识的工作实用手册，对加强党的基层组织建设会起到积极有效的作用。

10

《伤心咖啡馆之歌》，是美国女作家卡森·麦卡勒斯的中短篇小说集，作品大多描写的是一些孤独的人、畸形的人的生活，虽背景各有不同，但表达的皆是孤独这一人类的特殊话题。麦卡勒斯的小说以其独特气质吸引了一代又一代的读者。

11

《童年会伤人》，阐述了童年创伤对人一生，包括对个人的身心健康与他人的亲密关系，以及对下一代的相处模式和教养方式等的影响，并针对这些创伤提出了疗愈的方法，适合有童年创伤者自疗，尤其是为人父母者，可以通过阅读获得改变的力量，从而引导、教育孩子健康成长。

12

《小丑之花》，是日本作家太宰治的中短篇小说集，小说主人公的自杀经历实则太宰治对自己心路历程的剖析，孤独而骄傲，敏感而冲动，徘徊在社会边缘，从书中可以深深地感受到作者的痛苦，渴望自由和解脱的强烈愿望。

13

《10秒沟通》，作者以自己的生活体验和工作经历，讲述了言简意赅的沟通方式在演讲、聚会、日常工作中发挥的重要作用。目标清晰，实用性强，语言通俗易懂，读起来比较轻松。

14

《为什么出发——中国共产党人的初心和使命》，围绕党的十九大报告及习近平总书记关于中国共产党人初心和使命的重要论述，集中阐述了"不忘初心、牢记使命"的宗旨内涵、时代价值和实践要求，全书结构完整，主题集中，语言流畅，内容丰富，是广大党员学习十九大精神的重要理论辅助读物。

15

《我们的防御心理》，书稿探讨了心理防御机制的作用方式及对人们日常生活的潜在影响。通过教授读者识别并直面内心深处运作的心理防御机制，告诉人们如何正视内心的种种情绪，如何有效解决生活中的各种情感问题。案例典型，通俗易懂，读来视野开阔，可以成为自己的心理治疗师，使之拥有更良好的人际关系。

16

《环境心理学》，书稿涉及心理学中一个特殊的领域——环境心理学，从人类的各种日常空间，如私人空间、工作空间等，对社会环境提出了新见解，并向建筑的设计者和规划者提出科学建议，使人们的生活质量得到改善，有较高的社会价值和学术价值。

17

《轻松做中层》，对身处企业的中层管理者遇到的一些典型问题进行分析。作者借用实例阐述中层领导者应掌握的各种应对技能，从而积极发挥中层领导的独特作用。书稿体例明晰，语言通俗流畅，例证切实可用，是为中层管理者量身打造的工作指南。

18

《生活有诗意——熊召政文化散文集》，作者以丰富的文化知识底蕴为基础，讲述了与人们生活息息相关的我国传统文化的特色魅力以及面临的一些实际问题，融历史、人文、现实、生活、艺术、古今于一体，既有理论深度，又有现实意义；既有文字表述上的艺术性，又有文化价值上的可读性。

19

《会说话的人运气都不会太差》，是一本教授职场新人如何开展职场交流的实用书，书稿从"照顾对方感受""倾听能力""表达能力"三大方面展开，为初入职场的人提供了许多行之有效的实用建议，教你如何去说去做，以得到他人的认同、赏识、信任。书稿语言轻松流畅，适合初入职场者学习应用。

20

《宇宙指南》，书稿讲述了一段充满魅力的探索宇宙之旅。想象一下，宇宙是如何从一个亚原子大小的空间转化成如今这无穷的星际海洋的？作者通过照片、图表、地图等方式以及简洁明了的文字表述，向我们解读了关于地球、太阳、星系、宇宙等方面的基本常识问题，科学揭示了一种更深层次的美，引导人们探求宇宙的起源，并将世界和宇宙联系起来，如果我们敢于想象，也能一窥创世的真谛。

21

《超级记忆力》，讲述如何通过记忆管理，学习和掌握实用商务技能，解决工作、学习中遇到的烦恼和问题，以提高个人能力。作者先是详细分析了记忆力存在差异的原因，再依次提出了提高和改善记忆力的各种记忆术，具有很强的实用性。

22

《写给幸福》，为台湾女作家席慕蓉不同时期的散文作品集。她将自身和家族的动荡波折的生活经历，以至整个族群的艰辛曲折的生存史诉诸笔端，书写了她生命中各种美好的情感，她用文字与读者分享关于生命、艺术的体验和感动，展示了一个民族的伤与痛，顽强与坚守。情感细腻而炽烈，颇具感染力。

23

《青灯有味似儿时》，是台湾作家琦君的散文集。全书主要记叙了作者自己经历中一些难忘的事件与人物。许多篇章写得情真意切，细腻流畅，人物遭遇动人心弦。全书展现了一幅当时社会的真实图景，具有浓郁的乡土气息与民俗特色。

24

《植物知道生命的答案》，是增加新内容后的再次出版，不失为一部科普类佳作。全书以通俗的语言、拟人的手法，从植物的视觉、嗅觉、味觉、触觉、听觉、感觉、记忆等各方面，进行了通俗的介绍，使人受到一次科学的沐浴。

25

《鼻子底下就是路》，作者以独到的笔触，礼赞百态人生，咏叹世间万物，尤其是她本人对中国近代命运的咏叹与怜惜，以生命信仰勾勒出中国大时代的故事，开拓了一个新颖的意境和广阔的空间，引人阅读。

26

《管理的战略》，是一本外版书，选取五十位全球杰出的商业思想家写给首席执行官的五十封书信，这些有着不同身份和职位的作者，在信里对CEO如何应对自己的工作，从不同角度不同层面给出了解答。书信中的思想理念对各行业各领域的CEO都有借鉴意义。书稿体例新颖，内容丰富，语言流畅易读。

27

《长恨书》，女主人公克里斯蒂娜是一家慈善店的志愿者，偶然从捐赠的旧衣中发现了一封三十多年前未寄出的信，于是开始了一段曲折的寻人之旅，引出两代人的爱情故事。

28

《贝尔格莱维亚》，是一部描写十九世纪英国贵族阶层有关遗产纷争的小说，讲述了一心想跻身上流社会的商人特伦查德家族和世袭伯爵贝拉西斯家族两家因儿女跨阶层恋爱生下"私生子"所引发的一系列故事。书中既大篇幅描写了英国特有的贵族文化，也间接反映了阶级差异、遗产继承制等一系列问题。整部小说脉络清晰，悬念设置巧妙，值得一读。

29

《玄思片语》，摘自林清玄散文中有哲思的片段集合而成，阐述了作者对人生的真实感悟以及对幸福、心态、美、爱的理解，强调为人处世，要有好的心态，看淡名利，才能在纷繁复杂的环境中感觉到幸福与美，体会到人生的真谛，有一定的励志意义。但篇幅短小，三言两语显得不厚重，亦缺乏理论深度。

30

《一句话成交》，讲述了言简意赅的沟通方式在文案写作中的作用，介绍了文案策划人应具备的 77 个文案撰写技巧。文字浅显易懂，同时紧密结合大量实例，指导性和实用性强，是一本文案撰写初学者可资借鉴的文案指南。

31

《活着多好呀》，著名作家汪曾祺的散文集。作者以自己几十年的生活感悟，将人生中的美味吃喝、亲朋故旧、人际交往、日常见闻等方方面面的事情娓娓道来，留下了时代的痕迹，有一定的史料价值。全书行文流畅，语言朴实无华，所记人情、风情、亲情真实而精当。

32

《狂怒之国》，为外版长篇小说。小说描述了一起发生在动物园内的枪击案，以一对母子为主人公，穿插大篇幅心理描写，解析了受害者们在面临死亡威胁时的心理状况，又剖析了案件制造者的动机。故事生动细腻，可读性较强。

33

《乘法领导者》，作者将企业领导者分为两种：乘法领导者和除法领导者，发现并阐释了乘法领导者如何挖掘下属员工的未知潜力，最大化地发挥出每个员工的能力，而除法领导者又是如何榨干公司的智力和能力资源的。书稿引证了全球各大企业领导者的丰富实例，简要阐述乘法领导者和除法领导者领导方式的利弊，论据翔实，逻辑严谨，但语言过于平实，略显枯燥。

34

《管理的十大法则》，作者以自身的研究成果与管理经验为基础，以简单明了的语言风格，讲述了企业管理中的十条法则。条理清晰，层次分明，论点、论据都比较到位，书中所列举的方法简单易行，对企业管理具有一定的可操作性。但其中的一些法则略显一般，缺乏令人眼睛一亮的管理新概念。

35

《三国（一）》，是日本作家吉川英治的长篇小说，作者对我国古典名著《三国演义》进行了全新阐释，对其中的重要人物，如刘备、曹操、吕布等形象进行重塑，在忠于原著的基础上使这些人物更加丰满、细腻、立体。作者适当改写了个别角色的结局，如貂蝉的自尽；添加了丰富的人物对白以展示人物的性格及心理冲突，这些改动体现了现代人对这段乱世之中的运筹、博弈、权术、争雄、个人选择及命运的思考，既有豪壮旷达之气，又有哀婉伤怀之情，令人感慨。

36

《只想和你过好这一生（二）》，是对国内外知名的心理咨询从业者的采访记录，如武志红、马晓年、约翰·贝曼、柯维夫妇等，从不同专业角度对婚姻、家庭问题进行分析并提出解决方法，直面当下中国社会存在的典型问题，如性教育缺失、婚姻名存实亡等，有很强的社会现实意义。

37

《非凡冒险》，是一本外版长篇小说，主人公布隆夫曼无意中中了一个免费海滩度假的大奖，但条件是要带一名伴侣。为了得到大奖，布隆夫曼开始了一系列找伴侣的历程。与此同时，这一历程也是主人公从被迫主动交流到主动打开心扉的过程，内心描写丰富细腻。

38

《穿越林间的旧事》，是女作家林海音的散文集，收录的是其回忆在北京生活时所遇到的人与事的纪实性文章，围绕的主题多是家庭、往事、旧友，有浓浓的京味儿，展现了旧时北京的风貌，文字真挚动人。

39

《迭代：让情商和见识成为你最大的底气》，作者通过自己的亲身经历解答了人们在职场中所面临的诸多问题，在职业发展、个人成长、情商修炼和自我管理等方面给出了一些建议，符合当下人们的需求。文笔简洁，说理充分，对人生成长有指导意义。

40

《即使生命如尘，仍愿岁月如歌》，作者以细腻真实的笔法抒发情感，有对亲情爱情的歌咏，也有对阅读及写作的感悟，还有对一直以来坚持拼搏、努力向上的心路历程的描写。语言平和温婉，感情细腻真挚。

41

《这是我本来的样子》，收录了梁实秋在台湾时所写的一些散文。其内容主要记述对生活的观感，对故知的回忆，对饮食的品尝与鉴赏等。内容丰富，观察细致，描写精当。

42

《想我苦哈哈的一生》，是美国作家詹姆斯·瑟伯的小说集，作者用通俗易懂的语言讲述了自己成长过程中的点点滴滴。付诸笔端的琐事，看似是生活中的家长里短，却透露了人生的意义与成长的不易以及生活中的种种不确定性，读来令人深思与回味。

43

《优秀的权威》，以公司管理为主题，介绍了领导者如何树立权威以及如何恰到好处地跟下属打交道，条分缕析，可圈可点。书稿中提出的一系列概念有一定的新意，介绍的方法也比较可行，对于企业各层级领导在管理方面有一定的借鉴意义。

44

《当时忍住就好了》，是一本再版书，内容介绍如何做到合理的情绪管理，通过强调人体能量是导致不良情绪的主要来源，提出"驾驭能量七步法"来控制不良情绪，对人们在日常生活工作中控制不良情绪大有裨益，对读者有一定的指导意义。

45

《季羡林散文精选：心里那一片天地》，内容为回忆童年、纪念好友、北京记事及出行游记，展现了中国文化界半个世纪以来的生活图景，充满作者对生活、对祖国山河的热爱之情，具有文学价值与史料价值。

46

《切入点：海豹突击队领导组织变革的 10 大准则》，本书作者曾是美国海豹突击队队员，他将海豹突击队崇尚的纪律、问责、韧性和机敏等原则运用到其他组织的变革之中，实现了海豹突击队的精神特质与现实中的例证恰当对接。语言流畅，翻译质量较好。

47

《我手写我心》，为海外华人作家陈若曦的散文集。作者以清新朴实的语言，记述了自己的大学生活、家庭生活、与名人的交往、对世事与环境的认知与看法等，信手拈来，娓娓动听。既有一定的史料价值，也给人以较高的文学艺术享受。

48

《黑色的歌》，为波兰女诗人辛波斯卡的诗集，作者是 1996 年诺贝尔文学奖得主。诗集收录了诗人二十六首早期诗作，诗作主题多样，包括战争、死亡、伤痛、自由等，体现了战争的残酷、对儿童的戕害，可真切地感受到作者对无名的战死者的悲悯，对和平、自由的呼唤。诗作意境宏大，视野开阔，深邃但不晦涩，较易阅读。

49

《人口普查》，是一本关注少为人知的唐氏综合征患者生活际遇的外版小说。通过父子一路遇到的形形色色的人对儿子的态度和穿插的回忆展现出世人对唐氏综合征孩子的不同态度。这是一个"在路上"的故事，父亲的生命在路上终结，儿子将在人生之路上继续独行。作者叙述方式冷静克制，没有刻意煽情，通过父子间这段短暂的旅程，表现出唐氏综合征孩子的真实形象，让人不由自主地想象他的未来将会是什么样子。语言简洁生动，充满哲理意味。

50

《做担当民族复兴大任的时代新人》，以党的十九大提出的"要以培养担当民族复兴大任的时代新人"为主题，就"时代新人"的重要性及必须具备的素质，以及如何培养等问题，进行了全面深入的论述。全书观点新颖，论述深刻，是当下培养一代新人的理论读物。

51

《蓝夜》，是美国女作家琼·狄迪恩回忆自己逝去女儿的一首凄美挽歌。作者早年收养了女儿金塔纳，她聪明可爱，不幸的是因病去世。作者将自己对女儿几十年难以割舍的深沉爱意熔铸于文字中，表达了对生命和时间的深沉思考。

52

《文案变现》，是关于如何把商品营销术转化为文案的教科书。从"说什么、对谁说、怎么说、如何写"几个方面，集中笔墨来说明文案写作的方法，并强调要用心感受生活才能写出好文案，运用文案创作思路来写策划方案。书稿图文并茂，通俗易懂，可作为文案写作者的入门教材。

53

《你不是记性差，只是没找对方法》，为日本记忆力大赛冠军池田义博根据自己的亲身经历，在关于记忆力的科学研究基础上，将比赛技巧系统化，形成一套超强记忆术，以简单易操作的方式开动你的大脑，是一套高效率学习法。在终身学习已成为一种生活方式的现代社会，掌握高效的学习方法尤为必要，本书稿可为你提供一些使用技巧。

54

《斜杠的50道难题》，以斜杠青年（即多重职业与多重收入）为主题，以提问方式，诠释了斜杠青年的能力、兴趣、家人牵绊、资源、起步、实现财富自由等问题为主要内容，并佐以成功人士实例，是一本较好指导青年适应网络时代要求，进行新的多重职业尝试，实现人的自身价值的实用书籍。

55

《1分钟沟通课》，以通俗易懂的语言，深入浅出的论述，将一些有难度的日常沟通问题，分层次、有主次地讲述得清楚细致，有指点迷津之效，对提高读者日常沟通能力起到良好指导作用。

56

《不畏》，是澳大利亚前总理、汉学家陆克文的自传。作者以通俗的语言，记述了自己如何在一个平凡的家庭中自强自立，从政后通过一系列关注民生和环保的改革，赢得选民拥护，最后战胜了政治上的对手，先后成为国会议员、工党领袖、国家总理等。全书结构严谨，情节紧凑，值得一读。

57

《如何成为社交高手》，从女性对自身的角色管理和分配入手，通过梳理人际圈、营造社交形象、同陌生人的交往以及应对饭局、社交礼物等方面的详细分析，让读者学会如何构建良好的人际关系网，避免无效社交，进而使自己的生活明晰有序。不足之处在于书稿语言停顿过于频繁，滥用逗号，个别章节阅读体验较差。

58

《不懂激励，怎么带团队》，是关于领导力培训的书稿，向领导者传达了一种通过让员工有存在感、对员工真诚信任、以激情点燃团队活力、为员工树立奋斗目标、给予员工勇气等激励方式来带好团队，从而增强团队领导力的方法。说理透彻，观点新颖，不仅适应企业管理，也为其他各个领域带来学习借鉴的效应。

59

《玛丽莲·梦露传记》，作者以时间顺序梳理了梦露短暂又绚丽的一生，图文并茂，语言流畅。与其他梦露传记不同的是，作者从性别史学和女性主义传记作家的视角，在广阔的历史背景下审视梦露以及在她生命中出现的形形色色的人，呈现出一个不为大众所熟知的梦露。书稿资料翔实，作者阅读并掌握了大量未被披露的资料，对已有的回忆录和传记等内容进行分析判断，指出其中许多说法无法被证实，体现了作者写作上的严谨性。

60

《我用古典的方式爱过你》，为19世纪美国女诗人艾米莉·狄金森的诗歌作品集，采取英汉对照的形式，便于读者对照阅读；诗后附有赏析，对诗歌难读之处做了客观的分析和注解。书稿译文严谨、语言优美，用五个主题贯穿了艾米莉诗歌创作中关于爱与诗、死亡、永恒、自然的哲学，适合专业的诗歌研究者以及广大英语文学爱好者阅读。

61

《不懂用人，你怎么带团队》，作者详细地讲述了领导者如何使用、管理、培养人才，激励下属，带领团队取得好业绩的方法。内容涉及中层以上领导者工作中的方方面面，对领导者在工作安排、人事布局等方面具有很强的可操作性。

62

《离线领导力》，作者根据社会兼职越来越多的情况，如何进行离线领导的新问题进行了调查，并总结了一系列有效的法则以强化离线领导力，使领导者能够较好地在员工因疫情等原因不能集中办公的情况下，如何凝聚员工积极工作，完成任务。论题新颖，方法有效，有实际操作性。

63

《大淖记事》，汪曾祺的小说选集。所记述的大部分是新中国成立前的普通人物的命运，通过这些人的坎坷人生，使人们洞悉那时的社会，也认识人间的真情。全书生活气息浓郁，语言生动，内涵丰富，在灰色的环境中，仍迸发出一抹亮色，给人以希望。

64

《掌握沟通》，书稿探讨了互联网时代人与人之间的沟通现状。作者以自己的特殊身份为例，讲述了与人沟通的方式方法，鼓励大家勇于跨越隔绝彼此的界线，去了解他人。书稿中对跨文化对话中经常遇到的问题给出了具体建议和操作方法，很有启发性。

65

《从容教养》，是一本讲述亲子间沟通的书稿。从沟通专业的角度探讨了亲子关系中的典型矛盾和问题，让父母检视自我角色扮演与子女期待间的角色落差，为父母提供了倾听子女、与子女沟通的原则和技巧，以更好地修护亲子关系。书稿语言流畅，案例具体详细，对父母走出家教盲区有一定的实际意义。

66

《副业赚钱》，是一本教授人们通过副业增加收入、实现高效率工作的书稿。内容紧密结合当下环境人们的现实状态，论理与举例相结合，通俗易懂，可操作性强。不足之处是由于内容大多由作者的付费课程转换而来，语言较为零碎，作为书面出版物则显得语句不那么规范。

67

《番茄工作法》，是一本谈论时间管理的书稿。针对网络时代人们易被外界的大量信息干扰，效率低下这一问题，作者结合多年的实践，形成了一套简单而又强大的管理时间的工作法，利用身边简单常见的工具，加强自制力，使人能够集中精力高效完成各项任务。内容丰富，语言简洁，操作性强。

68

《恶魔岛梦幻》，为日本著名推理小说家岛田庄司的作品。以第二次世界大战时的欧洲和美国为背景，从离奇诡异的华盛顿连环命案开始，引出美国安保最严密的恶魔岛监狱，雨夜的疯狂越狱行动，神秘的地下南瓜王国等等，最终成就了一场战火纷飞中的爱情。小说风格独特，自成一派。翻译语言通俗流畅，可读性强。

69

《生活需要孤独感》，是一本原创类散文随笔集。文章多借助身边人和事表达自身对生活和感情的思考，针对时下大众的很多心理和行为进行剖析，引导人们珍惜时间、善待感情、努力追寻理想等。内容贴近现实，文风朴实自然，有一定的正能量。

70

《近看简·奥斯汀》，为解读英国著名女作家简·奥斯汀的论文集，从独特的角度对作家的生活和作品进行分析，如从其自制的小册子、乐谱、阔领大衣以及手稿、往来信件等，通过这些带有强烈感情色彩的物件，勾勒出一个不同以往的简·奥斯汀。书稿资料丰富，论述清晰翔实，适合英国文学爱好者或相关研究者阅读。

71

《沈从文讲中式美学》，是沈从文的美学理论文稿，主要收入沈从文晚年从事中国古代服饰、书画、雅玩、器皿等文化研究的一系列文章，以"衣之美""礼之美"等具体美学的概念重新进行编排。沈从文以其独到的笔法，层层揭开了中式美学之所在，翔实展现了中国古典文化的博大精深。书稿文风质朴，逻辑细密严谨，展现了文学大家的不凡功力。

72

《财富自由》，是一本教授普通人如何成为百万富翁的书稿。作者通过对美国众多百万富翁翔实的调查和分析发现，大多数富翁原来都是从事普通工作的平凡人，理财和消费的理念、方法是决定性因素，从而得出普通人也能成为百万富翁这一结论性观点。书稿用科学的研究和翔实的数据打破了种种财富神话和传说，告诉人们，稳扎稳打，一砖一瓦去构建自己的财富大厦是可以实现的。

73

《愿你拥有被爱温暖的生命》，从存在感的建构和缺失角度探讨了人与自身、与他人、与群体的关系。作者没有将通常人们认为诸如抑郁症等精神疾病认定为一种疾病，而是一种症状，其根源在于个人存在感的建构出现缺陷或遭受了严重的打击，强调其治疗方式不是药物，而是让遭受创伤的个体去建构自己的存在感，重视自己拥有选择的自由，从绝望的深渊将人拉回现世，正是作者所说的"仁慈的好奇心"。

74

《聪明女人活得更有高级感》，是一本华裔女作家写的关于女权意识的杂谈集。作者介绍了众多在感情、事业、生活中成功的女性，通过对她们的爱情、交友、工作、家庭、气质、理家等各方面的论述，表达出女性要活出"高级感"的主旨。倡导女性自爱、自重、自强、自立，从而优雅生活，成为活出"高级感"的女人。

75

《新手家长不能错过的育儿百科》，是指导新手父母哺育新生儿的书稿，上册重点关注新生儿初生最重要的前六周，下册关注新生儿六周至一周岁。作者根据多年的助产士和妇幼保健专科护士的经验，提出了专业有效的育儿方法和各种实用技巧，让新手父母能够轻松地付诸实践。全书内容编排得当，语言翻译流畅，是一部较好的育儿专业书。

76

《魔术师》，是一部关于魔术的长篇小说，描绘了主人公沈牧一连创下魔术比赛连胜神话只为寻找失踪女友的历程，其间沈牧一直受到对手设计陷害仍秉持"魔术不是用来害人"的信念。整体风格比较偏向于剧本创作，情节紧凑，戏剧冲突明显，对话情景描写亦生动丰富，画面感较强。书中列举很多精彩的魔术技艺及其解密过程，题材比较新颖，可读性强。

77

《文艺复兴的艺术家》，选取了文艺复兴时期社会各个领域，如画家、音乐家、圣徒、国王、探险家等 94 位人物，其中有米开朗琪罗、哥白尼、达·芬奇等耳熟能详的历史人物，也有许多并不为世人熟知的小人物，作者通过对他们生平事迹的描述展示了文艺复兴壮阔的历史进程。书稿体例简洁，故事较生动。不足之处翻译不流畅，阅读体验欠佳。

78

《极简销售》，是一部教人如何销售以及如何创造销售奇迹的书稿。作者根据自己的销售经历归纳总结出销售知识和技巧，如最大化利用时间，永远充满热情，永远关心你的客户，不要让失败的情绪影响你等等，语言直白、浅显易懂，有一定的可读性与借鉴性。

79

《大器晚成》，书中通过剖析一些急于求成的"神童"现象，揭露了社会教育中的一些弊端，提出了尊重人才成长规律、树立恰当且积极的自我意识等培养人才成长的理论。让人们意识到，只要营造合适的环境，那些默默地积累韧性、视野和智慧的人，也有可能在晚年走上人生的巅峰。虽是外版书，但其中所谈的种种问题在我国都可以找到类似的现象，具有现实指导意义。

80

《登机口 C30》，是一部讲述重新发现人生幸福的小说。主人公在搭乘的航班延误、证件丢失等不幸遭遇之后所遇到的人和事，都有自己思想上的闪光点，启迪了主人公对人生幸福的重新审视以及对人生价值观的调整。全书贯穿积极向上的思想，阳光励志，充满正能量。

81

《一部小说的诞生：24 堂写作必修课》，是一部系统介绍写作知识与技巧的书稿。作者以自己多年写作经历所积累的经验，结合自己的阅读与观察，有针对性地对实际作品加以讲解，对致力于学习小说写作的读者有一定借鉴意义。

82

《今天也要认真穿》，一名时尚博主的生活随笔杂文集，既包含了作者对时尚、穿搭、品牌的认识与看法，也分享了自己的购物观，揭秘了作为时尚博主的一些日常生活。全书配图丰富活泼，语言简洁流畅。其中透露出的生活态度积极向上，倡导女性应努力、坚强、独立的价值观，富有正能量。

83

《山月记》，日本作家中岛敦选取中国古典文学里的经典形象如李征、李陵、子路等进行加工再创作，凭借高深的汉学造诣，简洁凝练而又生动地演绎诠释了仁义礼智信等儒家教义。译文具有文言色彩，更好地保留了原文韵味。本书无论作为日本经典文学，还是中国古代文学的参考读物，都有很好的阅读价值。

84

《一别两宽，各生欢喜》，通过民国时期多位杰出女性如张充和、丁玲等人文章的辑录，细致描述了她们的成长经历、情感生活、个性抉择及人生结局，使读者对这些民国知名奇女子能迅速一窥全貌，对当下女性读者的自我生活与抉择有所启迪。语言简洁，文风淡雅，因主要是名人轶事情节描写，读来轻松有趣。

85

《为什么精英都用模型思维》，为讲述人的思维模式的心理类书稿。作者指出，高效能精英人士的成功之处，在于善于运用模型思维，并总结归纳出高效能精英人士的六种思维模型，涵盖基础、学习、决策等各个方面，为读者提供了一套科学行动的方法论。作者结合有趣的试验或生活案例辅以说明心理学专业知识，条例清晰，诙谐幽默，易于理解。

86

《精准努力》，作者以自己的经历和见闻为基础，告诉人们要想获得成功，应该具备怎样的思维方式、做出怎样的选择和行动。不论是减肥这样的小事儿还是在事业上取得一番成就，都需要一点一滴，持之以恒，循序渐进地努力。书稿语言流畅，介绍的方法简单易行，较为励志、实用。

87

《往事如烟》，著名作家冯骥才的散文选集。以人物、自然、时景、哲思、创作、游记、文化为主题分为七部分，全面涵盖了作者的经典名篇。作者善于截取日常生活中的点滴，笔触细腻，以平实直白的语言如话家常般道来，平缓而舒畅。特别是情景描写，生动传神，画面感强。书稿具有深厚的生活与人文气息，读来意味悠长。

88

《出色沟通》，是一本讲述职场沟通的书稿。以蓝、绿、金、橘四种颜色来区分不同人的性格类型，结合实例，作者对与这四类人进行沟通时的重点与忌讳做了详细论述，强调要细致观察，有针对性地采用合适的方式，以达到和谐沟通的目的，有一定的借鉴作用。但将人群用四种颜色区分也有主观唯心主义的成分，值得商榷。

89

《达·芬奇500年》，以达·芬奇的作品为依托，讲述了这位画家、雕塑家、建筑学家、工程师、数学家、解剖学家、音乐家、发明家的一生，介绍了达·芬奇作品的风格特色与艺术价值，让读者感受到蕴含在这位大师作品中那充满热情的创造力。文稿翻译质量较好，语言流畅，明白易懂。

90

《财富自由新思维》，集中讲述股票投资，根据作者网络视频教程汇编而成。在对A股、散户、价值投资、趋势投资、科创板等各方面的解析中，深入浅出地介绍了自己所创建的"洪攻略"交易体系概念和操作手法。全书内容环环相扣，始终以"洪攻略"体系与概念为中心，同时强调了作为股民具有良好心态的重要性。语言表达生动风趣，术语名词的解析形象生动，对期望了解股市行情并获得投资收益的读者有一定助益。

91

《爸爸是只"狗"》，是一本讲述少年成长和与父母亲情的小说。主人公在失去父亲后，将情感寄托在一只于父亲去世时出生的狗身上，使青春期的种种叛逆，逐渐获得心灵解脱，明白人与环境相伴成长的人生真谛，终于坦然面对生死离别。文字情真意切，富于可读性。

92

《孩子，我陪你走过我们的童年》，以描述亲子间的日常生活为主，强调不要把父母的理念强制灌输给孩子，而是在适当指导中给予孩子足够的自主性，既让孩子感受亲情，健康成长，也让父母再次感受童年的美好时光。该书对帮助家长建立轻松的亲子关系有指导价值。

93

《林深见鹿：美得窒息的唐诗》，是一本中英文对照的唐诗汇编。书中辑选了唐代多位杰出诗人最具代表性的诗作，英文译文选自翻译名家许渊冲的翻译版本，兼顾唐诗中的音韵美和意象与韵味。中文现代白话翻译语言优美，读来朗朗上口。书中配图丰富，别具一格。

94

《给职场人的5堂逻辑思考课》，书稿通过一段虚构的故事，即两人火车上的偶然相遇而产生了一系列的逻辑话题，形象生动地解说了几种逻辑思维与人生和事业的辩证关系，如决策中的逆向思维、辩论中的万能技巧、快速决断的秘诀、快速拥有创新力的技巧等。全书由浅入深，简洁明了，以讲故事的形式呈现枯燥的逻辑思维，更易为读者接受。

95

《时代之问》，为法国汉学家魏柳南研究中国自十八大以来在"伟大社会革命"中所取得的巨大成就，其中涵盖了中国社会与经济发展的方方面面，有力地说明了中国在习近平新时代中国特色社会主义思想指引下，正昂首走在宽阔的大道上。全书以全球视野，纵论古今中外，凸显出中国特色社会主义的优势与伟大成就。

96

《东方魔力——百年大党何以风华正茂》，书中借用美国记者斯诺"东方魔力"的说法，以大量的史料，以马克思主义学说和党的建设理论，说明中国共产党为何百年来风华正茂，这种"东方魔力"来自何方。正是有了这种"东方魔力"，中国共产党才能战胜重重险阻，成为充满朝气的生气勃勃的百年大党，从而带领全国人民，把一个一穷二白的旧中国建设成为社会主义现代化强国。全书材料翔实，论述全面，"十二个力"的概括较为新颖。如党的自我革命力，这确是我党永葆青春的一个"秘诀"。

97

《信任》，是一本外版经管类书稿，通过对企业信任文化的产生方式及其信任文化内容的论述，说明了从正面鼓励员工、建立信任机制的必要性。内容贴近我国企业实际，论理有力，语言简洁，具有可操作性。

98

《自卑与超越》，作者认为，自卑感是所有人都具有的一种正常感觉，也正是由于自卑感，人们才会千方百计努力奋斗，突破心理障碍，追求卓越。作者从家庭、教育、梦境、社交、婚姻等多个领域，运用大量实例，从心理学层面详细阐述如何正视缺陷，勤奋努力，字里行间有一种正能量，对读者树立正确的人生观有着积极的指导意义。

99

《如何成为职场表达高手》，为国内原创类书稿。书中将职场表达归纳为四种类型，并分别介绍了不同的表达技巧和方法。书稿内容全面且有针对性。在四大表达类型后都附有答疑解惑内容，帮助人们解决在实际工作生活中遇到的一些问题，对职场人提高自己的表达能力有一定的借鉴意义。

100

《每个父母都要看的儿童情商培养指南》，通过对儿童情商的案例研究及情商的各个方面和不同层次的具体分析，告诉大家什么是情商，以及如何培养孩子们的情商，进而说明情商对一个人的情绪健康和成长有着至关重要的影响，儿童的情商是可以通过后天培养的。全书结构紧凑，逻辑严密，案例可信，分析有理，适合儿童教育工作者及儿童家长阅读。

101

《今朝风日好》，为老舍、季羡林、汪曾祺、贾平凹等现当代名家的散文汇编。分为春和、夏盛、秋落、冬寂四章，细叙生活中的种种，内容丰富，文字精妙，有怀人的，有记事的。感情真挚，语言风趣幽默，读来颇有趣味。

102

《领导力奇迹》，为迪士尼执行副总裁李·科克雷尔所著的个人经验之书，讲述了领导力原则与领导力方法。作者以几十年身居世界著名企业高管的非凡职业生涯，总结出许多具体的领导力方法，深入浅出、有的放矢地向读者介绍领导者的管理艺术。全书干货多，没有哗众取宠的华丽辞藻，内容通俗易懂，是一本可为企业领导者提供领导艺术参考的书。

103

《深度识人》，是心理咨询师卢文建的心理学作品，讲述如何在日常生活和职场中运用读心术，从而具备精准的观察技巧和读心技巧，快速准确"识人"，掌握人际交往主动权，建立良好的人际关系。书稿内容通俗易懂，贴合实际，有一定的销售潜力。

104

《财富独立》，作者从把控金钱和时间两者关系、选择投资方式、制定投资策略、多渠道创收等方面出发，教授人们如何快速创造财富，实现财富独立，从而自由地安排自己的生活。全书有故事、有方法、有策略、有技巧，给人以资本投资的许多启发。

105

《美国监狱》，美国记者肖恩·鲍尔通过应聘狱警潜入美国一所私营监狱，历时四个月记录下在监狱中的所见所闻，真实反映了美国以盈利为目的的私营监狱中犯人的生存状况，以及狱警的糟糕待遇，揭露了美国监狱制度不为人知的阴暗面。同时，作者参考大量文献资料，分析了美国两百多年来监狱制度，其中逐利因素是造成美国关押人数高居世界之首的重要原因之一。

106

《营销 12 讲》，是一本由数字营销讲座课程内容汇编而成的经管类图书。台湾辅仁大学开设"数字营销传播趋势与管理"系列讲座，邀请两岸知名数字营销专家，如大中华区脸书、谷歌、小米、百度、新浪微博、奥美等企业的营销专家，讲述什么是数字营销，怎样整合营销，怎样创立品牌意识，怎样改变消费者的行为，如何运用大数据等内容，适合营销从业者阅读。

107

《新时代共产党人的修养》，全书通过对共产党员所应具备的十三个"心"，以党章为依据，对共产党员的修养提出了新要求，较全面地论述了共产党员在政治、思想、理论、文化、责任、担当以及反腐倡廉等方面，应当进行的历练与修养，适应新时代的要求，提振了共产党人的精气神。

108

《如何打造 10 人以下高效小团队》，面向 10 人以下小规模团队的领导者所写，对 10 人以下小团队的发展趋势、小团队的类型、如何发挥小"团队力"优势等问题进行了深入探索，旨在帮助小团队领导者提高团队效率，振奋团队士气，提升团队合作意识。本书主题切合当下市场环境，对小微企业有指导作用。

109

《好视频一秒抓住人心》，为日版书，作者长期从事电视节目制作，总结出了针对公关宣传、策划、销售、媒体等人员的 32 个实用的营销推广技巧。全书内容贴合当下，案例丰富，文字浅显易懂，便于上手操作，对营销推广人员有实际指导作用。

110

《床头柜上的小确幸》，为意大利引进作品，以作者的博客文章集结成册，篇幅短小。总体看来以重获自我、重获幸福为主题，启发人们消除心理障碍，发现日常生活中易于忽略的幸福，去感恩生活、感恩外界，从而不困于负面情绪，不畏人生困境。所述道理贴近人们生活，可以较好地解决一些心理压力等问题。

111

《唐妞驾到》，为漫画书。以陕西历史博物馆卡通形象代言人唐妞为主角，介绍了唐朝的历史发展、人情风俗等。全书语调轻松，漫画形象简约可爱，图说了开放多元、气势恢宏的唐朝文化，是一本较好的休闲类读物。

112

《心里有火，眼里有光》，为麦家陪你读书公众号发表优质作品的汇编。本书介绍了十二篇经典畅销小说，如《阿甘正传》《刺猬的优雅》《追风筝的人》等。所选小说，涵盖亲情、友情、爱情，能给予读者希望、勇气和爱。内容真挚感人，文字充满正能量，具有疗愈效果。

113

《万物进化》，是美国作家琼·西尔伯的长篇小说。小说内容时空跨度巨大，横跨了几代人的命运和几个大洲的范围。男主人公短暂入狱，自作聪明想利用女友帮忙走私。女主人公琪琪最亲近的家人和朋友，看着她为了爱铤而走险，不忍戳穿理想泡沫，直到她自己醒悟，做出了改变所有人命运的决定。全书以三个中篇组成长篇小说，既能独立阅读，又前后串起小说主人公的命运，看似细琐的日常，实则遥相呼应、彼此关联。

114

《巅峰对决——美国霸权的衰落与中国的复兴》，全书以 2020 年新型冠状肺炎病毒疫情暴发为切入点，分析了美国坚持冷战立场造成对华接触政策失败与美国全球霸权必然衰落的原因，指出美国只有放弃"长臂管辖"的强权政治，彻底告别霸权，与我国和世界和平共处、公平竞争，才能保持长青。中国则需认清中美两强之间在当今和未来必然会进行长期竞争和巅峰对决，面对美国丧失理智的疯狂打压，中国要审时度势，冷静审慎地研究如何突出重围、和平崛起，如何重塑不再有一霸独大的世界，引领世界共同构建人类命运共同体。全书视野开阔，观点犀利，揭示出中美之间纵横捭阖的对决风貌，为认识现阶段中美关系及未来发展趋势提供了一个视角和参考。

115

《娃娃书》，为台版散文集。全书以父亲为两个女儿所做的私房菜为线索，细腻笔墨中记录下女儿的点滴成长，蕴含着父亲对女儿的深厚感情。书中所写均为生活中的日常琐事，但琐碎之中营造出了温馨真挚的家庭氛围，能够引起读者感情共鸣，读来轻松愉悦而感人至深。

116

《场景化写作》，是一本系统介绍新媒体写作方法的书稿。作者从结构、叙事、素养三个方面展开，从细微处入手，既有独到的见解，又有独特的视角；说理比较透彻，理论与案例相结合，有一定的说服力，是一本较为实用的写作类书稿，对初学写作者有指导借鉴作用。

117

《人生无意读庄子》，是对《庄子·内篇》七篇的解读，以原文对应通俗的解读内容，将庄学中的大智慧、进取精神、逍遥的真谛解读得较为生动，从而使人掌控道的真义，对人生颇有启迪。

118

《够笑一年的奇葩人体冷知识》，讲述了 42 个不为众人所知晓的科学小故事，对人类的进化、脑科学、人体、心理等方面的怪诞知识给予了科学的解释，一些现象虽然发生在人体身上，但人们对其却大多难于理解，甚至十分迷惑。全书理论基础深厚，内容翔实，又以讲故事的形式引起人们的好奇心，且兼具专业性和可读性，是一本比较通俗的科普读物。

119

《旁人的大脑世界》，为日文版散文集汇编。文章短小却富有真情实感，其中包含了作者对儿时的记忆以及富有情趣的生活片断，展现了年轻时自己头脑中各种奇妙的想法。作者假设自己通过和他人调换头脑、置换角色，用他人的眼光去看待同一个现象，给人以一种新奇的感觉，从中得到成长的启示。

120

《我们所处时代的艺术》，作者从当代艺术产生的背景、艺术家创作的维度和具体的当代艺术作品出发，比较了古代艺术与现代艺术，讲述了艺术对于人类的重要性。书稿偏理论性，语言较流畅，配以作者拍摄的大量艺术作品照片，对爱好艺术的读者有一定的吸引力。

121

《老爸评测健康手册》，为生活健康方面的大众读物，以公号文章汇编成书。内容以大众日常衣食住行中关注的热点话题为主，以实践检测的手段破解日常误解和谣言，向大众科普如何进行商品选购，如何保持健康的生活方式，旨在使大众建立起理性的思维方式和消费观。本书不足之处在于公号文章行文较为随意口语化，转化为纸质出版物时需要处理的问题较多，这也是公号文章汇编类书稿存在的普遍问题。其中一些文章对某些产品的评判也不一定十分准确，版权问题也有隐忧。

122

《为什么乖孩子更容易受伤》，是一本写给家长的关于青少年成长的心理辅导书。本书由从事青少年心理辅导的专业老师编写，选取了20个不同青少年的故事，对他们遇到的心理问题进行了细致剖析，并配以解决方法，向家长传达了对青少年开展心理疏导的重要意义。

123

《长夜来信》，以18封疫情期间普通读者和名人之间的书信为内容，读者向作家、歌手、漫画家诉说自己的烦恼与思考。全书以小见大，别开生面，真实反映了我国普通百姓在抗击新冠疫情中的生活与精神状态，展示了普通百姓在党和政府的坚强领导下与病毒作战的坚韧品质和无私奉献精神。全书语言流畅，感情真挚，叙事寓理，令人心生感动。

124

《寂寞大师》，记述了梵高、塞尚等 12 位中外艺术家的故事。书中以艺术家鲜为人知的奇特经历和代表作品为主体，让读者从中体会到艺术的美与魅力。书稿笔调清新自然，图片精美，可读性强。

125

《奔跑吧！梅洛斯》，为短篇小说集。作者森见登美彦围绕京都大学生，对中岛敦的《山月记》、太宰治的《奔跑吧！梅洛斯》等五部经典著名小说进行了二次创作。通过森见登美彦的再创造，原作品及原作者的精神得到了新的解读和延伸，使经典之作焕发出独特魅力。

126

《扛住就不会输》，作者结合自己的成长经历，解答了人们都会遇到的一些人生问题，譬如遇到人生挫折、深度的孤独、难有答案的问题、人生岔路口的选择、爱情遭受巨大变化时的考验等等。面对这些问题时，奋发向上、永不放弃、初心不改等品格与精神闪耀出光芒，照亮年轻一代前进的方向。全书传达出一种坚韧积极的人生态度，有很强的励志作用。

127

《没有一个人愿意长大》，内容为自己及友人的经历，其中有读书时发生的趣事，有对情感生活的回忆，有日常感受的朴素记录，也有对一些严肃问题的思考和评论，就青年人所遇到的成长问题给予了思考与求证。尽管带有年轻人的一些幼稚，但总的看思想内容是健康积极的。

128

《成长的一万种可能》，主要讲人的负性自动思维和负面情绪是什么、来自何处、有何坏处，教授人们从思维、信念、情绪三个方面加以应对，从而使人们获得自信、理性、健康的心理状态和成长。全书特色在于理论阐述之外附带练习方法，对读者有实际指导价值。

129

《非凡思维：从小培养孩子的理性思维》，向家长介绍了在学校教育之外孩子需要掌握的六种技能，包括有耐性、勇于创新、善于坚持、能够横向思考、敢于冒险等。书稿中设置了很多小游戏，加以练习能够调动孩子们的探索精神，激发他们的创造潜能。翻译语言流畅通顺，编校质量较好。

130

《食物简史》，讲述了人类赖以生存和社会得以发展的最重要的物质——食物的起源与发展的历史。作者引用大量数据，将食物与人类社会联系起来，论述了从食物中所见到的社会发展、富人与穷人的生活、世界的饥饿状况与健康营养，食物的变异与人类食物的未来等等，引人深思。

131

《1793》，为历史犯罪情景小说，由一具无四肢的尸体案引出了 18 世纪瑞典贵族奢靡荒淫的生活。小说多线并行，细致刻画出瑞典各阶层群像，尤其深入剖析罪犯者的心理，直面人性中复杂而黑暗部分，能对读者有所教益。

132

《以纯粹的方式过一生》，是日本艺术家北大路鲁山人的随笔集。他拥有美食家、书法家、陶艺家、画家等多重身份，本书涵括他关于茶道、陶艺、美食、书法等方面的感悟，读者从中可体悟到他对艺术的热爱和执着追求。

133

《世纪之问：百年大党如何引领新时代》，作者从理论创新、制度创新、道路创新、文化创新四个维度，深刻论述了我们党团结带领全国人民坚定"四个自信"，奋力开辟中国特色社会主义伟大事业的历史逻辑和使命担当，集中体现了中国共产党在挫折中奋起、在变革中创新、实现从"赶上时代"到"引领时代"的伟大历史性跨越，充分彰显了我们党为中国人民谋幸福、为中华民族谋复兴的百年大党风范。书稿主题集中、高屋建瓴，语言流畅、可读性较强，是一部论述我们党不忘初心、牢记使命，为实现中华民族伟大复兴而砥砺奋进的生动教材。

134

《得胜》，是一本经管类书稿，作者采访了中国、美国以及以色列的一些著名企业家，用生动的语言与案例描述他们的管理经验及企业家"灵魂"，从中挖掘其重视人才的气魄、战胜困难的勇气和定力、投资决策的洞察力。书中贯穿惊心动魄的真实事件，凝聚了企业家的奋进开拓精神，具有全球视野，是一部颇具分量的创业经典，具有励志和借鉴意义。

135

《人生漫步》，是一本中国当代作家散文随笔汇编，收录了贾平凹、苏童、刘亮程等人的作品。书中真实反映了中国的时代变迁和中国人的理念更新，同时生动描绘了中国的自然景观和风土人情，文章风格多样，语言流畅耐读，给读者以美好的艺术享受和深刻的思想启迪。

136

《我想我会甘心过这样的日子》，是一本散文合集，台湾作家的作品居多。全书以百味人生为主题，分为领悟、家庭、成长、隐居和旅行五个板块。文章大多通过生活中的一件小事展开议论和联想，给读者以心灵自省和生活顿悟。感情真挚，语言朴实，能够陶冶情操，有一定的欣赏价值。

137

《人生从容》，是著名作家贾平凹的散文集。书中所述都是作者自己身边的人物和事件，从身边的茶杯、佛像、陶俑等到自然中的月亮、风雨、石滩、州域等；从怀念亲友师长到自己的人生境遇与态度等，都一一记录笔下，总的基调是从容安宁，静心自在，珍惜时光，活在当下。全书读来于平凡中见异彩，在宁静中感悟人生，是一部高品位的好作品。

138

《Jojo 医生的备孕课堂》，作者为妇产科医生，书稿是作者在公众号上发表的文章汇编。全书围绕妈妈孕前、孕期、产后等各个时期进行了全面具体的论述，生动地讲述了孕期前后的医疗卫生知识以及这段时间新手父母需要注意的事项，是一部非常实用的女性孕期手册。

139

《许渊冲：永远的西南联大》，作者在书中回顾了自己在大师云集的西南联大求学的经历，详细描写了朱自清、闻一多、吴宓、钱锺书等名师在战火纷飞年代的风骨与学术坚守，呼应了梅贻琦校长"所谓大学者，非谓有大楼之谓也，有大师之谓也"的名言。此外，书中还有作者与杨振宁等同学的交往回顾，以及作者的翻译历程、国内外翻译理念的争论等。全书文字鲜活生动，兼具文学、史料、学术色彩。

140

《如今你依旧是我的光》，作者选取《北京文学》发表的 12 则短篇小说结集成册。小说描写了社会普通人物的不同命运与生活细微处，挖掘和赞美了人间真情。书中作品个人风格鲜明，感情沉稳细腻，描写人物有血有肉，读来有共鸣有启发。

141

《职场心理学》，为日版书，从心理学角度讲身处职场中如何处理多方面的关系，对职场中人有一定借鉴作用。作者列出职场中上司、下属等不同类型人们的多种心理活动，教授实际的应对方法，使读者掌握提升沟通的能力，进而提升工作技能，建立良好的人际关系，成为职场达人。书中配有漫画插图，有一定趣味性。

142

《超脱是一种大境界》，是王蒙的散文集，收录了其在不同时期撰写的言论、随笔与散文，内容取材于现实生活，文笔生动精练而深刻，充满了人生哲理与生活气息，读之有趣有益。

143

《越过荆棘丛林》，为时尚博主的文章合集。作者结合自身经历，讲述女性如何成长，传达出女性自尊、自爱的向上精神，有自己的语言风格与独到见解。全书文笔清新、通俗且有文采，总体格调积极向上。

144

《跟着文物穿越历史》，作者选取不同朝代、跨越千年的代表性文物，通过介绍文物背景，再现中国古代历史文化、人文风俗，以文物为线索梳理中华文明，对读者了解历朝历代的人文历史有帮助。作者视角独特，一些观点有自己的见解，文字表述生动，使本书具有趣味性与科普性，值得一读。

145

《立水桥北》，为中篇小说集。作者将自己在北京十余年的生活、见闻化为小说主人公的经历，展现北漂青年的点滴故事。作品语言生动，人物特征鲜明，蕴含积极向上、努力拼搏的力量，是一部较好的励志之作。

146

《何不认真来悲伤》，台湾作家郭强生的散文集。作者以质朴的语言追忆自己的亲人，记录家庭数十年来的艰难变迁，悲伤的文字中蕴含着对生命的渴望和热爱。书中细腻描写了台湾的百态人生和风土人情，从中能够了解当年去台的大陆人数十年来的生存奋斗经历以及他们对故乡的依恋之情，行文真挚深沉。

147

《30岁前，过上自己想要的生活》，是一本经管励志书。作者详细介绍了房产、债券、基金等投资理财方法，旨在帮助年轻人确立正确的理财观。全书详细介绍了当下几种热门理财方式，语言通俗易懂，贴合实际，实用性较强，对有投资理财意向的年轻人有一定的帮助。

148

《风月不老：闲坐说〈诗经〉》，作者选取《诗经》中的部分篇章，古诗今译，并结合当下现实做了深度剖析和延伸，其中饱含对情感、人生和人事的感触，从而使读者感受到古人的爱情和生活方式，以启发当下、反思自己。文字简洁清新，带给人美的享受。

149

《战友请入列》，是一部军旅题材的漫画书。以漫画的形式生动解读了军人的军旅生活，描绘出一幅生动立体的军人群像图，从中可以看出人民军队为人民、人民军队以练为战的林林总总。其中，关于军人的爱情婚姻以及父母关系等情节充满人情味，令人动容。不足之处有几幅漫画对军人形象有负面影响，终审时做了删节。

150

《大唐群星闪耀时》，是一部描述唐代诗人生平经历和创作历程的书稿。作者展开想象的翅膀，以现代人的视角、思维方式和语言，轻松幽默地描述了李白、杜甫、白居易、王维、杜牧、李贺、李商隐等诗人的身世、求学、为官与创作的坎坷历程，反映出唐代诗人的价值追求、人生理想和出众才华，具有一定学术价值和文学价值。

151

《从伤口里爬出来》，是一部个人自传体的励志书稿。作者身体先天有严重缺陷，但他以惊人的毅力克服缺陷给自己带来的自卑与不幸，在人生旅途上百折不挠、奋勇前行，不少篇章和事例读来催人泪下。

152

《就是玩儿》，日本作家松浦弥太郎关于如何提升生活质量的随笔集。以饮食起居、人际交往、旅游美食、终身学习为话题，作者将日常生活中悄然萌发的小奇迹、小发现、小感悟，以及各种生活建议和人生智慧分享给读者，让读者去思考、体会、感悟平凡生活中的温度。书稿主题鲜明，语言流畅，具有一定的启发性和可读性。

153

《就喜欢和唐妞读唐诗》，漫画绘本。全书语言浅显风趣，以现代人的视角，将 24 位唐朝诗人化身为一个个鲜活的现代人物，轻松生动地讲述唐诗背后的故事。书稿结构编排巧妙有序，表现方式生动灵活，融古今现代、人情事理于一体，有较强的可读性。

154

《人间至美》，书中收录沈从文的八篇小说，生动反映了我国 20 世纪 30 年代社会底层人物的生活场景，内容涉及他们的婚姻感情、喜怒哀乐、命运事业等，书中充满令人慨叹的故事，于平淡中见波折，于素描中见人物，具有浓郁的生活气息，富有生活哲理。

155

《建设世界上最强大的政党》，围绕九个"力"对中国共产党建党百年来的历史做了细致梳理与客观分析。全书结构完整，重点要点突出，理论阐述基本正确，层次条理清晰，有自己的理论概括和写作特色，是一部水平较高的党建读物。

156

《读出来的学习力》，是一本育儿类书稿，从沟通力、共情力、自驱力、自省力和幸福力五个方面，讲述了做好孩子家庭教育的育儿理念和实际方法。书中以事例引出育儿问题，能够引发家长的共情；提出应对方法，能帮助家长解决如何教育好孩子的老大难问题。该书为原创书稿，是当下市场需求的书。

157

《人间快乐事》，台湾作家梁实秋的散文集。书稿选取了梁实秋三十余篇散文，记录了作者日常生活中的人际交往和细节琐事，读来亲切生动，给人以深思和启迪。

158

《山河映画》，是雪小婵的散文随笔集，通过对生活感悟、山河壮景、人物特写、饮食百味等描写，表现了生活中的种种美好，反映出作者对生活的无限热爱，对祖国的一片赤子之心。全书视野广阔，感情丰富细腻，描写精当。略显不足的是笔墨有时不够集中，思维散开后收拢不够，枝蔓过多。

159

《精准突围》，是一本讲述职业发展、职场技能、人际关系的经管类书稿。全书详细解答了职场人在事业不同发展阶段会遇到的具体问题，作者将个人的从业经验与国外先进管理经验相结合，形成实际可操作的具体方法。无论是初入职场的新人还是已担任管理层职务的职场人士，都可从中有所收获。

160

《关于艾尔希的三件事》，是一本英国推理类小说，讲述了在樱桃树之家养老院中，主人公弗洛伦丝在朋友的帮助下寻找记忆，最终得到五十年前故事的真相。全书结构清晰，情节扣人心弦。书稿中穿插英国历史文化、迷人风光以及耄耋老人对人生世事的独特看法，引人深思。

161

《片玉词》，是青年作家陈可抒对北宋词人周邦彦《片玉词》的全新评解。书稿较为全面客观地点评了周邦彦词作，对每一首词作了深入浅出的阐释，点评扼要中肯，既给读者清晰明了之感，又给读者留下思考空间。

162

《洋哥带娃》，为少儿漫画，主人公洋哥以趣味小实验的形式介绍了少儿如何在日常生活中保护自己、在家中如何和爸爸妈妈相处、在学校如何与同学相处、如何学习等内容。全书内容深入浅出，语言生动活泼，易于少儿接受，有良好的市场销售潜力。

163

《秦观词》，为宋代作家秦观的词作集。其词作婉约清丽，具有独特的风格和魅力。作者的题解与注释帮助读者把握秦观词作的主旨与情感。其中附有叶嘉莹解读《秦观词》的长篇评论，是一个值得收藏的读本。

164

《自我成长》，为心理学书稿，书中以多名心理咨询师的心理咨询案例为单元，讲述了家庭成员相处中存在的矛盾，分析了矛盾背后的心理因素，并给出具体的解决方法。书稿贴合当下，针对性强，语言通俗，引导人们关注自己和身边人的心理健康。

165

《越读书越美》，是朱光潜的美学专论集，主要选自《谈美》《谈美书简》。这些经典文章向读者传达了什么是美、怎样欣赏美以及美和生活的关系，使读者体悟艺术之美、人生之美。本书篇幅不多、开本小，同套系列共三本，适合追求小而美的轻阅读人群，期望能够获得良好市场营销效应。

166

《人间惊鸿客》，是一本通俗读物。书中以风趣幽默的语言，描绘了古代二十位名人如曹操、王勃、李白等的生平趣事。作者以诙谐轻松的笔触将史料中的名人生平及业绩解读出来，抓住了每个人最具特色的方面，加以一定程度的想象和演绎，兼具真实性和趣味性。全书文笔生动，通俗流畅，可读性强。

167

《别让孩子输在不会说话上》，是一本育儿类书稿。作者运用儿童心理学、儿童教育学和儿童语言学等相关知识，结合多年儿童语言开发方面的典型案例，对学龄前儿童在语言表达、智力发育和心理成长等方面进行了专业解读，提出了有价值的建议与方法。不足之处是作者行文较随意，语言逻辑性差一些。

168

《刘心武散文》，全书题材广泛，分为命运、名利、逆境、爱情等十个章节，其中既有作家对日常生活的回忆也有情感辨析，既有艺术札记又有自我审视，读者能从中感受到作者宽阔的思想视野、昂扬向上的文学境界和扎实深邃的语言功力。

169

《枕草一年》，是蒋勋等台湾作家的散文集。编者以真实和触动人心为选稿原则，选取三十余篇散文集成此书，分为家园与栖身、依恋与依赖、成长与回望、日常与微光、时代与省思等六个板块，向读者传达温良纯善的情感体悟，充满人情味。

170

《技艺里的中国》，是一部讲述中国传统手工艺制品及技艺的书稿。每章以历史、工序、匠人三个板块介绍了我国陶器、瓷器、皮纸、织绣、金属器、漆器、文房用具、竹木器等十二个方面的传统工艺品及技艺，对弘扬中华优秀传统文化具有重要意义，具有史料和传承价值。全书人物形象鲜明，脉络清晰，图文并茂，是一本值得阅读与收藏的好书。

171

《北宋密码》，是一部解读《清明上河图》的艺术赏析类书稿。作者在书中指出张择端在画中生动描述了汴梁城市面貌、人文景观和市井文化，以画为谏，精心向统治者谏言繁华中的危机，以期引起统治者注意。在作者的解读中，读者能够感受到艺术之美、时代变迁和历史感悟，也能够体会到古人的社会理想和价值追求。全书内涵丰富，语言流畅，具有一定的学术价值、人文价值。

172

《短视频快文案热卖指南》，是一本教授如何制作短视频顺利卖货、成功变现的书稿。书中方法明确具体，针对性强，贴合实际，并配有丰富的案例剖析和解读，形成一套以高转化率卖货为目标的完整系统。在短视频带货越来越被人们重视的今天，该书有一定的市场前景。不足之处是文字较为粗糙，准确性、条理性有待提高。

173

《孩子看得懂的经济学》，通过少儿在生活中遇到的一件件小事，归纳出其背后的经济学原理，形象生动地向少儿传播与普及经济学基础知识，使少儿能够养成经济观念，正确看待金钱与消费。全书主题新颖，内容健康，图文并茂，是一套轻松阅读的儿童文学作品。

174

《一蓑烟雨任平生——苏轼词》，是一部解读宋代文学家苏轼词的专著，收录了苏轼几乎所有词作。作者以扎实的文学功底和深厚的美学修养，生动解读了苏轼词作深邃的思想感情和独特的艺术风格，并详细描述了苏轼的身世、求学、为官坎坷历程，反映了苏轼高尚的人生追求、卓然的为政理念和出色的文学造诣，本书具有一定的文学价值和收藏价值。

175

《消失的村落》，本书通过记叙找寻失落的恬静生活、觅求慰藉心灵的净土、长江畔上的桃源记等采访旅程，形象生动地反映了中华民族所传承的传统文化，以及祖国的大好河山，并提出了抢救传统文化的紧迫性，为新时代现代化国家建设中如何传承优秀历史文化提供了极好的基础资料，也使读者从中受到一次传统文化的洗礼。全书富有真情，贴近地气，娓娓道来，如诗如画，是值得一读的好书。

第三编
书稿编审差错案例

　　按照《图书出版管理条例》的规定，书稿要经过严格的"三审三校"编辑流程，方才有可能确保质量，达到"万无一失"。实践证明，坚持书稿的三审（初审、复审、终审）三校工作制度，是十分正确的，完全必要的，它符合图书编校出版流程的一般规律，是在长期的出版工作实践中积累和总结出来的宝贵经验，务必坚决遵循，认真执行。否则，就可能出劣品、出坏书，后果不堪设想。

　　近年来，在书稿编审过程中，所读、所见、所改、所思，真可谓："险象环生，战战兢兢，如履薄冰。"

　　历史的经验必须注意。为了深刻认识书稿坚持"三审三校"工作制度的重要性，我们特意将审读过的近千本各类书稿，按照初审和复审笔记的原始记录，把发现并已删改纠正过的二十八种较为典型的编校差错，按照合并同类项和轻重有别的原则，加以甄别、筛选、归纳和分类整理。

一、涉嫌攻击党和政府及现行法律、法规、政策

书稿中涉嫌攻击党和政府及现行法律、法规、政策的内容，虽然数量不多，轻重程度有别，却时有发生。作为图书编辑，应具有强烈的政治责任感和一双"明察秋毫""守土有责"的"火眼金睛"，善于敏锐而又及时地识别隐藏在字里行间的"地雷"和"毒素"，并恰到好处地"排除"和修改。

1.《温柔半两，从容一生》书稿中的《六月的焦灼与千年的凄苦》一文，对现在的高考制度充满愤怒与愤青情绪，一些描写明显过分，有些事例以偏概全，对整个高考制度加以抨击。其中一些表述如下：

第 206 页：这段时间是全年中最焦躁、最烦恼、最担忧、最吃力、最期盼的时间。外部酷热浸淫，内部心理焦灼，内外夹击，火上泼油。个人焦虑是一点火焰，无数个点点连缀，在九百六十万平方公里的国土上燃烧，燎烤着多少部门、多少单位、多少家庭、多少国民！

你家没有孩子高考，你的亲戚、朋友家的孩子要高考，亲戚串着亲戚，朋友连着朋友，十四亿国民除了嗷嗷待哺的婴儿、不懂事的顽童，几乎全被高考的网络罩住，像被罩在网里的鱼儿，怎么挣扎，怎么蹦跳，都无法摆脱。家里贫困买不起空调、耗不起电费，时令还没到六月，就把空调装在要高考的孩子的房里。爷爷奶奶爸爸妈妈吹着电风扇、摇着芭蕉扇，也要保证孩子的凉爽。家里一个星期吃一顿肉食，必须保证孩子吃上炖排骨，炖乌鸡，甚至乌龟王八，荤素搭配，营养全面。除此之外，还要购买补脑液、蛋白粉，药店里的补药补品销量大增，几乎脱销，销售人员的奖金又创新高。经济富足的还要给孩子注射丙种球蛋白、胸腺五肽，说是能强健身体，预防疾病。马上就要高考，正在冲刺阶段，要是临上考场，突然病倒，非战斗减员，十年寒窗白读，说什么也不能在乎这点支出。

高考前夕，多少家长跑庙宇、烧高香、磕响头，夫子庙里更是香火缭绕，功德箱爆满。周围没有庙宇，就跪在老树古木前，跪在祖宗的牌位前，乞求神灵保佑自家孩子金榜题名。我常常发出这样的感慨，每年的新兵入伍老兵复员，都没有受到如此的重视，没有享受如此的排场！

第210页：从唐朝开始，便建立了"锁院"制度。今天的高考出题专家也在出题后神秘消失，直到高考结束方才露面，其措施绝对不是创新，而是袭用了古代的锁院制度。但是，在巨大利益的诱惑下，应考作弊层出不尽，花样百出，手段隐蔽，防不胜防。贿买、夹带、代考、飞鸽传书、结朋、行卷、授义、银盐变黑，甚至有考生将纸条塞进肛门。现今考生的作弊手段，只能说是沿用了古代考生的作弊手段。如果有创新，也只是科技手段的创新，用手机、耳机取代了飞鸽传讯，将夹带写在裙底大腿，替代了塞入肛门。

第216页：我的眼前总是幻化出无数的中国男女，老年的、中年的、青年的，背负着盛满命运、生计、荣誉、担忧的包袱，踉踉跄跄，手扒脚蹬地挣扎在九百六十万平方公里的大地上，只能长叹一声，十多亿国人，谁不是这么过来的？我们也旅游，超音速飞机、豪华邮轮，把我们带向陌生又陌生的地方，欣赏美景，品尝佳肴，体验异乡的风土人情，但我们肩背上的包袱减轻没？精神放松没？一次高考镂刻的痕迹，恐怕用一生的时间都难以平复，迟早回忆起来，都禁抑不住地嗦嗦打战。

第222页：我们试想，一代一代的考生，把书本视为枷锁、刑具、浸泡的烧碱水、压在肩头的重负，在以后的人生里，能把书本视为可亲可近之物？能把书本视为自己一生的情侣，能自觉自愿毫无功利地进行阅读？难怪世界读书组织的调查统计中，我们的人均读书量和非洲人比，是许多国家的几十分之一，称我们是不读书的超级大国，绝对没有污蔑我们。

高考成绩公布了，神州大地又一次掀起滔天热浪。月亮弯弯照九州，几家欢乐几家愁。考上名牌大学的孩子，等于一只脚踏进了那个称作富贵的门槛，展现在视线前方的是一片辉煌。没考上名牌大学的孩子，站在已经关闭的富贵大门外边，或许还留下一条狭窄的门缝，难以跻身入内，却没能用眼珠窥视里面的富贵，但那些富贵已经与自己无缘了。考上三本大学的孩子，现在就开始为毕业后找工作忧愁，偃旗息鼓，不敢声张，恨不得黑纱遮面。

第223页：丢人事小，生存事大，人活在世，一天都离不开饭食的滋养。人家考上名牌大学的孩子以后碗里有肉，咱家的孩子总得盛点稀饭菜汤。孩子是自己的骨肉，要是没有饭吃，自己的骨灰压缩到盒子里心都能蹦出来。担心没有饭吃的孩子，偷盗抢劫杀人越货，女孩子卖淫卖唱当小姐，破罐子破摔吸白面！于是，家长打电话，找关系，为孩子寻找可端的饭碗。孩子也跑人才市场，希望把自己当人才推销出去，人家只承认头上戴平板的是人才，给安家费给房子地吸引人家。没有一家公司认为落榜生是人才，连个三本都考不上的捣蛋学生，身上哪有人才的细胞，招到公司能干什么？有些事情还得人干，端碟子洗碗，送快递跑腿，街头发传单，当城管巡逻，工地搬水泥砌砖，不能在家吃闲饭。运气好的不等同学到大学报到，就挣下了一个月的工资，尽管微薄，却能顾住饭食，一辈子就这样作为社会下层的成员，趔趔趄趄地走过自己卑贱的人生。

【点评】当下，孩子高中毕业通过高考以求继续深造，尽管存在着一些这样或那样的情况与困难，这是客观存在的，也是不容置疑的。但是，我们绝不能以此为由，把行之有效的高考制度说成洪水猛兽，将其批判得体无完肤。实事求是地说，在我国以及世界上其他诸多国家，高考仍然是国家选拔和培养人才的重要途径。尽管我国教育改革与现行高考制度确有一些值得引起重视和改进、改善的问题，但无视高考制度的必要性，一味采取全盘否定甚至蓄意攻击的态度，既是不符合实际的，也是有害而无益的。怀着对教育改革的政治责任感，对高考制度中一些亟待改进之处，心平气和，有理有据地向国家有关部门提出自己的见解与建议，总比愤青与讽刺好上百倍。

2.《高能文案》是一部广告示范写作的书稿，但有的内容违背广告法相关规定，有的故弄玄虚，用语不当，有负面效应。

第141页：作者在举例阐述痛点体模板时，提出文案写作要：触痛现代人的生存问题，诸如购房、户籍、医疗、教育、食品卫生等。

譬如《高龄产妇半夜羊水已破却被拒收，生个孩子怎么这么难！》《对不起，北京你已高攀不起》《不是危言耸听，一台净水机也许能救你一命》《摩拜单车创始人套现 15 亿，你的同龄人正在抛弃你》等。上述文章标题都是在消费受众的感情，以惊悚、急迫的情绪节奏，引起公众的好奇心，进而点击阅读。如果将问题叠加，例如高房价＋看病难，加上作者夸张的语言，煽动情绪，危言耸听，会让用户痛上加痛，将痛苦扩大化，放大受众的痛点。

【点评】作者倡导的文案写作思路为：在既有事实的基础上，采取某种形式的虚张声势，借助一些令人震惊的数据、事实、案例或原理，夸大消费者在生活中的痛苦和痛点，借此渲染、推销自己的产品，有贩卖焦虑、制造恐慌、发泄愤青情绪之嫌。这种为获取阅读量，不惜煽动人们的不安情绪，而不从正面讲授如何进行广告文案写作的做法是不可取的。

3.《中国真问题》书稿中，有这样一段话：一些专家学者说当前中国"富人一掷千金，穷人无立锥之地"，"问题的根子在特权"，认为"中央和地方关系要重构，财政关系也要重构"，提出"中国百姓何时才能安居乐业"的问题，又说"中国有'小三'，是社会的一大进步"，等等。

【点评】此书稿为某电视台访谈节目的结集稿。作为国家官方传媒，要把节目推上银屏问之于世，务必讲大局，讲政治，十分慎重。改革开放三十多年了，国家的面貌、人民的生活已发生翻天覆地的变化，这是举世瞩目的事实。诚然，由于发展不充分、不平衡，当下确有贫富不均问题的存在，也有一部分群众生活并不富裕，有的还比较困难，党内也确实存在个别党风不正、贪腐等问题，但我们绝不能感情用事，以偏概全，把中国人笼统分为富人和穷人，并说"穷人无立锥之地"，甚至提出"百姓何时才能安居乐业"的疑问，这是对国人多数已实现"小康"这一社会现实的无视。至于说"中国有'小三'，是社会的一大进步"，更是无稽之谈。

4.《看懂世界经济的第一本书》书稿序言中说："中国如果只要面子不要里子，难免哪一天动荡会从内部爆发，那就不好收拾了。"在另一些章节里说："劳动密集型产业注定不能长久，底层劳动人民不会永远无动于衷，当人们的工资不能应付水涨船高的物价水平时，一场动乱不可避免。"又说：

"中国援助非洲，竟成了花钱不讨好。"又说："我们的国家富裕了，为什么我们还会衣食俱忧呢？"等等。

【点评】不讲具体事实，并随意预言"动荡会从内部爆发"，让人觉得有点煽风点火，莫名其妙。作为一名公民，按照一定的程序和恰当的方式方法，如实地指出党和政府工作中的问题和不足，勇当诤友，是正当正常的，也是爱党爱国的一种表现，应予提倡。但片面地说"中国只要面子不要里子"，这种结论矛头指向哪里？事实又何在？更不能妄说"劳动人民不会永远无动于衷"，"一场动乱不可避免"。至于说"援助非洲，是出力不讨好"，还有"国家富裕了，我们为什么还会衣食俱忧"，这种对现实的否定和责难，是缺少政治头脑，还是有意在拨弄是非、搅动舆论？错在哪里不言自明。

5.《姑娘，欢迎降临这残酷世界》书稿，第43页："'剩女恐慌症'的罪魁祸首是中国现阶段盛行的保守的来自中世纪的婚姻文化，还有无意保护女性的法律，反而在'剩女恐慌症'上推波助澜。"

第69页有这样一句话："中国女性不敢离婚的原因是在这个国度里，法律不保障女性的权利，社会规则又歧视女性。"

第80页："通常对于一夜情的已婚女士我只有一个建议，那就是一夜情是不足虑的，更值得焦虑的反而是你的日常生活。"

第178页："新婚姻法关你屁事，爱情不靠谱关你屁事……"

【点评】说我国妇女不敢离婚，而且把原因归结为国家不保障妇女的权益和社会规则的歧视，这是完全违背法律事实和社会现实的。说"一夜情是不足虑的""新婚姻法关你屁事"，等等，这些文字所表达的思想观点，有违公序良俗，也有点荒腔走板，充满负能量，对这样的书稿，不删节，怎能出版？！

6.《你我皆凡人》书稿第100页："这种'慕容复型性格'，小到个人关系，大到国家外交，都常常有所体现。……在生活中，有的人只喜欢和比自己能力弱的人混，沉湎于这种'众星捧月'的感觉，遇上能力强的人就处不好；在国际上，有的国家或是只善于拉拢收买大批弱国，比如慕容复对岛主、洞主们的'折节下交''患难相助'，或是只会无底线地巴结、紧跟一个强国，比如慕容复对大理延庆太子的'忍辱负重''卑躬屈膝'，始终难以构建一个正常、有序、良好的国际关系圈子，交不到对等的好朋友。"

【点评】这段文字看起来好像是戏说"慕容复型性格"，无关痛痒和大局，但实际上细细品味，则是在含沙射影地诋毁什么，有损我国的国家形象。

二、涉及台湾地区机构称谓的差错

前些年，由于台湾地区原领导人马英九任职期间坚持"九二共识"的核心意涵，使海峡两岸处于和平、稳定的时期。所以，从台湾引入大陆的图书较多。但由于作者是台湾人，受到多方面因素的制约，书中有不少内容涉嫌"两国论"，审读中尤应引起高度重视。

举例如下：

1.在一本台版书中，有这样一种表述：二○一四年"雨伞运动"之后，香港进入了觉醒年代。

【点评】这里说的"雨伞运动"，指的是当年香港的"占中"行动，这是企图否定和阻挠"一国两制"在香港持续贯彻落实的错误行动。作者把搞"港独"说成使香港进入了觉醒时代，显然是分裂国家的"港独"言论，是为"港独"行为唱赞歌。

2.另一本书稿中这样写道：卢铭世持续在全国推广种树，绿化台湾，这里的"全国"二字涉嫌"两国论"，需改为"全岛"。

另有台湾书稿中写到的"出国旅游""出国留学"等，也应改为离岛旅游、去某国留学等。例如：让父亲能未退伍即离国去到美国爱荷华参加作家工作坊（此句应改为：让父亲能未退伍即离岛去到美国爱荷华参加作家工作坊）。

3.《白先勇的文艺复兴》书稿中涉台禁用词较多，举例如下：

民国五十九年、民国六十二年（1949年之后，不能再采用民国纪年法）；

中港台（不得将大陆与香港、台湾并称，应改为：海峡两岸暨香港）；

立法院（不使用台湾"一府五院"名称，应改为：台湾地区立法机构）；

国立台湾大学（应改为：台湾大学）；

国家图书馆（应改为：台北图书馆）。

4.《和父亲去旅行》书稿中有"国校""国立""台日"等诸多表述。

【点评】台湾是中国的一个省，不能将台湾与日本等其他国家并列，应写作"台湾地区"或"中国台湾"。书中的"国中""国小""国立"等用法，可直接写"台湾××中学"、"××小学"或"××大学"，如实在不好回避，必须加引号，写作"国中""国小""国立"，等等。

5.《做最好的团员》书稿，第149页："从此离心机再也不用依赖英国和台湾的维修商了。"

【点评】将"英国"与"台湾"并列，虽然中间有个"和"字，也显得不妥。应改为：不用依赖英国或台湾地区（中国台湾）的维修商了。

6.《惛惛不归：老兵讲述我在台湾四十年》书稿：

第15页，将台湾视为"国家"，不妥，应改作"台湾地区"。

第73页："新、马、泰、香港"（香港是中国的一个特别行政区，不能与其他国家并列，应改为：新、马、泰和中国香港或香港地区）。

第109页："美国、加拿大、台湾"（应改为：美国、加拿大、中国台湾或台湾地区）。

7.《累了，你就停一停》书稿中，将从外国回到台湾称为"回到国内"，去国外旅行称为"出国"。

【点评】此种表述容易让人产生误解，认为台湾是一个国家。因此，类似的表述需要修改，"回到国内"应改为"回到台湾"或"回到台北"；"出国留学"应改为"出去留学"或直接写从台湾去某国某大学留学。

8.《世界戏剧学》书稿第1页中有"其中包括台湾、香港、新加坡的一些大学"的表述。

【点评】台湾、香港都属于中国的一个地区，新加坡是一个国家，三者之间不能用顿号并列在一起。看起来仅是一个标点符号错误，但实际上把香港和台湾混同于国家，有"两国论"之嫌。

9.《新文化苦旅》书稿第 295 页："台湾、日本、马来西亚"（应改为：中国台湾、日本、马来西亚）。

10.《清朝皇帝列传（上）》书稿第 146 页："统一台湾"（书中多处使用"统一台湾"，提法不妥，应改为"收复台湾"较为准确）。

11.《听从自己内心的安排》书稿，将"去纽约"写成"去国外"，将"去美国念书"写作"出国念书"，等等。

【点评】台湾是我国的一个省、一个地区，由台湾去美国、法国等国家旅游或求学，不能说是出国，这样表述实际上把台湾当作一个国家了。

12.《如果可以这样做农民》书稿：

第 27 页："靠种菜还能出国旅行"（"出国"一语，往往容易误把台湾当作国家，应改为"靠种菜还能出去旅行"较适当）。

第 92 页："行政院蒋经国院长"（应改为：台湾地区行政机构负责人蒋经国先生）。

第 146 页："即使在国外"（应改为：即使在岛外）。

第 157 页："以节省国家人力物力"（应改为：以节省人力物力，去掉"国家"二字）。

第 163 页："招徕国外游客"（应改为：招徕外地游客）。

第 270 页："在国内外声名远扬"（应改为：在岛内外声名远扬）。

13.《袁崇焕传》书稿，第 239 页："台湾、香港、澳门、美国、日本"（应改为：中国台湾、香港、澳门地区以及美国、日本）。

此外，还有将我国其他地区当作国家来表述的，这也是不妥当的。下面举几个例子：

1.《看人还是人》书稿第 137 页："有一年去云南瑞丽，朋友带我四处去转，那里有一家巨大的保税翡翠市场，看看东，摸摸西，买了不少用不上的小东西。朋友搞珠宝多年，帮我选了三对翡翠镯子，说比国内便宜多了。"

【点评】在中国某个地区的商场购物，怎能说比国内便宜多了？应改为

"比国内其他地区的市场便宜多了"。

2.《所有的幸福都来之不易》书稿目录第 5 页与正文第 64 页：称云南迪庆为"飘荡着田野牧歌的理想国度"。

【点评】"国度"通常用来指代国家，形容云南迪庆，怎可称为"国度"？应改为"飘荡着田野牧歌的地方"。

第 70 页："浇灌在西藏这片充满灵性光辉的佛国之境"。

【点评】西藏是中国的一个自治区，将西藏称为"佛国"，给搞"藏独"的人以口实，显然不妥，应改为"佛教之地"。

三、借古讽今，涉嫌攻击现实及党和国家领导人

近些年所谓的"穿越剧"和"穿越文学"较为盛行，有的人就打着穿越历史的幌子，在书稿中借古人之口含沙射影、指桑骂槐，涉嫌攻击现实及党和国家领导人，这种现象应该引起我们的高度警觉。

1.《生活有诗意》书稿中，作者将古代官衔与现今官职相对应，虽然有帮助读者了解古代人物之意，但极易引起读者误解，为稳妥起见，审读中已将这类表述做了修改。以下节选两段，供大家参考。

第 37 页：杜牧非常有才，官也比骆宾王做得好很多。他最大的官职按照今天来说，是最高人民检察院的检察长，那也是副总理级别了。他当初在淮南节度使牛僧孺幕中当书记的时候，就是出了名的风流才子。淮南节度使相当于今天的大军区，书记不是今天的书记，不是单位的一把手，而是节度使的幕僚，相当于秘书长。杜牧在扬州，最大的乐趣是下班之后去泡妞。扬州在唐代是最繁华的城市，相当于今天的上海，城里头到处都是青楼酒馆，最漂亮的女孩子都跑到扬州来了。有一句话说，"腰缠十万贯，骑鹤下扬州"。杜牧天天都跟这些女孩子泡在一起。他毕竟是政府官员，哪能这样胡闹呢？于是有人跑到牛僧孺跟前告他的状。牛僧孺听了只是笑了笑，每天偷偷派几个便衣警察跟着杜牧，不是伤害他而是保护他。

多少年之后，杜牧回到长安当了监察御史。那时候长安城的达官贵人家里，每天晚上都有堂会。当时国家没有歌舞团，达官贵人家里都养着歌舞班子。有一个京兆尹，相当于现在的北京市市长，家里歌舞班子非常有名，其中有两个女歌星，歌唱得相当好，像现在的超女这样，名气大得很。这个京兆尹经常请人到家里吃酒席看歌舞，但是从来没有请杜牧。杜牧就很奇怪，问朋友这个市长为何不请他。朋友说不敢请你，你是管纪检的官员，怎么敢请你呢？他一听，当天晚上跑去京兆尹的家，说你不敢请我，我自己来了。刚坐下就问："谁叫紫云啊？"紫云就是那个红得发紫的歌星，当时长安城中的超女。他让紫云坐在他旁边，陪他喝酒，给他唱歌。这就是唐代的读书人。"文人无行"这句话，在唐朝表现得比较充分。

第108页：在这种情况下，范仲淹认为，要改革就要解决"三冗"问题。说实话，你要把庸官清下去，比登天还难。只要他一开口，立刻就会有人上门说情。比如我是一个部长，我亲手提拔的人一大堆，部长手下的司局长也提拔了不少亲信。层层下去，勾勾绊绊，形成了一个庞大的官僚利益集团，动一个人就是动了一个集团，动了一个集团就是动了国家的根本。可以说，改革非常艰难。

【点评】有关古代人物其人其事的表述，尤其是将古代人物官衔与现今官职相对应的，还说得活灵活现，一定要仔细鉴别、慎之又慎，避免以"穿越"为名有影射现实、借古讽今之嫌。

2.《为什么是中共》书稿，阐述了中国共产党自创立以来至建立新中国的奋斗历程，其中能看出中国共产党发展壮大的历史，也能看到这是历史的必然。但由于作者在书中倾注了大量个人的、与当前主流党史研究不同的观点，致使书中选材与评点都有强烈的主观色彩，有些评点是偏颇的，有些与当前党的政策与思想理论是相违背的。因此建议取消出版。例如：

（1）对历史规律性的重新阐释模糊了唯物史观的根本立场。

作者认为：历史是由无数偶然的、独立的事件组成的，是各种力量综合作用的结果。这就是我们的历史观。历史某个阶段可能表现出某种规律性，然而这规律到底是真实存在，还是在人们强烈期盼下所产生的幻象，我们依然不得而知。由于人类社会的不可逆所致，要么人类历史尚不存在公式化的科学定律，要么就是人类历史所记录的事件，其样本数尚不足以形成统计学意义上的规律性，所以未来并没有表现出确定性。

作者甚至得出这样的结论：不要轻易地认为，我们今天所看到的史书就是真相。要是我们今天已经发现或者找到了历史的规律性，那反而意味着历史的终结。这显然不是正确的研究态度。要知道，人类历史是单向的发展历程，由于不可重复，故而连科学都不适用，哪里来的必然结果？

【点评】作者的这种历史观本质上是陷入历史虚无主义的唯心史观，否定历史的规律性，否定已经盖棺定论的史实，将历史的发展归结为偶然事件的结果，从而否定历史的必然性。我们的党史研究，是一门研究中国共产党的历史、从中国共产党的实践中揭示当代中国社会运动发展规律的科学，而作者的这种历史观无疑有悖于当前党史研究的根本立场。

在此引述《求是》杂志一篇文章中的一段论述，以此为鉴：马克思主义没有过时，人类社会发展规律不容否定。习近平总书记指出："事实一再告诉我们，马克思、恩格斯关于资本主义社会基本矛盾的分析没有过时，关于资本主义必然消亡、社会主义必然胜利的历史唯物主义观点也没有过时。"人类社会有其自身的发展规律。中国共产党运用马克思主义立场观点方法观察分析中国社会运动及其发展规律，在认识世界和改造世界过程中不断把握规律、运用规律，推动党和人民事业沿着正确的发展道路阔步前进。历史虚无主义将历史运动视为无规律可循、随英雄人物意志改变、受偶然性支配的事件堆积的一件件"个案"，以历史的个别现象否定历史的本质。任其蔓延的后果，必将使我们的发展道路偏离社会发展规律，最终走向失败。

（2）对"落后就要挨打"的阐释是莫名其妙的，也是违背历史和常识的。

作者提出：这些年，我们的观念中有一个最常见的误区，就是"落后就要挨打"，却鲜有人意识到，中国在过去一千多年的时间里是远远领先于全世界的，但是挨打的总是我们，而不是我们去打别人。这怎么解释呢？

【点评】作者对"落后就要挨打"的论断持否定态度，这直接否定了邓小平同志对落后就要挨打的重要结论。实际上，中国历朝历代的所谓强大，并不是长久的、牢固的，所以到了清朝便屡受侵略，割地赔款。这是史实，不能轻易否定。

（3）书稿中对历史人物、重大历史事件的评价总是用调侃的口吻，显得不够尊重，不够严肃。

如对孙中山的革命活动多有微词，有贬损之嫌。对长征路上，周恩来、朱德等领导人为什么不对错误路线作斗争，而是直到遵义会议时才承认毛泽东的正确领导，做了一些并不准确的解释，许多说法看起来是想当然的，缺乏应有的依据。同时，对共产国际的作用等评价也作了极端的评述，这样写历史，显得有些轻率。

【点评】书中这些言论，都是作者自以为是的杜撰。除了对历史事实的嘲讽，更重要的是对党和国家老一辈领导人的非议和不恭。即使历史上或许有种种情况可以印证，但未经核实也未经中央同意，我们不能无端非议中共党史上的重要人物。这是政治规矩，也是出版法规所不允许的。

3.《少年》书稿为长篇小说，讲述了1988年至1989年间，14岁的少年赵根的种种见闻和遭遇，讲述他在流浪生活中守住本心的故事。但全书主题思想灰暗，语言文字夹杂着血腥和肮脏，几乎通篇都是在揭露那个时代的贫穷和不公，对社会阴暗面做了集中而放大的处理，致使全书充斥着愚昧、欺诈、凶杀、淫秽、腐败、动乱等描写，没有一个正面人物或事例来解释、佐证少年为何能坚持初心，使少年的坚持显得苍白难有说服力。给人总的感觉是作者在通过这段故事来表达对现实的不满，旨在控诉我国在改革开放后人们思想受到冲击，社会动荡，腐败淫乱蔓延，人民不自由、生活艰难等现象。

（1）集中展现愚昧、贫穷、落后。

小说背景设置在1988年南方的一个小县城，县城的人们麻木而机械地过着贫穷的生活，这是一个喝醉酒开车撞死人也就是赔几千块钱的时代。赵根一家生活贫苦，父母所在印刷厂与棉纺厂不景气，父亲因贫穷长期喝食用酒精而轻微酒精中毒，母亲因生活贫苦而性情暴戾。在论及父母刚结婚的

70 年代时，小说有"那时穷是穷，可还有盼头"的论述，可见在作者的观点中，中国社会的发展是倒退的，直至改革开放的 20 世纪 80 年代末，仍然"今不如昔"。

突如其来的下岗将普通人陷入苦难的深渊，赵根的父母同一天内意外身亡，赵根由此流落街头，过着堪比三毛的流浪生活。小说对下岗的描写在文学表现上是过火过度的，并没有处理好如何表现处在变革中的中国社会现状。如：

第 45 页：一个小孩站在树荫下吃冰棍，嘴里还小声哼哼，哼的是不知从哪儿听来的民谣："下岗女工不用愁，浓妆艳抹上酒楼，包吃包喝还包睡，比起在岗还实惠；下岗男工不用愁，操起斧头和扳手，风风火火闯九州，该出手时就出手。下岗女工不落泪，挺胸走进夜总会，谁说我们无地位，昨天还陪书记睡……"

第 48 页：不过，下岗与致富似乎并不存在必然的联系，大人们无不为此忧心忡忡，长吁短叹。李家的姑娘因为不想下岗，陪车间主任睡了，结果与车间主任双双下岗。张家的小伙因为下了岗，用菜刀把厂长追得满街跑，厂长的老婆还在一边拍巴掌："砍死这个没本事的孬种吧。老娘好嫁给别人。"刘家的大人双双服了农药，只留下一对孤儿。

上星期，县红星乐器厂的七十六名职工跑到县政府门口静坐。职工们把唢呐、古筝、琵琶、长笛摆了一街，手里还拿着风油精、清凉油。多半是老头老太。日头很大。影子很短。很多老百姓扛来方便面与矿泉水为他们加油助威。他们坚决不喝，要求与县长对话。县政府办公室主任在人群里跳来跳去，满脸惊惶，就差没磕头下拜。一个老头摸起长笛吹起"东方红，太阳升，中国出了一个毛泽东，他为人民谋幸福……"，几个看热闹的小孩接上声："我爱北京天安门，天安门上太阳升。伟大领袖毛主席，指引我们向前进。"笛声悠扬，童音清脆，像一场热热闹闹的街头文艺会演。

第 76 页：一个骑无牌三轮车的下岗职工因为被交管追赶，在火车开过来的时候，试图穿越栏杆，结果被火车辗得稀巴烂。每年，火车的轮子下都要死几个人。不过，今年死得有点多，也死得怪。下岗职工被撞到半空中后，碎了的肢体几块落在草丛里，更多的落在车厢顶端，还有几块飞进车厢，都没法想象它们是怎么飞进去的。服务员吓得尖叫。火车临时停靠。车站的工作人员嚷着晦气，上去把尸块一一捡进蛇皮袋。列车长跺脚骂娘，说这个地方的人都是杂种。前个月，一个没了丈夫的女人带着两个小孩突然穿过栏杆，钻到火车底下，害得他全年奖金被扣掉。这不，又来了一个找死的。列车长也把工作人员骂得狗血淋头。工作人员气坏了，说："国家要立法，这种干扰火车正常运营的人，要追究其全家连带赔偿责任。就没人再敢往火车上撞了。"

第234页：这两年，到处都有下岗工人。省城里就更多了。许多三四十岁的女工在八一大桥引桥下的幽暗处操起皮肉生意，在阴影里三三两两来回逡巡，见到有了点年纪的男人凑过身，问玩不玩。开价十五，若还价，十元即可成交。

"看她们的容貌神情衣着打扮，基本是厂里下来的。是本地鸡，不是乡下鸡。"万福骄傲地笑，"在我老家，鸡可多了，比南昌可要繁荣'娼'盛。不是南昌的昌。是娼妓的娼。西市那边巷子的暗处，常有男人蹲在墙壁下，蹲成一排，嘴里叼着烟，互相也不交谈，身边停着一辆永久载重自行车。他们在等着接老婆从发廊下班。咱中国最繁荣'娼'盛的要数海南。海南省知道不？过去是岛，现在是省。"

【点评】用讽刺挖苦的笔触，集中展示我国二十世纪八九十年代人们的愚昧、贫穷和荒淫，是用"一点"否定全盘，是对党领导下的新中国的肆意攻击，既不符合历史真实，也违背了文学创作的基本规律，即源于生活又高于生活。作者笔下所写，全是阴暗面，看不到建国已经四十年的新中国任何一点光明面与新气象。

（2）观点表述随心所欲，影射攻击现实。

小说通过赵根的视角，展示了作者对那个时代的质疑。社会不公贫富不均，读书无用，知识分子潦倒，有财掌权之人皆面目丑恶，社会一团乌烟瘴气。公审大会被认为是解放军练习打靶子，其中不免有"冤死鬼"。书稿中写："其中一个最漂亮的女人比较冤枉，是粮站的会计，领导一向把她当支票使用，后来查账，出现十几万亏空，没人负责，就只好毙掉她。"

第120页：街两边的狗肉馆飘着香，里面走出喝得醉醺醺的人。他们只要一挥手，就有几辆三轮奔来。因为路滑，车轱辘常撞到一起。三轮车夫们骂起架。喝得醉醺醺的人就哈哈大笑。朱门酒肉臭，路有冻死骨。毛主席不是领导穷人翻身做主人了吗？女老师不是说无产阶级是让"秦皇汉武略输文采唐宗宋祖稍逊风骚"的英雄吗？所有的三轮车夫，应该是属于典型的无产阶级。父亲更是工人里的工人，是这词里歌颂的英雄。为什么英雄会吃不饱饭？难道秦皇汉武唐宗宋祖他们都吃不饱饭？

第222页："读书有啥用？嘿，阔了当官的，发了摆摊的，穷了上班的，最是可怜读书的。还有什么摆个小摊，胜过市官；喇叭一响，不做省长；全家做生意，赛似总书记。没听过吗？"

"一等公民是官倒，出了问题有人保；二等公民是公仆，老婆孩子享清福；三等公民搞承包，吃喝嫖赌全报销；四等公民是个体，骗了老张欺老李；五等公民坐机关，抽了塔山品毛尖；六等公民大盖帽，吃了原告吃被告；七等公民手术刀，划开肚皮取红包；八等公民交警队，马路旁边吃社会；九等公民是演员，扭扭屁股赚大钱；十等公民是园丁，鱿鱼海参分不清。嘻嘻，我们是几等公民呢？"

"有个戴眼镜的卖茶叶蛋的，花白头发，身上倒不脏，人干净清爽，与我爷爷蛮谈得来，嘴里老唱这些东西。我天天听，就记住了。还有什么拿手术刀不如拿剃头刀，搞原子弹不如卖茶叶蛋。什么种地的撂了荒，做工的摆摊忙，教书的下课堂，当兵的出营房，掌权的做官商。什么五十年代全民炼钢，六十年代全民度荒，七十年代全民下乡，八十年代全民经商。我问我爷爷他是什么人。我爷爷说是教授，说他是替儿子挣娶媳妇的钱来着。"

（3）书中有些章节、文字影射"六四"风波，显示出作者对这一历史事件的态度和立场，其态度不禁让人怀疑。如：

第151页："只要活着，就有希望。历史是公正的。"

第152页："让那些狗屁玩意儿都滚一边吧。什么民主，什么自由，都是他妈的狗放屁，都是关于权力分赃的策略与阴谋。我们这种人是不配坐到桌上的，我们只有做炮灰或不做炮灰的自由。我总算看明白了。"

【点评】作者站在党和人民的对立面，以戏说当下的口吻、编顺口溜的表现形式，对二十世纪八十年代的中国现实口无遮拦地恶意攻击，真有点信口开河了，其"胆气"何来?！这样的文学作品充满了"地雷"与"毒素"，怎能编辑出版?！

4.《王鼎钧的众生情怀》书稿，讲述了作家王鼎钧其人其文，其中涉及国共内战，内容较为敏感，现在还是不碰这类问题为宜。

第214页：鼎公最为痛惜的，还是抗战胜利后的战争，让众生灾难深重的战争。深创巨痛之后的山河与众生，本应当休养生息，建设团聚。国统区，解放区，"人人以为殊途同归，谁能料到这一步跨出去，后来竟是刀山血海，你死我活"！

第216页：身在台湾的鼎公哀伤不已，却又不能写、不准写，写了就有身家性命的危险。"中国文学史写到一九五〇年，不幸变成文学迫害史，文学创作几乎中断！"鼎公的哀伤也许更为广大与深远，因为更加广大的土地，都沉浸在恐怖里。

【点评】抗日战争胜利后国共之间的内战，虽然造成了一定的伤亡，但这是消灭国民党、夺取政权、建立新中国的正义之战，对此不应有非议，否则就没有是非和公正可言。虽然鼎公的痛惜可以理解，但不宜如此评论当年的国共内战。另外，鼎公说，中国的文学史写到1950年，"变成文学迫害史，文学创作几乎中断"，如此论说新中国肯定不对，即便是说台湾，也有点言过其实。

5.《白先勇的文艺复兴》书稿，部分内容较为敏感。

第14页：六〇年代，反观大陆，则是一连串文人的悲剧，老舍自沉于湖、傅雷自戕、巴金被迫跪碎玻璃、丁玲充军黑龙江、沈从文消磨在故宫博物院，噤若寒蝉，大陆文学一片空白。因此，台湾这一线文学香火，便更具有兴灭继绝的时代意义了。

【点评】上述文字，尽管作者列举的一些人物经历有的符合事实，但那毕竟是当年"文革"中的个例，如今不宜再如此宣传，而且字里行间有否定贬低大陆，吹捧台湾地区文学兴盛之嫌。

第309页：中华文明的根源在中国大陆，那里人才也多，可在大陆推广昆曲十年，我感到困难重重，它的制度限制了文化传播，没有足够的创作自由。

【点评】如此结论性观点，不只是与事实不符，还有对中国制度、中国文化的否定，属于明显的政治性差错。

6.有一本小说书稿中，多处描写基调灰暗，使读者难以从中获得正面能量，特别是对和尚有负面评论，很容易引起"和尚静坐"，"惊天动地"，过去已有教训。我们做了删节，摘录如下：

来这里没有两个月，哥哥来看我，我说不用看我，离家这么近，说回去就回去了。我还是很高兴，给他打来斋饭，他不吃，小声说让给他三百元。可是，我的斋薪只有一百多元，只领了一个月，还没有积蓄。哥哥似乎不相信我的话，说，现在的和尚哪个不是富得流油，他们都有一颗肥墩墩肉乎乎油光光的大光头，没钱能养得那么肥吗？我无言以对，反正我是精瘦的，没有几毛钱。哥哥发飙了，说他当年立志让我当和尚，就是为了发财，并警告我，是他供我上了佛学院。那年开学时，他和嫂子的确给过我77块钱，之后的四年里，再没给过一分，我断断续续靠做佛珠给自己挣点儿零用，幸亏佛学院免费项目多，不然早辍学了。

婶婶嘴一咧，满脸鄙夷："就你叔叔交的这些文化人，哼，没几个正经货，经常把小女孩肚子搞大。你瞧瞧，教授牵来的哪个不是自己的女学生，书画家领来的哪个不是女弟子，就连威严的法官带来的都是女律师。让人怎么说，能是好人吗？"这些细节，我倒没太注意。虽然他们经常更换年轻女性，但他们订做佛珠从不讨价还价，虽然买的次数少，但出手大方，付款利索，婶婶说的那些龌龊事，我真的不知道。

【点评】我国宪法规定，公民有信教的自由。因此，小说中有对佛教或对和尚日常生活的描写，只要客观公正无可厚非。但这里的描写，是对和尚形象的肆意丑化，而且把出家当和尚与"富得流油"画等号，也是不符合事实的。其中还有一些描写攻击面过宽，把教授、法官都写成坏人，一律腐败，也是一种诽谤。

7.《中国往事：上海风云》书稿，多处"借旧事说今事"，有贬低现实而美化流氓大亨杜月笙的嫌疑，如："连半文盲状态的帮派大亨杜月笙都尊重文化，而我们为什么却不能呢？"言下之意是今不如昔。

8.《中国之谜》书稿，有的文字写中国"恐怖，混乱不堪，污染严重"。

第9页："这个国家正在通过各种手段吸引各式各样的资本……有人说，中央帝国正受到'超级资本主义'的控制，借用共产主义的前驱思想家马克思的话来说，出现了历史上少见的榨取'剩余价值'的良好环境。"

第20页："一位外国人经历了中国之行之后写道：'仅为几毛钱就用匕首刺穿手腕的街头小混混，污染严重的城市，能把人挤成碎片的火车站……如此古老、如此混乱、如此陌生……回忆起来如在梦境……'"

第21页："在这奇迹的发展中，中国要面对一个不合格的司法制度，控制言论与宗教自由。"

第111页："共同富裕也许是一个遥远的话题。"

第175页："民营企业仿佛为匪为盗。"

第238页："太平盛世，中小企业似乎活起来更加艰难。"

【点评】在作者笔下，中国从司法制度到言论自由、宗教信仰，从环境污染到交通拥挤，从民营企业到共同富裕，仿佛都是问题，到处一团糟。如此写法完全背离了现实，是明明白白地抹黑中国。

9.《自由与荒凉——中国独立知识分子的人生沉浮》书稿，有贬损毛泽东之嫌。如第75页："有人问'毛泽东……是不是你的学生？'胡适说：'不是……以毛泽东当时的水平是考不上北大的。'这句话传到毛泽东耳朵里，他才决定发动一场彻底批判胡适的全国规模的运动。"

【点评】如此说法纯属臆测和武断，是说毛泽东心胸狭窄，听到胡适说他的坏话，便利用职权，予以报复，令人难以置信。

10.《唐朝绝对很邪乎》书稿，原来有不少文字是借古人之口，借古讽今，影射现实。比如："就听到刘景仁大叫一声：'稳定，稳定，当前压倒一切的是稳定，不稳定就没有和谐，所以大家要稳定，要和谐，现在请大家解散，先离开者有奖金，后离开者不扣工资，不肯离开的，一律予以严打……'"

【点评】此段话显然影射现实，唐朝何来"稳定、和谐、严打"和"奖金"之说？如此穿越戏说，旨在嘲讽现实。

11.《我想陪你到老》书稿，主要写一位美籍华人从纽约带一条狗到北京旅游，这条很"聪明"的狗在主人的引导下，走遍了北京城区和郊区的大街小巷，满眼看到的是：外国的"小杰克"被人贩子抢走了；采煤工在深深的矿井里悲惨地死亡；"公安局"有关人员与"地下黑社会"（所谓的"丐帮"）相勾结，一大批无辜儿童陷入"恶势力"的手中，备受摧残。书的结尾是写穿"西服"者（指公务员）的无法无天……给人一种感觉，"狗眼"里的中国一片黑暗，深层次的社会问题"堆积成山"，到处都是"民不聊生"的景象，人民生活在"水深火热"之中。于是，这位美籍华人很生气，很郁闷，不再有心思旅游，便带着这条"狗"乘飞机回美国去了。

【点评】这部小说书稿，表面上看是写美籍华人来京旅游，实际上是借"狗眼"来观察我国社会现实丑化中国政府和人民。像这样的书稿有一定的隐蔽性，不认真审读把关，就可能认为，写得很生动、很具体，放其出"笼"。

四、调侃贬损知识分子和老一辈革命者

审读书稿中，有时发现一些作者不知出于什么样的目的，会以多种手法，编造各种所谓的情节和故事，调侃、丑化现实，恶意攻击贬损知识分子和老一辈革命者。

1.在一本散文集书稿中，对马克思和鲁迅有过于随意的调侃，失去了分寸。具体表述如下：

（1）犹太血统加金牛座，有如此天赋配置的马克思，依然不会理财，这使得他一生穷困潦倒，交不起房租，养不起孩子，生病也没钱看医生。

马克思还是个拖延症晚期患者，本来预计 5 个星期完成的《资本论》，整整拖了 16 年才完成。

"要想生活过得好，下巴就得长点草。"大胡子是当时革命者的专属形象，马克思可以作为大胡子的典型。

【点评】马克思作为全世界无产阶级和劳动人民的革命导师，为了人类解放事业，一生被反动、保守势力驱逐排挤，颠沛流离，其生存状况的恶劣和艰辛绝非"不会理财"一句可以概括。被誉为"工人阶级的圣经"的《资本论》，是马克思倾尽毕生心血完成的最厚重、最丰富、最有代表性的巨著，怎能在几个星期内完成？更不能以"拖延症晚期患者"这样不严肃的表述加以诋毁。

（2）鲁迅是追求时尚的潮男，他还会叠穿针织衫，渔夫开衫里搭配深 V 领毛衣，内搭一件中式立领衬衫，十分前卫。还特别"心机"地把毛衣塞进裤子里，突出腰际线。

鲁迅先生为了扫盲也是煞费苦心，故意激进地主张要废除汉字，其实目的是简化汉字，但让人感慨：妥妥的心机 boy。

【点评】鲁迅是毛泽东同志肯定并赞誉的文化革命先驱，他的杂文是投向敌人心脏的匕首，怎可以用这种嘲讽的语言随意调侃，实在过分。

下面原文照录两则"奇文"，供读者剖析。

2.《一个键盘侠的知识构成》，全文照录如下：

此文不是指责一些人没有知识，而是在说：人必须要先有知识，然后才好有观点。

在旧式武侠文学日益没落的网络上，一种独特的侠客类型却欣欣向荣。他们被称为 KBman，即"键盘侠"。

人们如是赞誉他们——天下武功，唯键盘不破。

"键盘侠"们以键盘为主要格斗兵刃，精通 QQ 拼音输入法、百度拼音输入法等外门武功。老一代"键盘侠"还擅长失传已久的五笔字型神功。遇上使用这一路功夫的"键盘侠"，你最好先行躲避。

"键盘侠"要形成战斗力，还须依赖一门高深内功，叫作愤怒神功。它必须由一些热点事件激发，使"键盘侠"不断发射几种可怕的武器：逼人表态、猛爆粗口、深挖阴谋、牵强附会等。主要诉求一般是"凌迟这些坏人，当街示众""把人渣们全家女性都××，看他们怕不怕"，等等。

与赛亚人的升级情况类似，"键盘侠"的武功练到一定层次，就将进化成"爱国键盘侠"，相当于超级赛亚人。"爱国键盘侠"的必杀技是"冲天愤怒"，发功的时候，他们往往要念诵一种神秘的心法口诀："是中国人就转起来……是中国人就转起来……"

他们的主要知识来源是三部分：二三十年前的中小学课本，一二十年前的电视新闻，加上最近几年的一些网帖。在下文中，我将详解一名标准"键盘侠"的知识构成。

首先，他们所有的历史知识，大约就是两个词语"五千年辉煌"和"百年耻辱"。先说"五千年辉煌"。他们所能知道的是："我们是最牛的四大文明古国之一！"不过，最好避免追问他们是哪"四大古国"，否则你得到古希腊、古罗马之类答案的概率是很大的。

他们会说："我们的好多好牛的发明都领先西方几百年、一千年！"但如果询问具体是哪些"发明"，"键盘侠"们会先抢答：圆周率！然后便面露难色，尝试着列举出诸如赵州石桥、风筝、铁器、陶瓷、太极拳等五花八门的东西。

他们会告诉你："我们有很牛的算术书！"但很难说出具体名目，甚至会答出孙思邈的《周髀算经》、祖冲之的《九阴真经》之类的答案来，并告诉你"哎呀，你问那么细做什么，总之就是些很伟大的书啦……"

"对了，对了，我们有四大发明！"他们会兴奋地表示：没有四大发明，整个欧洲将处于暗无天日的凄惨境地，没有罗盘他们就不能大航海，没有火药他们就造不出枪炮，没有造纸术和印刷术他们就……嗯，就印不出航海地图？

然后是"百年耻辱"。他们在这方面的知识有："鸦片战争！八国联军！烧杀抢掠！好多外国人来欺负我们！"不过假使你再稍微问细一点：八国联军是哪八国？有没有西班牙葡萄牙？有没有意大利荷兰？有没有奥地利匈牙利？"键盘侠"就将支吾起来，瞪视着你，愤懑地反问："这个重要吗？"

他们的意思是，自己记不住侵略者并不重要。但有时他们又喜欢把另一句完全矛盾的话挂在嘴边：忘了国耻就是汉奸！连侵略者都没记住，算不算是标准的忘了国耻？

再看文化板块。"键盘侠"的知识几乎只有一句：传统文化博大精深。如果你胆敢对这句话不敬，他们就会异常愤怒。但你绝不能问他们传统文化究竟是怎么博、如何大、什么精、什么深，那将严重伤害他们的脑部健康。

李白有没有填过词？《金瓶梅》和《水浒传》哪个在前面？胡适和胡适之是什么关系，周树人和周作人是不是两兄弟？天啊，千万不要用这些非人道的问题折磨他们。甚至不要问他们唐朝人是否穿唐装，马褂是否是汉服。

我相信他们非但不明白"八王之乱"和"七国之乱"的区别，甚至连五代十国和南北朝哪个在前都不确定，但他们坚持：我们的历史最光辉！

他们搞不清楚孙思邈和张仲景的朝代，不知道《金匮要略》和《伤寒杂病论》的关系，但你放心，这不影响他们誓死捍卫传统医学，坚称谁质疑这一点就是数典忘祖。

同样地，如果你问他们先有《汉书》还是先有《史记》，或是"二十四史"里有没有《旧唐书》和《资治通鉴》，他们就会凌乱和抓狂。但这也不影响他们表示自己刻骨深爱国学和传统文化。

然后是军事知识。大部分"键盘侠"大概只知道一句话：当年咱用兵真如神。这自然没错。但如果你详细问问他们：为什么"真如神"？从什么事上看出来"真如神"？我想有七成人会答："四渡赤水！"

千万要避免问他们四渡赤水的背景、原因、敌我形势、战术部署等，那对于他们来说过于苛刻和高端。你甚至不能问他们"四渡赤水"在哪个省，是四川、贵州还是广西，这也会使他们陷入凌乱。

另外有两成人会回答：反"围剿"！但如果你多问一句：红四方面军有没有反"围剿"，反了几次"围剿"，谁指挥的，我保证你会听到他们脑花碎裂的声音。

还有一成人会回答：东北关门打狗！请你一定对这部分"键盘侠"表示

敬意——能答出这个，已经算是"键盘侠"里的高阶知识分子。

但这仍然难以阻止他们脑花碎裂的趋势。你只需多问一句：关门打的是谁？是卫立煌还是陈诚还是杜聿明？请确保你提问之前，能为他们喊到救护车。

或者有人问：这些知识我偏不知道，不行吗？我不感兴趣不行吗？当然可以。我并非是在挖苦人们的知识缺陷，而是在说：人必须要先有知识，然后才好有观点。

最后，我还要善意地提醒，务必要避免和"键盘侠"讨论问题。他们当年曾熟读《高中历史》等专业学术著作，尽管长大成人、步入社会后忙于生计，忘记了不少，但至少死死记住了"经济基础""资本主义"等一堆义理名词。

随着年齿日增，他们几乎不再认真读其他书籍，以便使自己的认知能力精准地停留在幼年时代，避免过多的知识搅乱了脑细胞。

当然，他们在各大论坛的学术讨论中得到了充分磨砺，十分善战。和他们开展讨论，你将遭遇致命的打击。你和他们讲事件，他们会和你讲立场；你和他们讲立场，他们会和你讲阴谋；你和他们讲阴谋，他们会和你讲动机；你和他们讲动机，他们会对你说 f 开头的单词。

更可怕的是，他们有着满满的正义。要知道，自以为拥有满满正义感的人是无敌的。

【点评】作者在文首宣称"此文不是指责一些人没有知识……"，这是此地无银三百两。文中提到的"键盘侠"，实际上指的是老一代革命者和爱国知识分子，是其影射攻击的主要目标。这则奇文里面的关键词是："百年耻辱""五千年辉煌""刻骨深爱国学和传统文化"，以及戏说"四大发明""八国联军""四渡赤水""愤怒神功""真如神""反'围剿'""脑花碎裂"和"满满的正义"等。细细读来，作者的调侃很恶毒，其用心不良不言自明。之所以全文照录，意在"立此存照"，证据确凿，并提请出版单位和有关编辑举一反三，深长思之，增长见识，引起警觉。

3.《善联》，全文照录如下：

"善联"要回中国了。在他走之前，我得给他写个鉴定。

"善联"是中国教育部资助的访问学者，教育部给像"善联"这样的访问学者每月一千美元。比起二十年前的访问学者，"善联"是富人。他的第一个决定是：决不用家里一分钱。有国家每月给的这一千美元，吃喝拉撒、老婆来访、小孩上学、外出旅游、回国送礼……全都会有的。"善联"非常有信心。

"善联"要求不高，所有的好事都能掉他头上。所有的好日子就像小雨点儿一样，眼睛一闭，就浇自家地头上去了。

一千美元是很多的，"善联"要好好计划，让全家都得福。为了省下钱来，"善联"住在一个美国人家里，房租才两百美元。

那美国人家里养了三条狗、八只猫。"善联"对我说："我在农村长大，猪和鸡都养在院子里，看惯了，闻惯了，就跟自家院里的树桩、磨盘一样，不臭。"

"善联"能容忍，这一点是没话可说的，祖宗遗传下来的好品质。"善联"甚至都能容忍被叫作"善联"！

其实，"善联"并不是"善联"的名字，"善联"的名字叫"善联富"。房东老太太以为"富"是姓，"善联"是名字，就管"善联富"叫"善联"，偶尔，还叫他"富先生"。"善联"很大度，也不纠正，说："随她随她。她方便，怎么叫都行。"行不改名，坐不改姓，这样的老传统，到了美国，没有亲戚朋友在场，就像上了一趟人家的戏台，在台上唱了几句跑堂的，下了台，拿钱回家。用啥名字都是戏名，用不着当真。所以，"善联富"就成了"善联"。

要说"善联"不拿自己的名字当回事儿，也不对。"善联"知道，有些时候，他的名字必须以正确的形式出现，要不然不能升为正教授，升为正教授就像再分五亩地到手，好事！必须要把名字写对了，不能忙了半天，地分别人头上去了。

不过，要是有哪个冤大头，犯傻，能把分到自己头上的五亩地划到"善联"头上来，那"善联"也当仁不让！天上下来的不是雪，是白银，那日子多好过？这种叫作"人性"或"恻隐之心"的东西本应该是人人皆有的，但是，在物欲横流、你死我活的竞争中，很多人却轻而易举地把它丢失了。

"善联"绝不做赔本的事，"减肥"这两个字在"善联"听来，就像是"赔本"，"善联"是不会干的。

"善联"在一个星期内，在我们的校园里找到了一家学生餐厅，六点五美元，管饱。自助餐，吃五次，还得一次免费。"善联"一算：一顿才五美元多一点儿，值！每吃第一顿的时候，他就想到那第六顿是免费的，心里就充满希望。

不仅如此，"善联"还告诉我："我每天中午去吃一顿，吃得多多的，晚饭就可以混过去。吃一顿，等于两顿！"

一年下来，"善联"的成果很大，脸成了月亮，肚子成了地球。"善联"叫我给他写鉴定的时候，圆脸黑红，像极了月食。他有一点儿不好意思，说："回去减肥。""吃人家，省自己"的好作风依然如故。

要说"善联"是个访问学者，他一年里总得学点儿什么吧？学了什么呢？一共听了两堂本科生的课，一上课就睡觉。不过，"善联"对自己上小学的女儿倒要求严格。

"善联"说："你不知道她有多粗心！每次考试前，我都要找理由把她打一顿，第二天考试她就能考好一点儿。"

我大吃一惊，还有这样的教育逻辑？那些亚洲的"虎妈"一定要自愧不如这位"虎爸"了！根据"善联"这个逻辑，他的家长就该在他来之前把他打一顿，那他好歹还能学点儿东西。

【点评】"善联"这个题目，很有意思，会引起我们许多联想。"善联"是中国教育部选派去美国深造的访问学者，他在美国的所作所为居然是这样一种令人可笑而又可悲的形象，其背后的潜台词是：中国教育部和中国政府是"不长眼睛"的冤大头，怎么选了这么一位"精明"的访问学者？中国高级知识分子在国外"深造"就是这样混日子、混职称的，出国一年总共听了两堂课，还"一上课就睡觉"，回国后副高还可能升正高，岂不是"衣锦"

回国，一举多得吗？作者"别出心裁"地如此描写，其主旨用心不是一清二楚了吗？诚然，国家选派的访问学者中，在国外可能确有不争气的，即使这是事实，但也不应一叶障目、以偏概全。

五、渲染凶杀暴力和封建迷信

凶杀、暴力和封建迷信，在现实生活中不同程度地存在着。因而纪实文学和小说中有一些适度、适当的描写无可厚非，有时为了揭露黑社会组织的残暴，甚至可以写得比较具体，这也是文学作品应有的功能与品格。但是，我们在审读中却发现，有一些书稿对凶杀、暴力或封建迷信的描写很无度，很卖力，不只是过于直白、详细，而且是血肉横飞，情节离奇，让人看了顿觉血腥、恐怖，这就违背了出版法规的相关规定，有点不正常、不正当了。

1.《优秀的人从来不会输给情绪》书稿，开篇文字血腥暴力，体现出自媒体文章博取关注的典型特点，在书面出版物中，这样的表述是不适当的。举例如下：

如写在武昌火车站旁边的一个小面馆，二十二岁的犯罪嫌疑人胡某和面馆老板姚某因为口角纠纷，胡某竟持菜刀将姚某的头活活砍了下来，还扔到了旁边的垃圾桶里。胡某被当场抓获。

原文如下：

胡某气不过，和老板争论了起来。姚某也不是善茬，两人在争吵中，姚某还数次掐住胡某的脖子。终于，胡某爆发了。他一把抄起案板上的菜刀，对着姚某一通乱砍。已经四十余岁的姚某自然打不过年轻力壮的胡某，最后姚某倒在了血泊之中。

而这时胡某已经杀红了眼，砍死了姚某以后还不解气，提起姚某的脖子又砍了数十刀，直到人头落地才罢休。发泄完后，胡某把姚某的人头扔到了旁边的垃圾桶中。

我看了当时的那个小视频，场面真的太血腥了。当时姚某死的时候眼睛都是睁着的，真的可以说是死不瞑目。

【点评】作者描述的这种血腥事件，日常生活中肯定存在，但文艺作品要更多地关注和描写新人、新事、社会新风，不宜过多地渲染凶杀暴力。类似这些极端而又罕见的割头事例，血腥而又恐怖，正式出版物中不宜宣传。

2.《少年》书稿，渲染暴力，血腥恐怖。小说中，县城青年整日无所事事，泡在游戏厅，玩着以杀戮为主题的游戏，还效仿港台电影，成立帮派，敲诈百姓，打架斗狠。赵根的邻居徐明玉上完夜校归家途中，被七名铁路职工子弟砍伤、轮奸，导致左手只剩三根指头、直肠脱落。十岁的妹妹为报仇，面无表情地在街头捅死另一名少年。

第85页：这一跑不要紧，少年们顿时狂欢乱叫，像饿了几天的兀鹫嗅到了腐尸味，像豺狼发现了羊羔，嗖一下，各自袖管里弹出寒刃，长嗥怪叫，齐齐追来。人哪里跑得过畜生啊？也就百把米的距离，一根钢管砸在跌跌撞撞的徐明玉的后脑勺。徐明玉眼前一黑，就此失去知觉。

第89页：赵根却看见了那只隐藏在床单下的手。徐明玉的左手只剩下三根指头。这伙梅花帮的少年何至于如此心狠手辣？都是爹生娘养的人，为什么就会有人不愿做人，在做这样的畜生？天若有情天亦老，人间正道是悲伤。赵根胡思乱想着。街头录像厅里传出一阵阵疯狂的厮杀声。无所事事、目光凶狠的少年们在录像厅门口的石阶蹲成一排。他们抽烟，挖鼻屎，突然怪笑。他们中的谁是梅花帮的成员？或者说他们中的谁将要成为梅花帮的成员？他们就是一堆丑陋至极的事物。

第92页：徐明金贴过身，瞅着，手自裤兜里摸出刀，一刀捅去。杨凡愣了，低头去看胸膛。徐明金拔出刀，又是一下。其他少年终于反应过来，瞪圆了眼，就像油溅入水里，盯着杨凡胸口涌出的血，"啪"一下往四处溅去，拼命逃窜，尖声惊叫："杀人啦，杀人啦。"杨凡跌倒在地，眼泪、鼻涕、小便一起涌出，还张嘴问："你为什么拿刀捅我？"徐明金一声不吭，眼里也没有泪，一刀一刀捅着，等到人们围上来，徐明金已经把这个比自己大不了几岁的少年，捅成一张满是窟窿眼的废纸。

或是因为闹得满城沸沸扬扬的徐明金杀人案，徐明玉被轮奸案终于得到警局重视，没两天时间，案破了，七名少年尽是铁路职工的孩子。人们谈论着徐明金，谈论着这个奇怪女孩。大家想不通，一个十岁大点的孩子竟然有勇气去提刀杀人，竟然杀得一点也不手软。

另外，部分语言肮脏，情节胡编乱造：

第 140 页：于志强惨叫，怒火上来了，钳住赵根的下颌，一口浓痰准确地吐入赵根的嗓子眼里。又吐了一口。"操你妈，狗杂种。"急赤白脸的于志强并没有满意这两口痰，恶狠狠道，"按住他。詹贵，你压住他的腰，还有腿。李小军，你抓死他的胳膊，还有他的嘴。老子今天要在他嘴里拉泡屎。妈的，看他下次还敢不敢咬人。狗杂种。"

于志强解下裤带，露出尖尖的黑黑的臀，在赵根脸上蹲下，提肛，憋气，蹙结的眉心缓缓打开。屎落入赵根嘴里。于志强愉快地吹起口哨，吹的也是小小少年没有烦恼。

李小军哈哈大笑："屎人。"詹贵补充道："眼里是眼屎。鼻里是鼻屎。耳朵眼里是耳屎。脑子里是脑屎。嘴里还是屎。不是屎人是什么？"

第 257 页：赵根摇头："你妹偷了人家的钱包，把它塞我裤兜里。我来还你。那妇人呢？"

"走了。那个死逼。"石头舔舔嘴唇，捻开包，"嬷嬷，我们有钱了。"

"你妹呢？"

"卖逼去了。你问她做甚，想操吗？很嫩的。"石头满意地捻着那两张大团结。

【点评】小说中如此描写青少年，全是地痞、流氓、无赖，满嘴"喷粪"，任意行凶，把祖国的花朵写得一塌糊涂。这是以偏概全，全盘否定，不宜提倡。尤其是涉及青少年的文学作品，更要严格按照国家的出版条例办事，不能胡编乱造。

3.《宴诡录》是一本小说书稿，以一名说书人讲述的故事为主要内容，将背景置于一个有着三千余年建城史和八百余年建都史、有着两千三百万人口的大城市燕都（即指北京），主人公为 211 大学学生，主题是写他如何在一位所谓"导帅"的指导下，靠骗术和偷盗而达到出人头地发财致富的目的。故事中，主人公齐缘 8 岁时于山中撞见"山鬼"，吃其食物，遭其报复。爷爷为"庖刀鬼"，设计解了孙子的性命之忧。齐缘跟着爷爷学习庖刀之术，也步入此行。小说以各类鬼神精怪为内容，封建迷信思想充斥其间。

第 38 页：看着这一切，我忍不住想，或许那只大鼋真的是传说中成了精的生物，现在它肯定逃出了缸的禁锢，说不定依旧潜伏在这浑水中伺机伤人。在伸手不见五指的漆黑中，我的心如捣鼓般跳动着，静谧中一阵嘿嘿嘿的怪声悄然飘出。那声响清脆、阴冷，听着像是女童所发出的得意笑声。

我毫不犹豫地拿起三把菜刀中韧性最好的斩骨刀。随后，我咬破右手中指将血滴在刀身上。血不多不少，正好七点，与北斗七星的排列一模一样。这是我爷爷教我的屠杀刀法中最绝的一招。它唤作：七星压命。爷爷曾说，一个屠夫本身煞气就重，碰见魑魅魍魉，只要不怕便不会被害。但是偶尔遇见大凶大恶的精怪胡搅蛮缠，则必须使出这招保命刀法决一雌雄。

摆出刀法中发力最狠的姿势后，我冲那黑水中的东西大吼道："拿人钱财，与人消灾。你记恨我，我无话可说。这生死一搏，老子也不会怕你，现真身吧！"

黑水间再次起了涟漪，而后涟漪变成旋涡。旋涡的范围越来越大，最后从里边"升起"一个五六岁的女娃娃。这个女娃娃，头发披散着，浑身白衣却穿着一双红鞋，白皮紫唇，柳眼红瞳。女娃娃肩头还隐约可见龟壳一般的鳞甲覆盖，让人看了浑身发颤。

我大吼一声踏水前行，主动冲那大鼋幻化的"鬼娃"奔去。在距离她三尺之地猛然跃起，劈刀便要将那鬼魅彻底消灭。电光石火间，这只老鼋幻化的"鬼娃"昂起脑袋。"鬼娃"一边咧嘴惨笑，一边伸出惨白如刀的利爪直插我的胸膛。"噗"一声，那"鬼娃"尖锐的左手插进了我的肋骨。"唰"一声，我的斩骨刀劈断了"鬼娃"的右手。紧接着，在上半身传来极致的痛觉中，我失去了对身体的掌控，重重地摔倒在黑水中。

……听完这些，我诧异地皱起眉头。难道我所经历的一切都是假的吗？被大鼋幻化的"鬼娃"攻击的事情，只不过是我想象出来的吗？我想不通，疼痛的脑子也不允许我去想。我开口问道："那只大鼋呢？"

闻言，刘飞辉遗憾而无奈地开口道："趁着水大逃了，不过也真是奇怪，缸里剩下只爪子，好像是被刀砍断的。"听到这话，我本已释然的神经再次猛然绷紧。下意识地，我赶紧伸手摸自己的肋下，我发现在自己的肋骨处嵌着三条深深的抓伤。盯着那伤，我的心久久不能平静。

【点评】该小说主题思想消极，价值观导向有误，且有宣传封建迷信和猎杀珍稀动物之内容，也有胡编乱造之嫌，尽管文字、情节还比较生动，但综合评估，不适宜出版。

4.《雪漠说老子——让孩子爱上〈道德经〉》书稿是一本向孩子讲解《道德经》的国学读物，作者从自己修道的角度讲解部分章节，将《道德经》和"修道""修炼""三魂七魄"等思想结合，存在导向偏差，有宣扬封建迷信的问题。具体如下：

第47页：明代有个老头，他一直在一个小城里给人看病，一生都默默无闻，从来都没有出过那个小城。但后来有一天，人们在很远的另一个地方看到了他，也在治病救人。这时，人们才知道，哦，原来他已经不是凡人了，他修道成功了，会分身了。在这里，再说一下分身。它是一种修炼的境界，达到这种境界，人会分出另外一个身子，就像《西游记》中，那些神仙、妖怪的分身术一样。道家的分身与佛家的幻身，虽然看起来很像，但还是有区别的。它们的境界不同。孩子们一定觉得很奇怪，是吧？在佛道的修行中，有很多这样神奇的故事呢。其实，说是故事，他们却都是真人真事。

【点评】作者以讲故事的名义，给孩子们讲所谓的"分身术"，说得神乎其神，还信誓旦旦地说"都是真人真事"。这分明是向孩子们宣扬神怪和迷信，很不妥当。我们是无神论者，要教育引导孩子用历史唯物主义与辩证唯物主义的观点看待万事万物。

第110页：主宰精神和思维的三魂

今天这一章，让我们一起跟随老子，来探讨一下人的灵魂。那么，灵魂是什么呢？虽然现在所谓的科学，在一度时间内都在否定着人的灵魂，但在我们的传统文化中，人们始终都认为人是有灵魂的，它是超自然和非物质的组成部分。 个人只有肉体和灵魂合二为一，才是一个真正的、完整的人。随着时代的发展，现在，西方的许多科学家也用科学实验证明了灵魂的存在。

天魂呢，顾名思义，就是先天就有的魂。人在活着的时候，三魂总是精诚团结，牢牢凝聚在一起，人一死，它们就会分离。第二个是地魂。我们常说，人要是做坏事，死后就会到阴曹地府如何如何，"如何如何"的那个东西就是地魂。每个人生前做过什么事，都会在生命中留下记忆，人一死，三魂分离，天魂上天，地魂受报——如果他做了很多恶事，他的地魂就会堕入阴曹地府，在那里接受果报。阴曹地府，就是所谓的十八层地狱。还有就是人魂。人魂就是我们所说的中阴身。人死之后，人魂仍然会游荡在住过的地方，游荡于自己的墓地，游荡于生前熟悉的一些地方。关于天魂、地魂、人魂，还有很多种说法。感兴趣的孩子们，可以看看我的《雪煮〈道德经〉老子的心事》，那里写得比较详细。

第 112 页：主宰身体的七魄

认识了三魂，我们再来了解一下七魄。传统说法中，三魂主管人的精神、思维，七魄主宰人的身体。在我小时候，有过一次很特别的体验：浑身居然没有一丁点力气，没力气坐下，没力气说话，甚至连睁眼的力气都没有了，妈妈就说，这娃子魄掉了。于是，她就开始给我叫魄。具体是怎么叫的呢？先拿个瓷碗，在碗里盛满了面，然后，用红布包起来扎住，再一下下用瓷碗平的那一面按我的前心、后心、双肩等处。按一阵，碗中就会出现个陷坑，妈妈就会再添些面，把碗盛满，再喊再按，直到碗中的面再也不陷下去时，才算完成了叫魄仪式。在叫的时候，还要有一个人专门应声，并在我身上坠个红布条，然后吊一根线，中间绾上几个疙瘩，据说，魄就会揣着这根绳子，进入我的身体。孩子们可不要觉得这是迷信呀，这是西地那块土地上特有的一种文化。在很多年前，我采访过一个西部的神婆，她不但可以叫魄、收魄，对于欺负她的人，她还能把那人的魄给拔下来扔了，而失了魄的人，就会迷迷瞪瞪不清楚，最后就会不明不白的死掉。对这一点，我问过很多收魄、捡魄之类的人，他们的说法也都差不多，虽然这种说法被人们称为迷信，但我想它可能是有道理的。

【点评】用自己的"现身说法",向儿童宣扬人的"灵魂上天入地",宣扬叫魄、收魄,纯属无稽之谈,有损少年儿童的身心健康,不能提倡。审读时对这类文字已做删节。

5.一本散文集书稿,其中存在诸多表述不当之处,特别是在价值观导向层面有偏差,部分文字容易误导读者崇尚日本,崇尚拜金主义。还有宣传风水等迷信思想的表述,这些都是不可取的。

(1)如果将来我选择一个城市终老,这个城市只能是京都。……日常、细节、视觉下的京都万古流芳,每个零星片断的景致足以打动人心,你在唐诗宋词中读过的景象随处可见。

我去了西安回来想写京都了,西安从前叫长安,而京都是依照千年前长安的样子所建,当年的长安没有了,但京都还在,还在就好。追樱、看枫、探雪……京都最迷人之处在于日常,小街小巷一汤一饭都足以颠倒众生。小金说,明春来日本看樱花吧,我心里想的是,日后,若命中真有,就选择住在京都,每一分每一秒都和京都在一起。因为,京都是我的,而我,也是京都的。

【点评】作者在京都旅行期间,对日本社会的方方面面推崇备至,大到建筑,小到一餐一物,许多表述有过誉之嫌。似乎广袤美丽的中国不值得她居住、留恋,日本的"月亮"就那么圆吗?

忽然说起胡兰成。胡兰成晚年在日本,与佘爱珍生活在一起,平日交往的是得过诺贝尔奖的川端康成,后来终老于日本。墓前刻了两个字:幽兰。张敞说:"胡兰成真有本事,能把无耻的事说得有理有据。"胡兰成也真是有天地格局的人,这是我中年后的判断。他与张爱玲的情爱纠缠是小事情,爱情到底还是小格局的事情,和一生命运相比,又算什么呢?我到日本难免想起胡兰成来,幽兰二字到底也是配得上他的。

【点评】胡兰成是汉奸,对其做出"有天地格局的人""幽兰二字到底也是配得上他的"这类肯定与称赞,这属于政治性错误。

(2)作为一个风水爱好者,这次很正式地看了看蒋氏父子故居的风水,远方是山,推门可见,门前是溪水,溪水潺潺,源远流长。

作为一个非专业的爱好看风水人士，我暗暗给还在上高二的儿子定了大学，就是湖南大学了。

闲暇时还和老公爹聊天，他一直坚信家里风水好，祖祖辈辈出的都是读书人和做官的人，女人是不能进坟地的，但公公说："阴宅风水极好，是旺你的。"我听了便生出温暖与感动，荫及子孙的"阴宅风水"，让先生家人才辈出，成为当地的望族。

【点评】从摘录部分可以看出，作者认为风水好坏会影响家族盛衰，对看风水这一活动持肯定态度。这属于封建迷信内容，《出版管理条例》中规定，出版物中不得含有宣扬迷信的内容。

6.《你是缺少边界意识的人吗》一文中，用词与举例不当。

当我们思考问题，尤其是思考法律问题时，会考虑两个因素。第一个因素是因果。比如你和邻居王大哥有不可调和的矛盾。于是有一天，你朝王大哥胸口捅了一刀。王大哥的肚皮上多出来一个窟窿。王大哥肚皮上的窟窿，来自你的"温柔"一刀。……

智力的落差体现在事情的边界认知。回到你捅隔壁王大哥肚皮案上来：

—— 如果你认为，此案就应该结束在隔壁王大哥的肚皮上，这是正确的。

—— 但如果你认为，你应该为自己引发的所有事件负责，你要掏王大哥的医疗费，担责王大嫂跳楼，负责被王大嫂跳楼砸伤的李大婶的治疗，承担小明被狗咬伤的责任……

【点评】举例向"王大哥胸口捅了一刀"，这是公开渲染血腥暴力，如此血腥的举动不能提倡，公开出版物中，应避免出现此类渲染暴力的文字。

7.《保险师》一文中，作者这样写道：一个男人在街头闲逛，遇到一个戴面具的怪人，他告诉这个男人，"他们新开了一家保险公司，只要在这里签个名，就可以得到超值的意外伤害保险"。男人回到家里，告诉在厨房切菜的老婆，"只要你受点苦，钱自然就来了……只是切破手指而已，赔偿金几乎是医药费的 10 倍"。老婆沉默了。然后，男人把他老婆的左手小拇指切断。接着，男人打开手机，收到短信，上面说："您好，9958 号客户。被保险人获得意外伤害赔偿 4700 元，已汇入您 ×× 行账户，请注意查收，……"男人将短信告诉老婆，老婆咽下了口水，颤抖着手，点了点头。接着，男人又把他老婆的手指全部切断。此时，男人又收到短信，上面说："您好，9958 号客户。被保险人获得意外伤害赔偿 18800 元，已汇入您 ×× 行账户……"男人看了短信说，"太慢了，我们必须弄得严重点"。于是，他将老婆的大腿折断了。紧接着，这个男人又把老婆残杀了。这时，面具保险公司又来短信，告诉他，又给他汇去意外伤害保险 30 万、100 万。男人现在已跻身百万富翁的行列了。正在男人清洗现场血迹的时候，手机短信未响，门却被敲响了，这时，面具保险公司的工作人员给他领来了一个女人，说是来"跟踪服务，给他送来一个女子，以代替他死去的老婆"。

【点评】像这样一个残忍、血腥、荒诞的故事，能给读者带来什么印象和教益呢?! 无非是教唆人们为了骗保，可以随意残杀亲人，末了，保险公司还能"跟踪服务"，赔偿你的所有损失，这不是天大的诱惑和鬼话吗? 同时，也从另一个侧面诋毁中国老百姓是多么残忍与无知。想想看，这样的恶作剧，这样的血腥描写，哪有一点正能量?

8. 有一部书稿，大约十五万字，通篇皆是唯心主义的说教，公开宣传"神算""巧合"，因果报应，等等。这是运用"心理恐惧"的表现手法，使用"危言耸听"的语言文字，描写那些稀奇古怪的人生意外事件，意在制造一个个令读者惊悚的意境，宣传封建迷信，负面作用很大。

9. 有一部题为《猫可以作证》的书稿，由十三个所谓离奇的故事组成。"凶宅"一节，写主人公是记者，主要跑突发新闻，他亲眼见过跳楼、自缢等各种死亡现场，情景令人毛骨悚然。"杀了我丈夫"一节，内容尤其充满负能量，脏话贯穿始终，并用大量文字写女主人公的混乱性史。

【点评】写故事、说故事，本来是人民大众喜闻乐见的文学表现形式。但有的作者以写故事为名，随心所欲，胡编乱造，渲染凶杀、暴力，严重污染了文学阵地，毒害了人们的心灵。

10.《小明同学》是一本以图为主的漫画书，是写给少年儿童看的。但书稿中却有不少内容在渲染暴力和买卖儿童，有的虽是以半开玩笑的口吻表述，但对青少年的成长也有负面作用。例如：

第13页：小明的妈妈说："老是那么调皮，信不信妈妈把你卖到四川去……"

第17—20页：小明的妈妈让小明上学，说："嘚瑟个毛线，还不快滚！"并配图一脚将小明踢出去。

另外，书稿中还有多处类似情节，小朋友互相玩耍时，将对方打飞；上课回答不出问题或与老师顶嘴时，老师将同学踢飞等。

第68页："哇塞对呀"，"哇塞"是闽南方言中的脏话，不雅词语，居然也从儿童口中喊出。

第108页："你瞅啥？""瞅你咋的？！"配图内容是在动手打人。

第112页："打你两下能咋的？！给老子忍住喽！！"又是配有打人的图片。

第135页：老师对小明说："你先滚出去……"

第145页：小明的爸爸说："小明啊，你小时候爸爸差点把你送人……当时谈好了200块，结果对方就带了198……不过你知道，爸爸在乎的不是钱……两块钱虽然不多！那可是诚信啊！！"

第149页：小明的爸爸说："你知道爸爸有多爱你吗？……你小时候有一次犯错误，我特意请了半天假回家打你。"

【点评】青少年是祖国的花朵和未来。给少年儿童写书，给他们酿造精神食粮，必须是优质的、健康的，有益而无害的。该书稿通篇是"打""滚"或"卖"，这样的图书若给儿童看，负能量很大。此类图书尤应把好政治导向和文字内容关，不能有一丝一毫的马虎与懈怠。

六、低级庸俗的色情描写

人，是高级动物，是有血有肉有理智有感情的。因此，在描写和刻画男女之间的婚姻恋爱和两性生活时，可以写真挚的恋情，也可以有分寸、有道德地展示性爱之纯之美。但不应该荒诞无度，把性爱写得露骨、肮脏、庸俗。

1.《姑娘，欢迎降落在这残酷世界》书稿，第61页：事毕，王先生在月光下打量着陈小姐的身体，调笑道："还行，硬件不错，软件有待提高！"

陈小姐脸刷一下子就红了，幽幽说道："我当然不行，训练不够嘛。你是我的第三个，我是你的第一百个，对吗？"

王先生得意地一笑，"当然不是，我也是很挑的，第二十个吧……嗯，你的技术我来负责，帅哥手把手教，革命任务传帮带，一定让你成为专家。"

"你这个坏东西，谁要成为专家……"

"等你再成熟一点，你就明白成为专家有多么重要了……"王先生淫笑着又扑了过来。

2.《单身指南》这部引进版小说，"在里约"一章约有5600字，是描写"我"与乔治娅招男妓的全过程，其中第147—149页全部为细节描写。

3.《巴州往事》书稿中有一段性描写，乍看上去似乎写得很真实，其实仔细想想，就觉得有点庸俗恶心。

第112页：小隔间只有三四平方米，能安下一张床。进屋以后，胖妞三下五除二将裤子脱下来，道："快点，冷得很。"

包强站在床边有些愣神，高中毕业的男学生即使没有看过琼瑶和三毛，也看过金庸和古龙，爱情在眼中还是一件浪漫的事。此时胖妞如此赤裸裸地直奔主题，反而让包强有点难以接受。

胖妞不屑地道："想出来玩就得放开点，难道是个童子军？"

包强确实还是童子军，被胖妞说出真相以后，自尊心严重受挫，反击道："你才是童子军。"他跪在床上，手从胖妞上衣里钻进去，顽强地越过几重障碍，握住了饱满得不像话的胸脯……

【点评】书稿审读中，发现色情描写的内容还有不少，这些描写让人感到动作粗鲁、语言低俗、画面肮脏，有的已属于淫秽内容，这些不雅文字不经删改，是不能公开出版的。

七、政治观点表述错误

审读书稿时，我们经常看到在序言、正文或后记里，有一些表述不当的观点，有的甚至很"出格"，表现出明显的愤青情绪和舆论煽动性，如果不加删节，就可能在出版导向上出问题。诚然，由于作者的思想理论水平参差不齐，写作中出现一些政治观点表述上的问题，在所难免，有经验的编辑帮助修改过来即可。但令人感到吃惊的是，有的作者资历不浅，甚至还小有名气，但在他们的书稿中，仍然存在着大量不可思议的问题，这就值得深思和重视了。图书编辑是为他人作嫁衣，既要充分尊重作者的劳动，也要依据党的方针政策和出版法规，认真细致地精雕细刻，"量体裁衣"。这要求我们对摆在案头的书稿，时刻保持应有的警惕，并善于从花花草草和香风迷雾中明辨是非、判断正误，该修改处要修改，该动"手术"不留情。只有如此，才能坚持出好书、出精品，永远保持正确的出版方向。

1.《加强党的政治建设》中固定名词和政治规范性提法表述有误。

第51页：维护党中央权威，就是要自觉维护以习近平总书记为核心的党中央领导集体的正确领导。

【点评】"维护以习近平同志为核心的党中央权威和集中统一领导"是标准规范写法。原文中的表述既啰唆又不准确。

2.《做最好的干部》书稿，第104页：以习近平为首的党中央。

【点评】这种写法是错误的，应改为：以习近平同志为核心的党中央。

3.《入党积极分子培训教材》书稿，第27页：以习近平总书记为核心的党中央；

第85页：在新时代的壮阔征程上，只要我们更加紧密地团结在以习近平总书记为核心的党中央周围。

上述两处均应改为：以习近平同志为核心的党中央。

【点评】"以习近平同志为核心的党中央"，这种规范性提法在书稿中多处出现不统一，严格说来，这是严重的政治性差错。自党的十八届六中全会确立习近平同志在党中央、全党的核心地位后，"以习近平同志为核心的党中央"则为固定提法，不可随意更改。

4.《新时代入党培训教材》书稿中，有重大理论概念差错：

第41页：习近平中国特色社会主义思想（应改为：习近平新时代中国特色社会主义思想）；

第125页：习近平新时代中国特色主义思想（应改为：习近平新时代中国特色社会主义思想）；

第196页：坚持以马克思列宁主义、毛泽东思想、邓小平理论和习近平新时代中国特色社会主义思想为指导（按写进党章和宪法的规范提法，党的指导思想中应增加"三个代表"重要思想和科学发展观）。

5.有一本书稿中有这样的文字：

第15页："禁毒是有害的。"

第24页竟然提出"向拉登学习，自成一派"。

第135页："你30岁之后还信马克思主义就是没头脑……"等等。

【点评】写书号召国人向拉登学习，公开宣传禁毒有害；对马克思主义肆意诋毁。据悉这个书稿的作者曾为新闻人，按说应有一定的政治理论水平和守土有责的使命感。竟然写出上述明显"出格"的错误文字和观点，实在令人有点吃惊！

6.有一本书稿，开篇章节标题《为泡妞之成功而读书》。第11页有这样一句："你想跟谁聊天，我管他是蒋介石还是毛泽东（别的什么人），来，陪爷聊两句。"

【点评】作者将泡妞与读书相联系，立意低俗，误人子弟。自称为爷，肆意调侃毛泽东这样的领袖人物，有点不知天高地厚！

7.有一本书稿，第43—45页有否定国家、否定相关组织的内容，且对一些负面人物的历史结论有"开脱""翻案"之嫌。比如：第17页对汪精卫的描述，第18—22页对秦桧的描述等，都存在偏离历史公论、信口开河、不负责任的问题。

第 211 页："这个世界的进步大多是靠没怎么吃苦的年轻人推动的，老人们反倒是坐享其成。有些道理啊，经老家伙们反复说看着像真理，离远了其实荒谬得很。"

第 213 页："虽然所有人都知道，现在社会不公平。"

【点评】从以上摘录的这些内容看，我们明显感到，作者的立场观点有问题。粉饰秦桧、汪精卫；把老干部称为老家伙，说他们"坐享其成"；还笼统地说"所有人都知道，现在社会不公平"。这些言论一是违背客观事实，二是充满负能量，通篇具有舆论煽动性，如不删节修改，带来的社会负面影响不可估量，当编辑的不警觉行吗?!

8. 有一本书稿政治性差错也很明显，特别是其中的《是非不谈精神可赞》一节，涉嫌为"拉登恐怖主义"涂脂抹粉，将拉登的"9·11"滥杀无辜称为"勇敢、伟大的行为"。第 155 页称："他的信徒们牺牲自己的生命，驾驶飞机撞向美国大楼，这是一个很高的宗教情操。……没有什么对不对，这种精神是伟大的。"等等。

【点评】是非不谈，精神可贵，这样的观点本身就不能自圆其说。既然不分是非，还有什么可贵可言?作者对"9·11"事件所持的这种观点与我国政府的结论以及世界舆论是相悖的。

9.《海瑞官场笔记》书稿，第 106 页："有背景的朋友，是好朋友。"此类语言是网络语言，具有市侩主义、功利主义色彩，容易误导舆论。还有的书稿称"中国是超级大国"，说我国实行的是"国家资本主义""中国要占据周围的资源"，等等。

【点评】目前世界上的超级大国只有美国，中国已向世界宣告，永远不称霸。说我国实行的是国家资本主义，是对中国特色社会主义的歪曲，说中国要"占据周围的资源"，更与我国的和平外交政策相悖，等于是给敌对势力送"炮弹"。著书立说务必讲政治，讲大局，不可胡言乱语。

10.《麻辣经济学》书稿，表面上说的是一些经济现象，反映了社会上的热点问题，实际上却把矛头直指现实、直指政府，是讲政府的昏庸与无能，尤其对某些政府工作中的失误和有待解决的问题，如拆迁、垄断经营、教育、交通运输、安全事故等，看起来是为民请命，实则是攻击中伤现实。文中有如"朱元璋为何杀尽功臣""为什么八旬老太逃不过无家可归的命运""为什么政府办事用'日'，老百姓办事却用'天'？"第14页说被拆迁老太"逃过了军阀混战，逃过了日本鬼子扫荡，逃过了'四人帮'的迫害……逃过了反右、逃过了三年自然灾害却逃不过拆迁……真可谓：强拆硬迁何时了，冤魂知多少"。

【点评】拆迁是乡镇城市化的必然趋势，把拆迁统统归罪于现实，归罪于政府，并说：八旬老太被拆迁弄得无家可归，这是说今不如昔，也是说现实残酷，仔细想想，这不是攻击现实又是什么？!

11.《看懂中国经济的第一本书》书稿，第152页："这是一个最好的时代，也是一个最坏的时代……因为日益高涨的房价让他们安居的梦想遥不可及。"

【点评】此类结论性语言，主观，片面，绝对化，舆论导向错误，负能量很大。

12.《你配得上更好的世界》书稿中有这样一段文字："我想起土改和'文革'时期，贫下中农分了浮财与土地之后，便开始瓜分或轮奸地主小老婆，甚至他们的女儿。""人民无论就智力，还是德行，大都庸常。他们有保守、愚钝的一面，习惯站在新事物的对立面，或打击异端，或排斥外来者，常常不辨是非，甚至助纣为虐。"

【点评】这些文字是对人民大众的诽谤攻击。其观点片面，偏激，完全违背历史事实。毛主席说过，人民是真正的英雄。如此嘲讽和攻击人民实属罕见。

13.《党员正能量》书稿第33页说："现在如果再来一场人民战争，恐怕能像方志敏、江姐、刘胡兰那样坚贞不屈、视死如归的党员已经没有了，最起码说不多了。"

【点评】党内虽有腐败分子、贪腐现象，但毕竟是支流，是少数。党员队伍的主流是好的，否则哪有我国繁荣富强的今天？写党建图书，要讲究党性党规，要有正能量，就是讲问题，也要讲辩证法，分清主流和支流。

14.《生活中的博弈学大全》书稿第 39 页，"1.施以报复：让背叛行为不敢发生"。

【点评】生活中常有忘恩负义或其他背叛行为的发生，这是不以人的意志为转移的客观存在。对此，正确的态度应当是，对背叛行为，可以在适当的场合，运用适当的方式加以揭露与谴责，但不能以牙还牙，不能像书稿中提倡的那样，对背叛行为实施报复。如果这样，哪里还有法治？哪里还有和谐社会？弄得不好，还会违法犯罪，因此惹上官司。出书要宣传正确理念，不能有意无意地误导读者。

15.《为生民立命——梁漱传》书稿中说"上个世纪人格成就最高的无非鲁迅、梁漱溟两人而已""在我们这样一个造神的时代""亦可在万众腹诽共产党的时代"，等等。

【点评】这里的"上个世纪"，指的应是 20 世纪。书稿中这段话把 20 世纪人格成就最高的两个人仅仅限制在鲁迅和梁漱溟两个人身上，一是太夸张绝对，二是违背历史事实。全中国十多亿人，英雄辈出，人才济济，仅说人格成就最高，也绝非一二人。尤其是"亦可在万众腹诽共产党的时代"这句话，更是一叶障目，以偏概全，旨在否定中国共产党。说话要有分寸，结论务必严谨。

16.《男养精，女养血：最全面的中医养胎学》书稿，第 23 页："俗话说：'一方水土，养一方人'，穷山恶水的地方，很难造就伟大的人物，长年在严寒或酷暑地区居住的族群，除了生育率较低外，好像也未曾听说出过什么伟大的人物，此无他，大环境使然也。"

【点评】环境决定论荒谬片面，既不符合事实，也不符合毛泽东主席关于穷则思变的哲理。古往今来，时势造英雄，穷山沟里飞出金凤凰的真实事例不胜枚举，此番言论对偏远落后地区的人民有贬损之意，实属不当。

17.《幸福想你了》书稿，第 9 页："功名是一场谎言，繁华是一段云烟，情仇是一种虚幻，天下没有任何东西值得我们用自己的善良心灵和幸福生活去交换。"

第 16 页："人生最终都是一场空。"

第 45 页："如果你继续对生活、对朋友、对家人发出你的牢骚，吐出你的口水，那你和那只从粪坑中被救出来的老母鸡有何区别？"

第 55 页："回头看，还他人间一片白茫茫。"

第 108 页："人活一辈子，拼搏一辈子，到头来不过南柯一梦，不过一场水月镜花。"

第 111 页："既然我们都如蜻蜓点水般地掠过人间，是好是坏又有什么对错之分呢？"

【点评】上述言论，格调灰暗，消极不堪，与我们这个时代的特征格格不入，与我们所倡导的社会主义核心价值观背道而驰。这样的书稿不加删节修改，怎能出版发行？！

18.《花开花落两由之》书稿第 75 页谈到地震时，说"孩子，你向国旗敬礼，可这个国家，甚至没有为你提供一间安全的教室"。

【点评】孩子，从地震的废墟中被军人救出，激动地向国旗敬礼，这不是很自然的一种正常的感恩举动吗？！作者这种论调不把祖国当母亲，不把子弟兵当救星，而是把矛头对准国家，攻击国家不为孩子提供一间安全的教室，其言之谬，明明白白。

19.《她的城》书稿第 2 页："就这，一口香烟吞吐的吸相，蜜姐当兵的底子就出来了。"

第 3 页："汉正街是最早复苏的小商品市场，绝望而敏感的劳改释放犯等社会闲杂人等在这里嗅到改革开放气息甩开膀子大干。"

第 4 页："警句格言与粗口国骂，都是部队生活培养出来的。"

第 4 页："这就是民意。民意许多事情上就是蛮横，但它就是很难违抗。"

第 45 页："随便哪一个都是文豪或者名人，像沈钧儒，李公朴，邹韬奋，连瞿秋白毛泽东都是后起之秀。"

第 62 页："宋家在水塔街的威望，相当于中国的毛主席。"

【点评】这几段文字的问题主要有两点：第一，一些文字描述有贬低军队和民众之嫌。第二，小说中有些人物形象很负面，又很具体，极易导致对号入座，引起不必要的民事诉讼或法律纠纷。

20.《青春是用来看世界的》书稿，第60页："但在中国这么一个制度尖刻、人情尖刻、生活尖刻的国度里……"

第162页："在这个地沟油、毒奶粉层出不穷，河流里漂死猪，出门必须戴口罩的时代，人们对于危险的觉知已经渐渐麻木。"

第165页："我们能吃的东西越来越少。"

第172页："冰川在消失，湖泊在消失，藏羚羊在消失，无人区也在消失，寺庙在消失，文化在消失，风俗在消失。历史在消失，青年人的精神也在消失。整个世界都在以我们想象不到的加速度在消失。"

【点评】当前我国社会中存在一些阴暗面，这是不容否认的事实。但是，这对于繁荣发展、日益富强的中国来说，毕竟是支流，也是党和政府正在着力解决的问题。书稿以偏概全，辛辣嘲讽，把现实说得一团糟，说一切美好的事物都在消失，这是不符合事实的，是对党和政府工作的全盘否定。

21.《美丽长夜（III）》书稿，第152页："现在乱是乱……是拼关系拼后台了。"

第173页："她感觉自己有点像历史上的周恩来……"

【点评】论现实要客观、辩证；说自己要谦虚、自律，上面这些话有点狂妄，有点语无伦次。

22.《北洋大时代——军事篇》书稿，第128页："袁世凯在谈判中所做的牺牲和让步，属于委曲求全的屈辱外交，并非完全卖国性质。"

第128页："忍辱负重、智斗日本的袁世凯，最终还是因21条被历史误判为卖国贼。这不是他一个人的悲剧！而是民国的悲剧、民族的悲剧！"

第284页："蒋介石这个重情重义的军人当众洒下了热泪。"

【点评】历史是最公正的法官。袁世凯及蒋介石的所作所为历史已有定论，当今写书不应随意推翻历史结论，为其涂脂抹粉。

23.《慢慢习惯这个世界不再有你》书稿，写老人花三千元买了个女童来抚养，两人相依为命。

【点评】不管有何种理由，也不论从何种角度说，在我国买卖儿童都是违法的，此类事例真假尚且不知，这样的事例当作好人好事拿来公开宣传，说明作者缺乏起码的法律常识。

八、涉及党和国家领导人姓名、职务等方面的差错

涉及党和国家领导人姓名、职务等方面的差错，在书稿中时有发现。这类差错，属于重大政治性差错，审读书稿时尤应格外注意纠正，一定要保证党和国家领导人姓名、职务准确无误，万无一失。

1.《抗日战争时期陕甘宁边区财政经济史料摘编》原书稿第七编"互助合作"文前第2页：将毛泽东同志的"泽"错写成"译"。

2.《第一公民——陈嘉庚传》原书稿第182页将周恩来的"来"错为"未"。

3.《胡耀邦》原书稿将胡耀邦的"邦"错为"帮"。

4.《名校新校本》原书稿将陈毅副总理错为陈毅副总经理。

5.《抗日战争时期陕甘宁边区财政经济史料摘编》第七编"互助合作"正文第146页将《毛泽东选集》错为《毛泽东选择》。

第九编"人民生活"：第26页将《毛泽东选集》错为《毛泽东选辑》。

【点评】将毛泽东和周恩来的名字写错；将《毛泽东选集》错为《毛泽东选择》和《毛泽东选辑》，这些耳熟能详的伟人和著作，居然错成这样，说明相关人员工作马虎，责任心太差！

6.《新编党支部工作手册》原书稿存在个别低级错误，如第159页一处表述为："2012年9月1日习近平总书记在中央党校2012年秋季学期开学典礼上的讲话……"2012年9月1日，习近平同志还没有担任总书记。另外，第195页的"附录三中国共产党发展党员工作细则"是1990年版，该版本已经废止，应更换为2014年6月11日发布的新版内容。

【点评】与一般文字差错相比，姓名、职务方面的差错往往更加刺目，何况又出在党和国家领导人身上，此类差错更不应该，应引以为戒。

注：涉及党和国家领导人的差错，书稿中还有一些，如：将温家宝的"宝"错写为"室"，将李长春的"长"错写为"常"，等等。考虑到诸多因素，这里不再一一列出。

九、涉及我国古代名人的差错

审读中发现一些书稿写到我国古代的诸多名人，其姓名或生平履历等均有错讹的现象，作为一个具有五千年优秀文化传统的文明古国，作者在著书立说、谈及我国古圣先贤时，务必认真核对，务求准确。出现此类差错，令人汗颜。

1.《当我老了的时候》书稿中，人名错误：

第73页：张宗岱《陶庵梦忆》（张岱《陶庵梦忆》）

张岱，一名维城，字宗子，又字石公，号陶庵、陶庵老人、蝶庵、古剑老人、古剑陶庵、古剑陶庵老人、古剑蝶庵老人，晚年号六休居士，浙江山阴（今浙江绍兴）人，祖籍四川绵竹（故自称"蜀人"），明清之际史学家、文学家。

2.《你还不来，我怎敢老去》，全书198页，前150页主要叙写唐婉在陆家为媳的屈辱生活以及那些丫鬟之间的钩心斗角，几乎没有正面写陆游与唐婉的感情生活，即使写也是"点到为止"的"浅墨"，陆游与唐婉那种"日日花前月下、饮酒作诗"的"情郎与才女"之情、之爱、之恋、之苦，在书中并没有细腻的体现。书稿第150页以后，渐入佳境，却已接近全书的结尾，给读者很不爽的遗憾。特别是：作者笔下的陆游是一个没有主见的小色鬼、胆小鬼、封建礼教的孝子贤孙，在陆母面前只有唯唯诺诺的应承、毫无男子汉大丈夫的志气和勇气，活脱脱一介懦夫，有失史实，也有点片面。

陆游（1125年11月13日—1210年1月26日），字务观，号放翁，越州山阴（今浙江绍兴）人，南宋诗人、词人。

唐婉，又作唐琬，字蕙仙，陆游母舅唐诚女儿，自幼文静灵秀，才华横溢。她是陆游的第一任妻子。

3.《孔丘说明书》书稿中，不乏一些比较偏颇的观点和不够准确的表述，如第2页"孔子出世之前，中国社会处于封建社会状态，完全没有教育"。事实上，孔子时代的中国是奴隶社会向封建社会过渡的时代，"完全没有教育"的说法过于绝对。第4页"孔子是第一个提出治国理念的人"的说法也太武断。事实上，大禹分九州，就是治国理政的一种形式。孔子之前的大小诸侯国，都有自己的治国实践，只是没有形成系统的文字记录。全书对孔子在历史上的作用有夸大之嫌。中国有五千年文明史，文人墨客数不胜数，从一些表述上看，有点否定孔子之前的文明传承。燕伋比孔子小11岁，他22岁拜孔子为师，孔子应该为33岁，这里的"次年追随孔子周游列国"，意味着孔子34岁就周游列国，事实上，那时孔子才刚开始收徒讲学。孔子是55岁时开始周游列国的，书中对有关孔子史实的描述不尽准确。

孔子（前551年9月28日—前479年4月11日），名丘，字仲尼，生于春秋时期鲁国陬邑（今山东省曲阜市），中国著名的思想家、教育家。

4.《赏国宝，知中国历史CCTV国宝档案特别节目（隋唐—辽金卷）》第40页说："贤相房玄龄、杜如惠"，其中的"杜如惠"应为"杜如晦"。

杜如晦（585年—630年），字克明，汉族，京兆杜陵（今陕西西安市长安区）人，是李世民夺取皇位、开创贞观之治的主要谋臣之一，深受李世民的重用。他是"凌烟阁二十四功臣"之一，中国唐初名相。

5.《中国全史》古人名字差错甚多。比如：

第31页：拓拔硅（应为：拓跋珪）

拓跋珪（371年8月4日—409年11月6日），又名拓跋开、拓跋什翼圭、拓跋翼圭，字涉珪，鲜卑族，北魏开国皇帝。

第56页：李白成（应为：李自成）

李自成（1606年—1645年），原名鸿基，明末农民起义军领袖。

第57页：钱弘傲（应为：钱弘俶）

钱弘俶，吴越忠懿王（929年—988年），公元948—978年在位。初名弘俶，小字虎子，改字文德，钱镠孙，钱元瓘第九子。是五代十国时期吴越的最后一位王。

第 65 页：谭绍恍（应为：谭绍光）

谭绍光（1835 年—1863 年），广西桂平（一说象州或平南）人。太平天国慕王，壮族。1851 年 1 月参加金田起义。

第 134 页：太昊（应为：太昊）

太昊（伏羲），伏羲生于陇西成纪（今甘肃天水），有文字记载的出现时代在战国以后。又称宓羲、庖牺、包牺、牺皇、皇羲及太昊等，《史记》中称伏牺，传说中的中国古代君主。

第 143 页：太皞（应为：太皞）

太皞，一作太皓，姓风。传说为古代东夷族的首领，风姓，居于陈地（即现在河南淮阳县）。第 258 页：胶西王卬（应为：胶西王卬）

胶西王卬，刘卬（？—前 154 年），初被立为昌平侯，后进封为胶西王，景帝三年（前 154 年）参与七国之乱，兵败自杀。

第 377 页：却俭（应为：郤俭）

郤俭（？—188 年），字不详，河南偃师人。东汉末年益州刺史。

第 384 页：苟或（应为：荀彧）

荀彧（yù）（163 年—212 年），字文若，颍川颍阴（今河南许昌）人。东汉末年曹操帐下首席谋臣，杰出的战略家。

第 385 页：彭菜（应为：彭羕）

彭羕（184 年—220 年），字永年，广汉（今四川广汉北）人。东汉末年官吏。

6.《一个帝国的生与死——水浒里不为人知的历史密码》书稿中一些古人名字有差错。如：

赵桢（应为：赵祯）

赵祯，宋仁宗（1010 年 5 月 12 日—1063 年 4 月 30 日），宋朝第四位皇帝（1022 年 3 月 23 日—1063 年 4 月 30 日在位）。

范仲俺（应为：范仲淹）

范仲淹（989 年 10 月 1 日—1052 年 6 月 19 日），字希文，谥文正，亦称范履霜，北宋著名政治家、文学家、军事家、教育家。

米蒂（应为：米芾）

米芾（fú）（1051年—1107年），北宋书画家。

晃保正（应为：晁保正）

晁保正，山东郓城县东溪村人，东溪村保正，本乡富户。平生仗义疏财，专爱结交天下好汉，闻名江湖。

周喻（应为：周瑜）

周瑜（175年—210年），字公瑾，东汉末年名将，庐江舒县人。正史上周瑜"性度恢廓"，"实奇才也"，范成大誉之为"世间豪杰英雄士、江左风流美丈夫"。宋徽宗时追尊其为平虏伯。位列唐武庙六十四将、宋武庙七十二将之一。

黄剿（应为：黄巢）

黄巢（820年—884年），曹州冤句（今山东菏泽西南）人，唐末农民起义领袖。

【点评】书稿中的名人差错还有许多，因限于篇幅，不再一一列举。上面所述只是典型事例。但从这里可以看出，图书出版对编辑文化素养的要求很严格，不读点历史，不懂点古文，不认真编辑校改怎么行呢？

十、涉及外国政要的差错

外国政要均是世界各国领导人或政务活动家，有的还多次访问过我国，与党和国家领导人建立了良好的私人友谊。书稿中涉及他（她）们的姓名、生平和相关观点及行为描写，必须遵守外交纪律，做到客观公正、实事求是。然而，在审读中，却发现有的书稿在涉及一些国家的政要时，有的将姓名、生平写错，有的随意嘲讽贬损，弄得不好会引起外交风波，尤其值得注意。

（一）姓名、生平及相关史实有误

1. "希特勒"写成"希特"。

希特勒，阿道夫·希特勒（德语：Adolf Hitler，1889 年 4 月 20 日—1945 年 4 月 30 日）出生于奥地利布劳瑙，德意志第三帝国总理，纳粹党党魁，发动第二次世界大战的元凶之一。

2.《最伟大的演讲词》书稿第 325 页将丘吉尔的出生时间写为"1974 年"，正确的应该是"1874 年"，整整差了一百年。

丘吉尔，温斯顿·伦纳德·斯宾塞·丘吉尔（1874 年 11 月 30 日—1965 年 1 月 24 日），英国政治家、历史学家、画家、演说家、作家、记者，出身于贵族家庭，父亲伦道夫勋爵曾任英国财政大臣。

3. 有一本书稿，将英国首相希思写为我国官方媒体不常用的"希斯"，建议使用"希思"的译名。

希思，爱德华·理查德·乔治·"泰德"·希思爵士（1916 年 7 月 9 日—2005 年 7 月 17 日），英国军人和政治家，1970 年至 1974 年任英国首相。

4.《临水照花人：张爱玲传奇》书稿第 194 页：（她）"在印度尼西亚，做了尼赫鲁姊姊的英文秘书"。典型的张冠李戴。印度总理尼赫鲁，"跑到"了印度尼西亚。

贾瓦哈拉尔·尼赫鲁（1889 年 11 月 4 日—1964 年 5 月 26 日），印度开国总理，也是印度在位时间最长的总理（1947 年—1964 年）。

（二）随意丑化、嘲讽

1. 在一本散文集书稿中，将朝鲜领导人金正恩称为"金胖子"。

【点评】书稿中凡涉及外国政要的表述，务必客观、公正、准确，不应用讽刺、挖苦和侮辱性的文字。金正恩是朝鲜最高领导人，而且朝鲜与我国有着历史上的传统友谊，更不宜使用"金胖子"这样的字眼。

2.《战斗，玩爆地球（下）》书稿中写道：克林顿除了擅长性丑闻外，还擅长搞政治丑闻，各种由他主演的"门"层出不穷，花样翻新，如："白水门事件""旅行门事件""档案门事件""特赦门事件"。说克林顿收人好处，特赦诸多罪犯。克林顿"光荣"地成为20世纪政坛最牛的丑闻高手，绝对是一个名副其实的"丑闻帝"。

克林顿，威廉·杰斐逊·克林顿，美国律师、政治家，美国民主党成员，曾任阿肯色州州长、全美州长联席会议主席、联合国海地事务特使、克林顿基金会主席、第42任美国总统。

【点评】克林顿系美国第42任总统，在任八年，与我国党和国家领导人交往甚多，总体上对我国友好。因此，在书中写到克林顿时，应客观公允，不应戏说、嘲讽。

3.《美丽长夜》第202页：据说玛丽莲·梦露就是被美国总统肯尼迪干掉的，因为她不仅跟肯尼迪有一腿，还跟别的男人有一腿，甚至跟肯尼迪的哥哥有一腿，所以最终死于非命。

【点评】这种说法有点捕风捉影，没有确凿的证据，也没有比较可靠的权威说法，以这种语言来描写美国前总统与好莱坞演员玛丽莲·梦露的私生活，很不严肃。

玛丽莲·梦露，1926年6月1日出生在加利福尼亚州洛杉矶市，美国女演员。

肯尼迪，约翰·菲茨杰拉德·肯尼迪（1917年5月29日—1963年11月22日），美国第35任总统。

4.《希拉里·克林顿》书稿第6页将克林顿和希拉里比作黑手党，违背他们的人，或他们原来的对手，都会招致他们的仇恨，并遭到无情的打击。第五章"死亡挑战书"讲的是对"不听话"的记者的无情打压，说希拉里和克林顿是冷酷无情、唯利是图的人，对成为自己累赘的人会尽快甩开，如第294页对待自己曾经的得力助手班德就是如此。

第7—9页所描述的希拉里完全是一副冷漠无情的形象。在"失控的大选"中，克林顿最后的失误也让人觉得他是故意为之，让希拉里输掉选举，因为希拉里入主白宫会让他名声扫地。看后让人觉得他们是两个不可理解的人。

在"白宫最后的时光"一节中，克林顿的形象完全是一个只顾自己利益而不管国家与人民利益的人，完全没有总统风度，只是一个可笑的小丑。

第七章"画地为牢的泡泡"中，讲了奥巴马政府对希拉里的排斥，而希拉里在国务卿的职位上，除了给自己 2016 年的大选铺路，并未有什么政绩，是个说的比做的好的人，是一副自私虚伪的形象。

【点评】希拉里曾任美国国务卿，又曾参与竞选美国第 58 届总统，是当前美国的一位重要政治人物。因此，对希拉里的描写要把握好分寸，尤其是涉及评述克林顿、奥巴马与希拉里三人之间关系的，更要以我国的外交政策做依据，不能信口开河，信笔写来。

5. 有一本书稿写道："卡特是个低能的总统……"

【点评】卡特是美国第 39 任总统，在其任职期间，使中美两国正式建立了外交关系，并积极在世界各地倡导认全，获得了 2002 年诺贝尔和平奖。像这样一位美国的政治家，怎能用"低能"的字眼来贬低、侮辱其人格?! 类似这样的写法极易引起外交纠纷。这在正式出版物中是大忌，尤其需要慎重编校。

十一、有关中外知名人士的姓名差错

在审读书稿中，经常发现中外古代和现代一些知名人士姓名被写错。其中，有的人堪称"大人物"，其姓名及生平如雷贯耳，家喻户晓，却在编辑笔下成了"灯下黑"，岂不怪哉?! 列举如下：

1.《政德》书稿中：

第 70 页：陈漳秋（陈潭秋）

陈潭秋（1896 年 1 月—1943 年 9 月 27 日），名澄，字云先，号潭秋，湖北黄冈县（今湖北省黄冈市黄州区）陈策楼人，无产阶级革命家。

邓思铭（邓恩铭）

邓恩铭（1901年1月—1931年4月5日），水族，贵州荔波人。祖籍广东梅州，中共一大、二大代表，无产阶级革命家，中国共产党创始人之一，是中国共产党第一次全国代表大会中13位代表之一，曾任中共山东省委书记，是山东党组织早期组织者和领导者。

第191页：公休仪（公仪休）

春秋时期鲁国人，官至鲁国宰相。因为清正廉洁而不收礼物、遵纪守法被流传后世，且教导的学生都很有名。

第202页：瞿罗巴（瞿鲁巴）

苏联政治活动家。1870年10月1日（俄历9月19日）生于一个官员家庭。

2.《蒋介石自述（上）（下）》书稿：

蒋介石错为蒋介氏。

蒋介石（1887年10月31日—1975年4月5日），名中正，字介石。生于清朝末年浙江省宁波府奉化县（今浙江省宁波市奉化市）。

宋美龄错为蒋美龄。

宋美龄（1897年3月5日—2003年10月24日），广东文昌（今属海南）人。蒋介石的夫人。

张作霖错为张作霜。

张作霖（1875年3月19日—1928年6月4日），字雨亭，汉族，奉天省海城县驾掌寺乡马家房村西小洼屯（今辽宁省海城市）人。

冯玉祥错为冯主祥。

冯玉祥（1882年11月6日—1948年9月1日），谱名基善，表字焕章，安徽巢县（今巢湖市夏阁镇竹柯村）人，生长于直隶省保定府（今河北省保定市），国民革命军陆军元帅，西北军领袖。

谭延闿错为谭延恺。

谭延闿（1880年—1930年），字祖安、祖庵，号无畏、切斋，湖南茶陵人，曾经任两广督军，三次出任湖南督军兼省长兼湘军总司令，授上将军衔，陆军大元帅。曾任南京国民政府主席、行政院院长。

3.《国学经典一日一句》书稿：

释迦牟尼错为释迦摩尼。

释迦牟尼，原名乔达摩·悉达多，古印度著名思想家，佛教创始人，出生于今尼泊尔南部。被后世尊称为佛陀、世尊等；汉地尊称他为佛祖，即"佛教祖师"。被世人尊为神明。

4.《民进党沉浮内幕》书稿：

游锡堃错为游锡。

游锡堃，1948年4月出生在台湾省台北市宜兰县。2006年1月15日，当选民进党主席。2007年9月21日，因"首长特别费"之争议遭到最高检察署特侦组起诉，辞去党主席一职。

5.《第一公民——陈嘉庚传》书稿：

阎锡山错为阎西山。

阎锡山（1883年10月8日—1960年5月23日），山西五台县河边村人。民国时期，历任山西省都督、督军、省长、北方国民革命军总司令、国民党中央政治委员、军事委员会副委员长、太原绥靖公署主任、第二战区司令长官、山西省政府主席、行政院院长兼国防部长等职。从辛亥革命开始统治山西达38年之久。

蔡廷锴错为蔡挺锴。

蔡廷锴（1892年—1968年），字贤初，汉族，广东罗定广府人。行伍出身，由士兵升任19路军上将总司令。中华人民共和国成立后，任中国人民政治协商会议第四届全国委员会副主席。

6.《麻辣经济学》书稿：

易中天错为易天中。

易中天，生于1947年2月8日，湖南长沙人，中国知名作家、学者。

7.《"十三个如何"学习读本》书稿：

吴敬琏错为吴敬链。

吴敬琏，1930年1月24日出生，南京人，当代中国经济学家。

8.《燕步集》书稿：

努尔哈赤错为努尔哈亦。

努尔哈赤，清太祖爱新觉罗·努尔哈赤（1559 年 2 月 21 日—1626 年 9 月 30 日），清王朝的奠基者。

9.《风雨北大，水木清华》书稿：

蒋中正错为蒋中。

蒋中正，即蒋介石。

邓稼先错为邓稼。

邓稼先（1924 年—1986 年），中国科学院院士，著名核物理学家，中国核武器研制工作的开拓者和奠基者，为中国核武器、原子武器的研发做出了重要贡献。

叶企孙错为叶企荪。

叶企孙（1898 年 7 月 16 日—1977 年 1 月 13 日），上海人。中国卓越的物理学家、教育家，中国物理学界的一代宗师，中国科学史事业的开拓者。

10.《党支部书记实用方法与规程一本通》书稿：

秦始皇错为秦始皇。

秦始皇（前 259 年—前 210 年），嬴姓，赵氏，名政。秦庄襄王之子。中国历史上著名的政治家、战略家、改革家，首位完成中华大一统的铁腕政治人物。

11.《断死师》书稿：

蔡桓公错为蔡恒公。

蔡桓公，即田齐桓公，田氏代齐以后的第三位齐国国君，谥号为"齐桓公"。

12.《愿你被这世界温暖相待》书稿：

孙犁错为孙梨。

孙犁（1913 年 5 月 11 日—2002 年 7 月 11 日），中国现当代小说家、散文家。原名孙树勋，河北安平人。

夏丏尊错为夏丐尊。

夏丐尊（xià miǎn zūn），名铸，字勉旃，后（1912 年）改字丐尊，号闷庵。文学家，语文学家。浙江绍兴上虞人。

13.《走向善治》书稿：

胡光墉错为胡惟庸。

胡光墉，字雪岩，清代著名徽商。

14.《神秘的吸血鬼》书稿：

郑振铎错为郑振铎。

郑振铎，我国现代杰出的爱国主义者和社会活动家、著名作家、文学评论家、文学史家、翻译家、艺术史家，也是国内外闻名的收藏家。

秦国大将王翦错为王剪。

王翦，战国时期秦国名将，关中频阳东乡（今陕西富平东北）人，秦国杰出的军事家。

15.《民国范儿》书稿：

吴佩孚错为吴佩宰。

吴佩孚（1874 年 4 月 22 日—1939 年 12 月 4 日），字子玉，山东蓬莱人，民国时期军事家，中国国民革命军一级上将，官至直鲁豫两湖巡阅使等。

陈果夫错为成果夫。

陈果夫（1892 年—1951 年），名祖焘，字果夫。浙江吴兴东林镇人。民国时期知名政治人物。

梁漱溟错为梁漱溟。

梁漱溟（1893 年 10 月 18 日—1988 年 6 月 23 日），蒙古族，原名焕鼎，字寿铭。中国著名的思想家、哲学家、教育家、社会活动家、爱国民主人士，主要研究人生问题和社会问题，现代新儒家的早期代表人物之一。

郭沫若错为郭万若。

郭沫若（1892 年 11 月 16 日—1978 年 6 月 12 日），幼名文豹，原名开贞，字鼎堂，号尚武，是中国新诗的奠基人之一、中国历史剧的开创者之一、古文字学家、考古学家、社会活动家。

宗白华错为宗自华。

宗白华，中国现代新道家代表人物，哲学家、美学家、诗人。

胡絜青错为胡契青。

胡絜青（1905 年—2001 年），满族正红旗人，1931 年毕业于北京师范大学国文系。1958 年受聘于北京中国画院，一级美术师。

16.《斯皮尔伯格传》书稿：

莱维特错为莱维顿。

约瑟夫·高登 – 莱维特（Joseph Gordon–Levitt），1981 年 2 月 17 日出生于美国加利福尼亚州洛杉矶市，美国演员。

17.《党员干部的 15 堂幸福课》书稿：

居里夫人错为居里夫。

玛丽亚·斯克沃多夫斯卡 – 居里（1867 年 11 月 7 日—1934 年 7 月 4 日），通常被称为玛丽·居里或居里夫人，波兰裔法国籍女物理学家、放射化学家。她的成就包括开创了放射性理论，发明了分离放射性同位素的技术，以及发现两种新元素钋（Po）和镭（Ra）。

18.《世界戏剧学》书稿：

亚里士多德错为亚里斯多德。

亚里士多德（前 384 年—前 322 年），古希腊哲学家，柏拉图的学生、亚历山大大帝的老师。

19.《名校新校本经典名著阅读（北京海淀区重点小学内部教材）（下册）》书稿：

拉宾德拉纳特·泰戈尔错为罗宾德拉纳特·泰戈尔。

拉宾德拉纳特·泰戈尔（1861 年—1941 年），印度著名诗人、文学家、社会活动家、哲学家和印度民族主义者。

十二、国名、地名、城市名等方面的差错

国名、地名、城市名，涉及历史沿革和人文地理，是经过国家或有关方

面正式批准并公布的,具有真实性、严肃性和权威性。审读书稿时,经常发现有一些不应当出现的国名和地名差错,有的甚至错得有点可笑和邪乎。列举如下:

1.《第一公民——陈嘉庚传》书稿:

新加坡错为新家坡。

新加坡,全称为新加坡共和国,旧称新嘉坡、星洲或星岛,别称为狮城,是东南亚一个面积不大的岛国。

2.《旧时光——那些文字里的爱与风景》书稿:

意大利错为意大列。

意大利,全称意大利共和国,主要由南欧的亚平宁半岛及两个位于地中海中的岛屿西西里岛与撒丁岛所组成。

3.《货币的逻辑》书稿:

泰晤士河错为泰晤土河。

泰晤士河,位于英格兰东南,全长约338公里,为英格兰最长之河流,也是全世界水面交通最繁忙的都市河流和伦敦地标之一。

名古屋错为名士屋。

名古屋市,日本爱知县的首府,日本三大都市圈(东京大都市圈,京阪神大都市圈,名古屋大都市圈)之一,属于日本二战前的国内六大都市之一。

威尼斯错为委尼司。

威尼斯是意大利东北部著名的旅游与工业城市,也是威尼托地区的首府。

4.《风雨》书稿:

日月潭错为月月潭。

日月潭,位于中国台湾地区阿里山以北、能高山之南的南投县鱼池乡水社村,旧称水沙连、龙湖、水社大湖、珠潭、双潭,亦名水里社。

5.《中国全史》书稿:

泗水县错为泅水县。

泗水县，属山东省济宁市辖县，位于山东省中南部，泰沂山区南麓，总面积 1118.96 平方公里。

琅琊山错为琅砑山。

琅琊山，位于安徽省滁州古城西南约 5 公里、现滁州市的西郊。主峰小丰山，海拔 317 米，总面积 240 平方公里。

敦煌错为敦隍。

敦煌，甘肃省酒泉市代管的一个县级市，位于甘肃省西北部，历来为丝绸之路上的重镇，是国家历史文化名城。

6.《抗日战争时期陕甘宁边区财政经济史料摘编》第六编"财政"书稿：

晋察冀边区错为晋察翼边区。

晋察冀边区：抗日战争时期中国共产党领导的敌后抗日根据地之一。

7.《神秘的吸血鬼》书稿：

新疆维吾尔自治区错为新疆省。

新疆维吾尔自治区，简称新，位于中国西北边陲，首府乌鲁木齐，是中国五个少数民族自治区之一，面积 166 万平方公里，占中国国土总面积的六分之一。

8.《看懂世界经济的第一本书》书稿：

埃塞俄比亚错为埃塞俄毕业。

埃塞俄比亚，全名埃塞俄比亚联邦民主共和国（旧称"阿比西尼亚"），是一个位于非洲东北部的国家。

9.《一个帝国的生与死——水浒里不为人知的历史密码》书稿：

澶州错为檀州。

澶州：北宋时又称开德府。公元 997 年，宋真宗赵恒以皇太子嗣位，曾经几次御驾亲征，定澶渊之盟（即澶州），给国家创造了一个长期和平发展的有利时机。

卢沟河错为泸沟河。

卢沟河，其源出于代地，名曰小黄河，以流浊故也。自奉圣州界流入宛平县境。

10.《绝望中的巨人》书稿：

株洲错为株州。

株洲，古称建宁，湖南省辖地级市。

小岗村错为小岗头村。

小岗村隶属于安徽省凤阳县，是中国农村改革发源地，全国十大名村之一，国家 AAAA 级旅游景区，沈浩精神起源地、中国幸福村、中国乡村红色遗产名村、全国旅游名村、全国干部教育培训基地。

11.《生如草叶：惠特曼经典诗选》书稿：

佛罗里达错为弗罗里达。

佛罗里达州，中文简称为佛州，是美国南部的一个州，亦属于墨西哥湾沿岸地区，是美国人口第四多的州。

12.《剪烛西窗》书稿：

弗吉尼亚错为维吉尼亚。

弗吉尼亚即弗吉尼亚州，位于美国东部大西洋沿岸，是美国最初的 13 个州之一。

阿肯色州错为肯德基州。

阿肯色州，简称阿州，是美国南部的一个州。

圣彼得堡错为彼得堡。

圣彼得堡，位于俄罗斯西北部，是俄罗斯的中央直辖市、全俄重要的水陆交通枢纽，是世界人口超过百万的城市中位置最北的一个，被称为俄罗斯的"北方首都"。

以下是部分较为敏感的地理名词，审稿时需要特别加以处理。

（1）关于珠穆朗玛峰，不得使用西方国家称呼的埃佛勒斯峰（Everest）、额非尔士峰等带有殖民色彩的名称。在审读的一本书稿中，出现了详细介绍埃佛勒斯峰名称来源的西方历史，这是我国不承认的，应删去。原文如下：

为了纪念英国勘测员乔治·埃佛勒斯（George Everest）爵士，他在 1830 年至 1843 年间担任印度测量局局长，这座高峰被命名为埃佛勒斯峰。从那时起，成为登上世界最高峰第一人的竞赛就如火如荼地开始了。

（2）不得用带有殖民色彩的"福摩萨""福尔摩莎"称呼台湾，如特殊语境确需使用时，须加引号。

（3）南沙群岛不得称为"斯普拉特利群岛"。

（4）钓鱼岛不得称为"尖阁群岛"。

（5）此外，涉及地图和国界线时要特别注意两处国界线，一是藏南地区，二是阿克赛钦地区。这两个地区中我国与印度存在领土争端，某些"问题地图"中将这两处划为印度领土，有地图插图的书稿要引起高度重视。

十三、重大历史事件等方面的差错

重大历史事件，有的震惊中外，有的名垂青史，有的令人心痛，至今仍让国人记忆犹新。历史教科书中，多有重大历史事件的记述。书稿中凡涉及重大历史事件的有关史实和背景材料，都要确凿有据，不得错讹。但在编辑书稿时，我们却发现有不少这样的差错。

1.美国南北战争结束是 1865 年，书稿中却写成了"1872 年"。

2.1927 年蒋介石在上海发动"四一二"政变，有的书稿写成 1928 年。

3.一二·九运动是一场反帝爱国主义运动，却漏了一个"帝"字变成了"一二·九运动是一场反爱国主义运动"，整个意思相反，属于政治性差错。

4.《实话实说邓小平》书稿，"1974 年元月上旬，爆发西沙之战"，此表述不准确，应写明"1974 年 1 月 19 日"即"1·19 海战"。

5.《民国范儿》书稿中写 1945 年 8 月 10 日，日本宣布无条件投降。正确的日期是 1945 年 8 月 15 日。

6.《党员手册》书稿，将党的十八大报告错为八大报告，漏了一个"十"字。

7.《党务工作实用方法与规程一本通》书稿，将十八大报告错为十八报告，漏了一个"大"字。

8.《新编党支部书记培训教材》书稿，第 192 页：将党的十八大报告是一篇马克思主义的纲领性文献，错为党的十大报告是一篇马克思主义的纲领性文献，漏了一个"八"字。

9.《道路自信理论自信制度自信学习读本》书稿：将十八大错为十八在。

10.《货币的逻辑》书稿第 232 页：将 1851 年太平天国起义，错为 1860 年太平天国起义，前后相差 9 年。

11.《做最好的党支部书记》书稿，将"十八大报告中明确指出"，错为"大报告中明确指出"，漏了"十八"两个字。

12.《心灵之舞》书稿，说唐王李世民御驾亲征高句丽，罗成和程咬金赶紧一左一右护卫着李世民。

【点评】罗成在正史中并无此人，是历史演义小说中的虚构人物，《说唐演义全传》中说他在 622 年战死，《隋唐演义》中则说他没有战死，活到了太宗征讨高句丽的时代。程咬金在历史中确有其人，不过正史记载太宗征讨高句丽时他留守长安，部分小说倒是写他随驾征讨高句丽。在正史中李世民也不称"唐王"，小说中才这样写。所以这段材料不是出自正史，而是出自传说、小说，如此不加甄别，拿来就说，有些不负责任。

十四、语法修辞方面的差错

著书立说既要观点正确、结构严谨，又要讲究语法修辞、力求文通字顺，便于读者阅读和理解。然而，由于作者的写作水平和文字能力所限，我们在书稿审读中，经常看到语法修辞方面的差错，林林总总，比比皆是。有的缺失主语，有的主宾语搭配不当，有的逻辑混乱，词不达意，有的文字颠倒，有的甚至表达了相反的意思。此类差错必须加以认真修改。列举如下（括号中为问题说明或正确表述）：

1.一本书稿中，语句不通顺的问题较为突出：

第 11 页：英国利用 1842 年签订《南京条约》，把香港岛割让给英国。（英国利用 1842 年签订的《南京条约》，侵占香港岛。）

第 96 页：由洪秀全领导的在广西金田村发动反抗清朝的武装起义，后建立"太平天国"。（洪秀全等人在广西金田村发动反抗清朝的武装起义，后建立"太平天国"。）

第 116 页：到本世纪中叶，就一定能把中华民族建成富强民主文明和谐美丽的社会主义现代化强国。（到 21 世纪中叶，就一定能把中华人民共和国建成富强民主文明和谐美丽的社会主义现代化强国。）

第 191 页：能否把 13 亿多人拧成一股绳，吸引到这个伟大事业中来，就需要民族精神发挥其强大的社会凝聚力和社会整合功能。（把 14 亿多人拧成一股绳，吸引到振兴中华的伟大事业中来，需要民族精神发挥其强大的社会凝聚力和社会整合功能。）

2.《逆境领导力》是一本外版书，翻译语言不流畅，搭配不当，语句不通顺，差错列举如下：

第 39 页：在他去世的前几年，我最亲密的朋友山姆·贾菲（Sam Jaffe），他在五十多岁时凭借《生而自由》（Born Free）获得了奥斯卡，和我参加了剑桥三一学堂有关狄更斯的夏季课程。[我最亲密的朋友山姆·贾菲（Sam Jaffe），他在六十多岁时凭借《生来自由》（Born Free）获得了奥斯卡奖。在他去世的前几年，和我一起参加了剑桥三一学院有关狄更斯的夏季课程。]

第 49 页：市长被选为市长（代市长被选为市长）。

第 110 页：关于这个人，这是什么使你做出这种反应？（关于这个人，为什么使你做出这种反应？）

第 126 页：比起让我充分明白问题本身，比给出答案要重要得多。（让我充分明白问题本身，比给出答案要重要得多。）

第 153 页：我不知道那句话是什么意思，但意味肯定重要。（我不知道那句话是什么意思，但我知道肯定很重要。）

第 156 页：这份礼物既不是一件工具，也不是一种方法和技术，而是要更深层更深远。（这份礼物既不是一件工具，也不是一种方法和技术，而是比这更深层更深远。）

第 158 页：我刚辞退了一份待遇很高的公司职员的工作。（我刚辞去了一份待遇很高的公司职员的工作。）

第 159 页：认为我有一颗"伟大灵魂"以及"说出真理的人"。（认为我有"伟大灵魂"，是"说出真理的人"。）

第 209 页：当时是旅行的第一天，他和两位熟知这一带的当地居民，因此我们会跟随他们一路在各个村庄露营。（当时是旅行的第一天，他和两位熟知这一带的当地居民，带领我们一路在各个村庄露营。）

3.《新媒体写作课》书稿中的语法修辞问题：

第 38 页：你会发现这段内容画面感和艺术性。（你会发现这段内容具有极强的画面感和艺术性。）

第 52 页：搜索热点常用的工具有：百度搜索风云榜，微博热门话题，微信指数等等都是很好的衡量事件热点的工具。（百度搜索风云榜，微博热门话题，微信指数等等都是很好的衡量事件热点的工具。）

第 130 页：弗兰克老师我是写作道路上遇见的最真诚靠谱的老师。（弗兰克老师是我写作道路上遇见的最真诚靠谱的老师。）

第 151 页：你不能强迫多方不想要做的事情。（你不能强迫对方做不想做的事情。）

第 264 页：在公元前 1000 年的古希腊没有互联网。（古希腊过去没有互联网。）

注：古希腊不是公元前 1000 年，为知识性错误。

4.《做最好的中层》书稿中的语法修辞问题：

第 32 页：她开始进行大刀阔斧进行改革。（她开始大刀阔斧地进行改革。）

第 118 页：后来，甚至一看是陈先生一看是林小林打的电话。（后来，甚至陈先生一看是林小林打来的电话。）

5.《团队内驱力》书稿中的语法修辞问题：

第 5 页：在接受我的辅导之后，一个月后，（在接受我的辅导一个月后，）

第30页：但这个的排的方法错误在于我们忘记了我们是一位管理者的角色。（这个排列方法的错误是忘记了我们是管理者的角色。）

第45页：执行过程中大家也都斗志昂扬，为什么结果却差强人意呢？（此处差强人意为成语误用，差强人意为褒义词，指结果大体使人满意，而非不尽如人意的意思。）

第49页：这个结果就是要承担一定被惩罚代价的。（这个结果就是要承担一定的责任，付出一定的代价。）

第54页：制定目标是一个管理者责无旁贷的职责，并且要通过激励团队，量化付出，落地考核等都需要目标。（制定目标是一个管理者责无旁贷的职责，而且激励团队、量化付出、落地考核等都需要目标。）

第76页：干部培养四步法（干将培养四步法，术语概念表述前后不一致）。

第80页：培养干将四步骤（干将培养四步法）。

第88页：他心甘情愿愿意被你吸引。（他心甘情愿被你吸引。）

第92页：先要读懂他的需求，再去沟通了解他尽量满足他。（先要弄明白他的需求，再去沟通以了解他，并尽量满足他。）

第96页：还要你的上级领导要提前沟通。（还要与你的上级领导提前沟通。）

第103页：我给大家教一个方法。（我教给大家一个方法。）

第124页：才能有良性竞争中立于不败之地。（才能在良性竞争中立于不败之地。）

第134页：让每个人都会同一套目标机制，从做自我约束和管理。（让每个人都用同一套目标机制，实现自我约束和管理。）

第136页：要解决在管理过程中，如何解决越干越累的问题。（要解决在管理过程中出现的越干越累的问题。）

第149页：第五个要，素即处罚／奖励项。（第五个要素，即处罚／奖励项。）

第159页：这"十·八罗汉"都是非常普通的普通人。（这"十八罗汉"

都是非常普通的人。）

第 187 页：这个团队的成员经常会约我各种饭局。（这个团队的成员经常会约我参加各种饭局。）

6.《引爆成交》中的语法修辞问题：

代表在客户抗拒和躲避你。（代表客户在抗拒和躲避你。）

这其实客户内心中"损失厌恶心理"在作祟。（这其实是"损失厌恶心理"在作祟。）

丢失掉赢单起到决定性作用的（丢失掉对赢单起到决定性作用的）。

就像一个被疼痛折磨得死去活来的病人的人（就像是一个被疼痛折磨得死去活来的病人）。

巧言令色的不断给客户摆事实（口齿伶俐地不断给客户摆事实，注：词性误用）。

就为你下次的拜访变得水到渠成（就使你下次的拜访变得水到渠成）。

是对因为对购买产品风险不好评估（是因为对购买产品风险不好评估）。

他会把这种偏好会投射到产品和服务上（他会把这种偏好投射到产品和服务上）。

还有深藏在水面最深在我们看不到的隐性原因，也是真正影响客户决定购买和犹豫不决的决定因素。（还有深藏在水下我们看不到的隐性原因，也是真正影响客户购买与否的决定因素。）

客户想要"被接受和认可"是我们人类的天性。（想要被接受和认可是人类的天性。）

如果什么不准备，孩子又突然回来，让老夫妻很是措手不及。（如果什么不准备，孩子又突然回来，老夫妻便会措手不及。）

我就是最他们最靠谱的参谋。（我就是他们最靠谱的参谋。）

如果坐着，请面对面客户。（如果坐着，请面对客户。）

很多销售人员在用耳倾听、用心倾听都应用得很好。（很多销售人员用耳倾听、用心倾听都做得很好。）

你对购买职业装的人可以问道"什么工作环境下，你会穿正装"这样问。（你对购买职业装的人可以问"什么工作环境下，你会穿正装"这样的问题。）

客户会扮演者说服者的角色。（客户会扮演说服者的角色。）

一位参加过我线下销售培训向我抱怨销售指标没完成。（一位参加过我线下销售培训的推销员向我抱怨销售指标没完成。）

有多少用户给你的产品好评，有多少超级用户主动帮你宣传推广，你的口碑效应就越大。（有更多的用户给你的产品好评，有更多的超级用户主动帮你宣传推广，你的口碑效应就越大。）

也会在第二天出现的他们关注的公众号的推文上。（也会在第二天出现在他们关注的公众号推文上。）

我就本能的问他销售指标没有完成，有没有问题出在哪里了呢。（我就本能地问他销售指标没有完成，知不知道问题出在哪里呢。）

帮助你解决在五花八门的投诉给你带来的烦恼。（帮助你解决五花八门的投诉给你带来的烦恼。）

7.《从伤口里爬出来》书稿中的语法修辞问题：

老板娘是个女的。（老板是个女的。）

纠结和矛盾啥是意思。（纠结和矛盾是啥意思。）

今年每次都坚持 8 年以上。（每次都坚持 8 年以上。）

我一下子慌张的紧张的颤抖的。（我一下子慌张起来，颤抖着。）

从小性格是本来就是比较内向的。（从小性格是比较内向的。）

8.《雪漠说老子——让孩子爱上〈道德经〉》书稿中的语法差错：

第 24 页：孩子们如果能做到学习的时候全神贯注，不在乎考试的分数和班里的名次，但依然非常积极地去学的时候，也便做到了老子说的"无为"。（"的时候"多余，应删去。）

第 89 页：我看《道德经》，总感觉老子就像有一双超然物外的一双"巨眼"，总是观察着这个宇宙间的一切变化。（"一双"多余，应删去。）

他那么小，如何能战胜天神呢？于是，他的母亲就告诉你，要想战胜天神，必须得具备两种能力。（应将"告诉你"改为"告诉他"。）

9.《益生菌的故事》为日版科普类读物，翻译生硬，语法差错、语意不通顺之处较多，错用、漏用标点之处也很多，举例如下：

此后的十多年，LG21的确歌颂了春夏的每一天。（语义不明，表述不清。）

肥大的脂肪细胞中充满了脂肪。（语义不明，表述不清。）

以知识教育为目的书籍。（以宣传科普为目的的书籍。）

成了益生菌的创始人。（成了益生菌学的创始人。）

在1？2周内。（在1～2周内。）

30名婴幼儿特应性皮炎患者。（30名特应性皮炎婴幼儿患者。）

会自己小小的小尾巴将其撒布在周围。（会用自己小小的小尾巴将其撒布在周围。）

笔者在留学的多伦多的实验室里工作时。（笔者留学期间在多伦多的实验室工作时。）

包括我们小组在内的很多包括都显示，酸奶能够保护胃黏膜。（第二个包括改为研究。）

10.《调好肠胃百病消》为健康养生类书稿，主要差错为语句不通顺，语意混乱，逻辑性差，语法差错多，举例如下：

已经是他第5次来根除幽门螺杆菌失败了。（已经是他第5次来清除幽门螺杆菌了。）

不少垃圾食品堆积成了肥胖。（吃太多垃圾食品造成了肥胖。）

治疗复杂的疾病也可以简单地治疗。（复杂的疾病也可以简单地治疗。）

发生在地球另外一个地方发生的事情。（在地球另外一个地方发生的事情。）

许多疾病命中注定，一方面是基因，也就是中医体质，来自爹妈的馈赠；另一方面，是习惯和心态，是否能顺其自然。（许多疾病命中注定，一方面是基因决定的，也就是中医常讲的体质，这来自爹妈的"馈赠"；另一方面是习惯和心态决定的，取决于你平日是否能顺应自然。）

有益气补充健脾的作用（有益气健脾的作用）。

才能解决这些问题的关键（才能解决这些问题）。

湿气成为年轻人的通病（湿气重成为年轻人的通病）。

最终理性占据了我的冲动（最终理性战胜了我的冲动）。

快乐来源于哪里，是有三个层次（快乐的来源有三个层次）。

任何药物都不是百发百中（不是所有的药物都能立即见效）。

根据女儿彤彤各种症状综合（根据女儿彤彤各种症状综合判断）。

对于胃肠以及其他健康问题的荼毒（对于胃肠以及其他器官的荼毒）。

让孩子更好地养成孩子良好的生活习惯（让孩子养成良好的生活习惯）。

胃的位置降低，有利于减轻胃的重力。（胃的位置降低，有利于减轻胃的压力。）

无论遇到天大的困难，照样去锻炼身体。（即便遇到很大的困难，照样去锻炼身体。）

疾病的养成一定是平日的生活习惯的导致的。（疾病的形成和平日的生活习惯有关系。）

我就女儿彤彤传染轮状病毒感染进行了分析。（我就女儿彤彤轮状病毒感染进行了分析。）

关键在当我们高度集中，就会压力精神增加。（当我们注意力高度集中，精神压力就会增加。）

在我们门诊日常生活中这样的事情数见不鲜。（在我们门诊日常工作中这样的事情屡见不鲜。）

比如共同进餐，家庭生活方式共用碗筷、牙具，在一定程度上可以增加幽门螺旋杆菌感染风险。（比如家庭成员共用碗筷、牙具，在一定程度上会增加幽门螺旋杆菌感染风险。）

11.《连续杀人鬼青蛙男》书稿中的语法差错：

我之所以被选为他的保护司的其中一个理由（成分赘余，应删去"之所以"）。

对钢琴来说，回声也是声音的一部分，是会通过调整长度制造出余韵的乐器（对钢琴来说，回声也是声音的一部分，可以通过调整长度制造出余韵）。

脑外科、咽喉科、耳鼻科、胃肠科、心脏外科、泌尿科等几乎一应俱全，除了牙科之外可谓应有尽有（成分赘余。除了牙科之外，脑外科、咽喉科、耳鼻科、胃肠科、心脏外科、泌尿科等几乎一应俱全）。

卫藤之所以开始忙起来，是从被媒体大幅报道的松户市少年犯罪案开始的（卫藤忙起来是从松户市少年犯罪案被媒体大幅报道后开始的）。

12.《所以你想大吵一架吗》书稿中的语法修辞类差错：

压力对健康带来破坏性的影响（压力给健康带来破坏性影响）。

我从没想过在接下来的 28 年我里（我从没想过在接下来的 28 年里）。

这是个一次性评论吗？（这是个能一次性说清楚的问题吗？）

如何他对这件事情上心的话（如果他对这件事情上心的话）。

但实际上，这种方法实际上打击了很多人（这种方法实际上打击了很多人）。

我的父母并不是唯一一个慷慨倾听我的人（我的母亲并不是唯一一个愿意听我倾诉的人）。

以她的名字作为《格尔之歌》的结尾（以她的名字为贝尔格莱德的一条街道命名）。

首先我们需要明确目标和结果，然后找出如何实现这些目标和结果。（首先我们需要明确目标和结果，然后找出如何实现这些目标和结果的路径。）

她完全能够在同龄人或更高权威的人坚持自己的观点（她完全能够在同龄人或更高权威的人面前坚持自己的观点）。

不仅有助于自身事业发展，但更好地兼顾了家庭（不仅有助于自身事业发展，而且更好地兼顾了家庭）。

希望能在自己的价值观和现实需求中两全其美（希望兼顾自己价值观的同时满足现实需求）。

2012 年奥运会修建体育场馆的项目需要 4.6 万人完成 7700 万小时的工作。（"7700 万小时"应改为"7700 小时"。）

即使现在已经修复了系统，如果再次发生系统崩溃仍然令人担忧。（虽然已经修复了系统，但以后是否会再次发生系统崩溃仍然令人担忧。）

露易丝，谢谢你告诉我。让我们现在花 20 分钟时间让我了解你的感受，然后我们将计划一个更长的见面。（露易丝，谢谢你花 20 分钟时间告诉我这些，让我了解你的感受，之后我会留出更长的会面时间。）

13.《成为 20% 的少数人》书稿中的语法修辞差错：

我只带 1000 块钱左右的项链（饰品要用"戴"而非"带"）。

我的心理舒畅了很多；辞去光线的电视台工作；在这个世界上抹黑寻找属于自己光明道路；大半年事件就过去了（注意同音字差错，"心理"与"心里"，"光线"与"光鲜"，"抹黑"与"摸黑"，"事件"与"时间"）。

你能接受就结束，不能接受就算了。（"接受"与"结束"常出错，此句应改为：你能接受就接受，不能接受就算了。）

我不在凭着感觉去做；我一直再补这一短板；你还想在拼一把；即便在忙，先把手头上的事情做完；在做另外一件事（"在"和"再"常出错，前句中皆为差错）。

他着迷了，他沉浸去了（他着迷了，沉浸其中了）。

这既是我喜欢读书的原因（这即是我喜欢读书的原因）。

不一定安全靠努力（不一定完全靠努力）。

告诉更年轻人（告诉更年轻的人）。

5 天写才写一篇太慢了吧（5 天才写一篇文章太慢了吧）。

我拍摄场景比你质量高（我拍摄的场景图片比你的质量高）。

无论她的生命力经历了什么（无论她在生命里经历了什么）。

以肉眼可见地走向越走越好（以肉眼可见的速度走向更好的自己）。

有时候会我觉得自己是小学生（有时候我会觉得自己是小学生）。

我们想要和我合作出版一本书（他们想要和我合作出版一本书）。

你做得否是是"正确的事儿"（你做的是不是"正确的事儿"）。

仿佛这件事情完全没有发生过一些。（仿佛这件事情完全没有发生过一样。）

没有人想和"情绪不定"的人做朋友。（没有人想和"情绪不稳定"的人做朋友。）

都选择那件正确的，而不是容易的。（都选择那件正确的，而不是容易的事。）

生活对一个从小重男轻女的家庭，甚至她被整个家庭抛弃的女孩来说残酷吗？（这对一个从小就生活在重男轻女的家庭，甚至被整个家庭抛弃的女孩来说残酷吗？）

14.《英语极简学习法》书稿中的具体差错摘录如下：

帮助班上孩子的直线提高了英语成绩。（帮助班上学生的英语成绩直线提高。）

但是虽然语法上可以互换，但是其实表达出来的意思有很大差别的。（虽然语法上可以互换，但表达出来的意思有很大差别。）

但是整体来说，其实和我在这本书要告诉大家的"英语极简学习法"，从本质上来说，其实是一致的。（和我在这本书中要告诉大家的"英语极简学习法"可能有细微的差别，但从本质上来说，其实是一致的。）

15.《做最好的团员》书稿，第12页：发挥了积极的因素（发挥了积极的作用。或改为：调动积极因素）。

第34页：村干部们被他征服了（村干部们被他说服了）。

16.《微历史@宋朝人——公元960～1279，历史的回声与心声》书稿，第31页：规定凡七品以上的在京官员皆可入学（规定凡七品以上的在京官员子弟皆可入学）。

第78页：经常走动与王侯将相之门（经常走动于王侯将相之间）。

第97页：宋廷下了摊派（宋廷下令摊派）。

第101页：屋前种着葡萄架（屋前有葡萄架）。

17.《先民的歌唱——诗经》书稿，第233页：秦襄公就带领军队救周有功（秦襄公带领军队救周有功）。

第430页：革命的群众就把召公的家包围起来（暴动的群众就把召公的家包围起来）。

第 441 页：没有韵的诗是时代最早的诗（没有韵律的诗是最早的诗）。

第 321 页：从天子的地方出发（从天子所在的地方出发）。

18.《此刻不爱的人都有罪》书稿，第 2 页：犹如季节，必定会消逝离去；犹如年迈老人的生活，冗长乏味。（犹如季节，必定会循环往复；犹如年迈老人的生活，已不像年轻时那样富有活力。）

【点评】老年人退休了，正是含饴弄孙、尽享天伦之乐的"黄金年月"。有一首歌曲唱道："最美不过夕阳红……"书稿中说年迈老人的生活"冗长乏味"，明显消极也不符合事实。

19.《神话的故乡——山海经》书稿，第 228 页：比翼鸟生产在海外（比翼鸟生活在海外）。

20.《黑金：美联储怎样操控世界》书稿，第 251 页：政治责任会因而被分配给一个由选举产生的执行机构（政治责任会因此被分配给一个由选举产生的执行机构）。

21.《发展党员工作实用方法与规程一本通》书稿，第 42 页：使进一步加深对党的认识（使其进一步加深对党的认识）。

第 111 页：入党积极分子一旦被确定为发展对象，很快就可以办理入党手续进入党内（入党积极分子一旦被确定为发展对象，再经过一段时间的考察培养，就可能很快被党组织发展为预备党员，并办理相关入党手续，进入党内）。

第 127 页：党委书记交待会议议程（党委书记宣布会议议程）。

第 128 页：宣誓仪式的气氛要严（宣誓仪式的气氛要庄严）。

第 181 页：这杆独木桥（这座独木桥）。

22.《做最好的党支部书记》书稿，第 4 页：没有足够的资金为村里老人养老院（没有足够的资金为村里老人建养老院）。

第 10 页：如何这些工作已经做好（如果这些工作已经做好）。

第 121 页：党员的年龄水平（党员的年龄结构）。

第 121 页：党员战斗堡垒作用（党支部战斗堡垒作用）。

23.《宇宙大爆炸》书稿中，第 13 页：大约在下一个十亿年后，第一批恒星、星系和行星都初具规模了。（原句不甚通顺，应改为：大约在十亿年后，第一批恒星和行星都已初具规模）。

第31页：恒星：巨大的，极热的，冒着热气的球体。（将"恒星"定义为"球体"，不够准确，应改为：恒星：由炽热气体组成的，能自己发光的球状或类球状天体）。

24.《古人的讽刺艺术——儒林外史》书稿，第23页：提供为读者们参考（提供给读者们参考）。

第98页：把弹子打瞎了别人的眼睛（用弹子打瞎了别人的眼睛）。

25.《本色》书稿，第112页：常常反思那一段痛彻心扉（常常反思那一段痛彻心扉的经历）。

第122页：黄色老板（黄色性格的老板）。

第324页：给自己留的活口（给自己留的借口）。

26.《名校新校本经典名著阅读（北京海淀区重点小学内部教材）（下册）》书稿，第6页：将生死置身度外（将生死置之度外）。

第115页：冰心在创作诗集上颇有天赋（冰心在诗歌创作上颇有天赋）。

第129页：这是这些一个又一个（就是这些一个又一个）。

27.《文化苦旅》书稿，第115页：中国之所以落后于世界列强，关键在于清代（中国之所以落后于世界列强，关键在于清王朝后期的腐败无能）。

第230页："文革"的炼狱，使他获得浴火重生（"文革"的磨难使他浴火重生）。

28.《有时》书稿，序言第4页：最后一眼写香港（最后一眼看香港）。

序言第11页：照亮自己的道理（照亮自己的道路）。

第5页：出身古老、举止温文（出身高贵、举止温文尔雅）。

第142页：一支芦苇（一枝芦苇）。

第164页：一本作家（一位作家）。

29.《如果可以这样做农民》书稿，第4页：研发各种有机的方法（研发各种有机农作物耕种的方法）。

第11页：会不会太私人（会不会太自私）。

第 13 页：越来越多的有机销售渠道（越来越多的有机农产品销售渠道）。

第 58 页：他辞掉台中市三万多的月薪（他辞掉台中市三万多月薪的工作）。

第 64 页：创业者的意气风发在他脸上刮过（创业者意气风发的雄心壮志展现在他的脸上）。

第 116 页：四条桌子（四张桌子）。

第 195 页：相当于主动进入约束（相当于主动接受约束）。

第 209 页：西方经济学是建立在人是理性的、趋利的（西方经济学是建立在人是理性的、趋利的观念之上）。

第 222 页：她后来跑到加拿大做有机农妇（她后来跑到加拿大做有机食品）。

一些典型的语法差错，举例如下：

（1）词性误用。

错例：到底他肯不肯负担此重任，这还是一个怀疑。（"怀疑"为动词，应改为名词"疑问"。）

错例：老教授义务为学生讲座。（"讲座"为名词，应改为动词"讲课"或"做讲座"）

（2）成分残缺。

滥用介词"在、当、从、对于、为了、通过"等导致缺少主语的病句较为常见，且审读中常常忽略，请多加注意。

错例：经过这次谈话，对我启发很大。（应删去"经过"。）

错例：在老师的帮助和教育下，使我们明确了人生的意义。（应删去"在"和"下"。）

错例：在这部电影中，刻画了一个知识分子的典型。（应删去"在"和"中"。）

错例：通过"教育现代化"的创建，使得不少学校的办学条件有了明显改善。（应删去"通过"。）

错例：老李在去单位的路上，突然有个神色慌张的人向他走来。（该句缺少谓语，应改为"突然发现/看到有个神色慌张的人向他走来"。）

错例：在经济快速发展的形势下，我们要关注一些行业战线过长，生产力过剩，造成新的资源配置不合理。（该句缺少宾语，应在句尾加上"的问题"。）

错例：自信心是孩子成长过程中的"造血机"，每当遇到挫折或者伤害的时候，可以依靠自信心"满血复活"。（后半句中要补充主语：孩子可以依靠自信心"满血复活"。）

错例：只有早早地在心里种下自信的种子，才能在孩子成长的过程中破土萌发，茁壮成长，带给孩子更多的能量。（后半句中要补充主语：自信才能在孩子成长的过程中破土萌发。）

错例：选拔性考试考核的是孩子们的综合素质，除了孩子的智力水平和努力程度，还有体能和心理素质。（后半句中要补充谓语：除了考核孩子的智力水平和努力程度。）

错例：随着孩子的阅读广度和深度不断增加，会慢慢进入其他知识领域。（前半句介词位置不当，导致主语缺失，可以改为：孩子随着阅读广度和深度的不断增加，会慢慢进入其他知识领域。）

错例：随着二宝年纪增长，容易出现对大宝的反抗和嫉妒。（介词位置不当，导致主语缺失。）

（3）搭配不当。

错例：做好这件工艺品的关键在于他是否用心。（该句犯了一面对两面的错误，应改为：能否做好这种工艺品的关键在于他是否用心。如果句子中出现"能否""是否""有没有""成败"之类的两面词，要注意检查是否有一面对多面的语病。）

错例：不管他地位高、权力大，执法人员仍然坚决严肃查清他贪污犯罪事实。（"不管"与"仍然"关联词不配套，"不管"应改为"尽管"。）

错例：眺望窗外夜空，漫天繁星相映万顷灯海。（汉语中有"相""互"组成的词，如"相连、相关、互助、互让"等，其后不能搭配宾语，本句需改为"漫天繁星和万顷灯海相映"。)

错例：翻译作品日渐增多，一方面这些作品促进了中国图书市场繁荣发展，另一方面也促进了中外文化交流。（"一方面……另一方面"关联词语位置不当，"一方面"应在主语"这些作品"之后。）

错例：父母看到小学一年级的考评试卷，发现无论是文字储备量还是阅读理解能力，孩子都很难完成。（后半句搭配不当，调整原句的语序便会发现该差错：孩子很难完成文字储备量和阅读理解能力。）

错例：小孩子眼中的世界和大人迥然不同。（应改为：小孩子眼中的世界和大人眼中的世界迥然不同，不能将世界和大人并列。）

错例：父母的说服力不一定是自身事业有成或者满腹经纶。（调整原句的语序便会发现搭配不当：说服力是事业有成、满腹经纶，可以改为：父母的说服力不一定来自自身事业有成或者满腹经纶。）

错例：随着孩子慢慢长大、身体和心理的不断发育，他们的认知、行为、情绪情感等各项心理机能都渐次提升。（后半句中认知、行为、情绪情感等各项心理机能搭配不当，行为不属于心理机能，应删去。）

错例：孩子们的世界也一样，什么是法则，何为底线，怎样变通更好，这些才是真正重要的能力。（"真正重要的能力"与前几个小句搭配不当。）

错例：情绪容易波动是青春期的年龄特点。（情绪波动是年龄特点搭配不当。）

需要注意两面词语与一面词语搭配不当。在有照应关系的句子中，一处小句有选择性，另一处小句没有相应的选择，分句间缺乏照应，造成搭配不当。

解决问题的关键是父母能否有效平衡两个孩子的成长需要。

这个支点，是一个人能否感知和创造幸福的能力，是孩子遇到重大挫折的时候，走出困境和低谷的生命力量。（上述两句中，"能否"应改为"能够"）

（4）成分冗余。

错例：我这次考不好的原因是因为我没有按照要求做。（"原因"与

"因为"重复，删去其中之一。）

错例：这个问题短时间内不可能很快得到解决。（"短时间内"和"很快"语义重复，应删去其中一个。）

（5）杂糅。

错例：对盆栽的摆放，专家建议：文竹、吊兰之类最好摆在茶几、书桌上比较合适，丁香、橡皮树等最好放在阳台上。（"最好"和"比较合适"杂糅，应删去其中之一。）

（6）虚词误用。

错例：面临优秀的哥哥姐姐，二宝长大后很容易相形见绌。（介词"面临"使用有误，应改为"面对"。）

错例：对怎样发挥团队的力量和讨论可行性方案上明显缺乏指导。（对……上，介词"对"使用有误。）

错例：自强不息一直被认为是一种良好的精神品质，但"适度"依然是这种品质的基本要求。（连词"但"使用有误。）

错例：就算父母告诉大宝，他出生的时候也和二宝一样被爸爸妈妈捧在手心里，但是大宝很可能拒绝相信。（就算……但是，关联词使用有误。）

错例：挫折感并不是由挫折事件引发，而在于人们对挫折事件的不合理认识。（不是……而在于，关联词使用有误。）

十五、数字与年份方面的差错

书稿中经常会有各种数字与年份出现，这是著书立说必不可少的。数字或数据、图表用好了，对作者表达思想、立论立据有好处，年份用对了，可以表明时代，使内容真实可信、条理清晰。如果使用错误，或者体例不一致，变成了乱用、错用、混用，就不只是会误导读者，还可能谬误流传，贻笑大方。列举如下（括号中为正确表述）：

1.《第一公民——陈嘉庚传》书稿，第 15 页：光绪二十一年（1894）

应改为：光绪二十年（1894）。

2.《中国全史》书稿，第 24 页：立——种宇宙观（立一种宇宙观）。

第 34 页：九六 O（九六〇）。

第 412 页：三。四（三〇四）。

第 430 页：晋元帝人兴四年（晋元帝大兴四年）。

第 481 页：梁武帝大通二年（梁武帝中大通二年）。

第 601 页：会吕元年三月（会昌元年三月）。

3.《抗日战争时期陕甘宁边区财政经济史料摘编》系列书稿，第四编"商业贸易"：

第 56 页：两 3 亿（两三亿）。

第 108 页：25 分之一（二十五分之一）。

第 177 页：919261 元八角二分（919261.82 元）。

第 200 页：月 10（10 月）。

第 215 页：1004、500 斤（一千四五百斤）。

常用的数字使用规则，列举如下：

1. 阿拉伯数字与汉字数字同时使用。

阿拉伯数字一般不与汉字数字混用。

如：4000 可以写作"四千"，但不应写作"4 千"

108 可以写作"一百零八"，但不应写作"1 百零 8"

如果一个数值很大，数值中的"万""亿"单位可以采用汉字数字，其余部分采用阿拉伯数字。如：我国 1982 年人口普查人数为 10 亿零 817 万 5288 人。此外一般情况不能同时采用阿拉伯数字与汉字数字。

2. "零"和"〇"的使用。

阿拉伯数字"0"有"零"和"〇"两种汉字书写形式。一个数字用作计量时，其汉字书写形式为"零"，用作编号时，尤其是年份中，其汉字书写形式为"〇"。

如：3052 个的汉字数字形式为"三千零五十二"

95.06 的汉字数字形式为"九十五点零六"

公元 2012 年的汉字数字形式为"二〇一二年"

3052，写为"三千零五十"（不写为"三千〇五十二"）

95.06，写为"九十五点零六"（不写为"九十五点〇六"）

2012 年，写作"二〇一二年"（不写为"二零一二年"）

3. 民国纪年的使用。

部分台湾作家至今仍使用民国纪年，在引进版书稿中，要注意将 1949 年以后的民国纪年，即民国三十八年之后的纪年改为公元纪年，具体转变方法为民国纪年加 1911。如特殊情况需要保留，则加引号，并注明公元纪年。

如：民国四十七年的秋天（一九五八年的秋天）

民国八十年二月（一九九一年二月）

民国七十五年六月（一九八六年六月）

4. 数量增减的表述。

表达数字减少时，不应用倍数，应采用分数，即不能说减少了 5 倍，而应说减少为原来的 5/1。

如：鲸鱼的数量比 1800 年减少了约 9 倍（应改为：减少了约 90%）；

增加为（或增加到）过去的 2 倍，即过去为 1，现在为 2；

增加（或增加了）2 倍，即过去为 1，现在为 3；

超额 60%，即定额为 100，现在为 160；

降低（或降低了）60%，即原来为 100，现在为 40；

降低到 60%，即过去为 100，现在为 60。

5. 书稿中其他常见的数字用法罗列如下：

（1）多位数中的分节方式。四位以上的整数或小数以千分撇（,）或千分空两种方式分节，四位以内的整数可以不分。

如：624,000　92,300,000

19,351,235.235767（使用千分撇，小数部分不分节）

55 235 367.346 23

98 235 358.238 368（使用千分空，小数部分分节）

（2）含有月日的专名采用阿拉伯数字表示时，应采用间隔号"·"将月、日分开，并在数字前后加引号。

如："3·15"消费者权益日　"9·11"事件

含有月日的专名采用汉字数字表示时，如果涉及一月、十一月、十二月，应用间隔号"·"将表示月和日的数字隔开，涉及其他月份时，不用间隔号。

如："一·二八"事变　"一二·九"运动　五一国际劳动节

十六、外版书翻译方面的差错

近些年引进版权的图书日渐增多，这既是一种好现象，可以借此向国人推荐国外的一些好作品，同时也给图书编辑带来了新的挑战。实践证明，有的外版书翻译水平较高，比较适合国内读者阅读，但也有不少外版书翻译质量较差，差错率较高。有的人名、地名、年代或时间翻译有误；有的语法修辞不准确，容易产生歧义；有的数字大小写不规范，尤其是音标错误屡见不鲜，审读起来令人头疼。列举如下：

1.《人生不惧时间的弯镰》书稿中，存在如下差错（括号中为正确写法）：

第 56 页：Lionel eininger（Lyonel Feininger）

第 71 页：Walke（Walker）

第 262 页：mumbers（numbers）

2.《蒋勋谈米开朗基罗：苦难中的巨人》书稿中（括号中为正确写法）：

第 43 页：Tomaso de Cavolieri（Tommaso dei Cavalieri）

第 97 页：Diongsos（Dionysos）

第 198 页：The Last Jadgement（The Last Judgement）

第 230 页：San Giovanni dei Forentini（San Giovanni dei Fiorentini）

第 237 页：《丽达（Lead）与天鹅》（《丽达（Leda）与天鹅》）

3.将一本外文书的主副书名译成两本，举例如下（括号中为正确写法）：

《企业之潮》（Corporate Tides）、《无法回避的结构法则》（The Inescapable Laws of Organizational Structure）[《企业之潮：无法回避的结构法则》（*Corporate Tides*：*The Inescapable Laws of Organizational Structure*）]

4. 将两本外文书译成一本，举例如下（括号中为正确写法）：

《范例与未来边缘》（Paradigms and Future Edge）[《未来边缘》（*Future Edge*），还著有《范例》（*Paradigms*）]

5. 《美国凭什么》书稿，英文人名、事件、文件名称有些未译出，有些译名不一致，有些未按正式译名翻译。目录、正文、眉题也不一致。

6. 《雅尔塔》第90页等处，斯洛文尼亚译为斯洛维尼亚、卢布尔雅那译为卢布亚；第304页，基辛格译为季辛吉；第174页意大利共产党总书记陶里亚蒂译为托力亚第；第428页教皇名字约翰·保罗译为若望·保罗，等等。

7. 《生如草叶：惠特曼经典诗选》书稿，第212页第四行：Our modern wonders，（the antique ponderous Seven outvied，）翻译为：我们的现代奇迹，显得"词不达意"，毫无诗趣。

第227页"无论谁的妻子、儿女、丈夫、父亲和最亲密的，下沉了，都是天意所定，不容更改"句中的"下沉了"，在"句意"上不明确，有点莫名其妙。类似这样的译文及段落，书稿中出现较多。国际著名诗人的作品几乎被弄得不伦不类。

8. 《国王制造者》与原书名 *What a Party* 语义明显不符。

第148页：披萨（通译为：比萨）。

第235页：福罗里达州（通译为：佛罗里达州）。

第246页：加里福尼亚州（通译为：加利福尼亚州）。

9. 《地中海的衰落》书稿总体内容较好，但翻译水平很差。列举如下：

第20页：在哪个时期（应译为：在那个时期）。

第22页：用石斧砍到26棵（应译为：用石斧砍倒26棵）。

第60页：汉莫拉比（通译为：汉谟拉比）。

第72页：支承着天花板（应译为：支撑着天花板）。

第155页：极大部分建筑（应译为：绝大部分建筑）。

第168页：需不可少的原料（应译为：必不可少的原料）。

十七、文稿体例方面的差错

书稿"齐清定"后，经初审、复审、终审交排版组排出清样，严格说来，这时候的书稿版样应当基本符合印制出版要求了。但在最后核红时，仍发现书稿体例方面存在的问题相当多。列举如下：

1.《左手李煜　右手纳兰》书稿中涉及人物年龄时既有用汉字的，也有用阿拉伯数字的，使用混乱，应全书统一。

2.《全新环境故事》书稿的"字体"由两部分组成：一是"宋体字"，另一个是"美术体"字，就本书的最大读者群而言，主要是少儿、少年以及环保组织机构中的一些人员。用"美术体"字可能有美化版式的作用，但也可能因此给年龄较小的读者阅读时带来不必要的困难。

3.《给人生365个忠告大全集》书稿中的"365个忠告"，涉及古今中外诸多领域，但条与条之间，在写作风格上不一致，篇幅的长短也不一样，短的不足3行（几十个字），长的却有2页多，有1700多字，篇幅过于悬殊，如第132页、第133页。有些篇章内容显得过于跳跃，内在逻辑性也欠缺。

4.《斯人独憔悴》原文的篇章之末，有注明发表日期的，也有没注明发表日期的，全书应该统一。

5.《毛泽东评述中国历代帝王》书稿，第25页，范老，指范文澜，应加括号，并注全名。

第62页：前汉自元帝开始……，"自""元"之间不应留空。第78页，时事出版社。"时""事"之间不应留空。

6.《台湾大师的解读——唐宋词选》书稿中，同一段落字体、字号不统一，字有大有小，有粗有细，应统一。文稿中引用的"词作"，大多"一句一行"，也有不少"两句或三句一行"的，显得句式太乱。

7.《从来没有太晚的开始》书稿，文前辅文的页码设计与正文页码设计完全一样，容易混淆。

每章开篇页版式设计不合理，应将章节的序号和每章标题设计在一起，这样整体感更强。

正文第一页属于第一章，设计时却没有算在正文里，也无页码编号。

8.《北岛相遇》书稿，书眉全用的第一章节的书眉。文中有不少繁体字、异体字，字型不统一。

正文标题比副标题字号小，还有的三级标题比二级标题字号大，有违常规。

9.《袁崇焕研究论集》书稿，个别引文或著者论述前后不一致。第 175页：注释⑨⑩与第 122 页注释内容不相符。

第 40 页，第 53 页，第 59 页，出现"喀拉慎"或"喀喇沁"，地名不统一。

第 245 页："20 岁的皇帝"，前面却是 18 岁，其年龄前后矛盾。

10.《抗日战争时期陕甘宁边区财政经济史料摘编》书稿：

第一编"总论"：篇章页体例不统一，有的是 1943 年至 1945 年，有的是 1937—1940 年。

第二编"农业"：第 125 页，第一个表格中有几处格式出现错误，需对照改正。

第四编"商业贸易"：第 307 页，陕甘宁边区物资局组织暂行规程，版式不对，且不应居于页首。

第六编"财政"：文稿中一会是"万担"，一会是"万石"，不统一，究竟哪个对，读者搞不清楚，需核对修改。

11.有的书稿多处出现背题；有的每个章节的标题字号不统一，有大有小，有的是宋体字，有的是楷体字。

12.有的书稿版权页内容不全，有的却很庞杂；有的标有印张、印数，有的有印张无印数；有的只标有作者，有的既有作者还标有出品人和策划人；有的已标有责任编辑，还标有特约监制和特约编辑，有的还标有电脑排版，等等，应统一规范。

13.有的书稿，目录中章节标题与页码混排，有的目录标题字号不统一，显得杂乱无序。

编校中，文稿体例方面需要注意的一些细节：

（1）表示人物国籍或朝代时，要用方括号（[ ]）或六角括号（〔 〕），不要用方头括号（【 】）或小括号，用了要记错。

（2）外版原书中不同级别的标题与内容在译文中就要特别标明标题与内容层级，以避免正式排版后体例混乱。

（3）表格格式方面，表序、表题、表头、表身、框线、位置等应符合规范要求。表序可以以全书或一章为单位排序。字号和字体的设置上，表头文字要区分于表身文字，表身文字最轻，遵循表题≥表头＞表身。表题通常置于表格上方。表格的外框线要重于表内的行线和栏线。表格若分页排，第二页必须加表头和续表字样。表格位置要和正文表述一致，且排在相关正文之后。

（4）标题转行要遵守以下规则。

A.转行不能割裂复音词，即要以词为单位转行。

B.助词（的、地、得、了、着、呢、吗、啊、吧、似的、一样、一般等）、叹词（哎、哟、哼、嗯、喂、啊等）不能转为下一行的第一个字。

C.介词（在、当、从、把、对、以、为、被、让等词）、连词（和、与、而且、但是、因为、如果等）不能单独留在上行末尾。

D.书脊中竖排书名转行时容易出现错误，多会将助词"的"放在转行后首字位置，这是错误的，要将"的"放在第一行末尾。

（5）书稿中的序言常包括他人推荐序和自序，有的还有再版序等，要注意排列顺序，一般按照他人推荐序在前、自序在后，再版序言在前、原序言在后的顺序排列。

（6）外版书脚注部分同时存在作者原注和译者添加的注释时，要注意区分两者。要在注文结束后加破折号和注释者。如：

托比·胡佛认为，从 8 世纪末到 14 世纪末，阿拉伯科学很可能是世界上最先进的科学，远远超过了西方和中国。——编者

"他"，指查理·罗伯特·达尔文，英国博物学家，进化论奠基人。——译者

十八、书稿书名、目录、标题方面的差错

书名和封面好比一个人的姓名和面孔，目录就是这个人的整体装扮，如果书名不准确，目录又混乱无序，就相当于一个人出门脸上有灰尘，衣服脏乱不整洁，试问，像这样脏兮兮的样子，谁还乐意与他（她）做朋友？与此同理，如果是一本书，试问，哪位读者还会掏腰包购买？

1.《伟大民族精神讲座》书稿中，目录标题差错（括号中为正确表述）：

第 2 页：敢于追梦、勤于圆满，实现中华民族伟大复兴（勤于圆梦）

第 3 页：伟大民族精神是我们前进是根本力量（伟大民族精神是我们前进的根本力量）

2.《做最好的中层》书稿中，内文目录标题不一致（括号中为正确表述）：

第 1 页：二、要当好的管理者，先当好的被管理者（二、要当好管理者，先当好被管理者）

第 79 页：四、向上级提意见时，请带上你的解决方案（四、提意见时，请带上你的解决方案）

五、让自己意见更好被上级采纳的方法（五、让自己的意见更易被领导采纳的方法）

第 168 页：二、以红军一样的精神塑造团队（二、以红军的精神塑造团队）

三、让平凡的人创造出不平凡的业绩（三、让平凡的人做出不平凡的业绩）

四、以更有效的方法代替生硬推动（四、以更有效的方法代替简单推动）

第192页：三、不要成了"功臣"就不受约束（三、以四大"不要"，打造一流中层）

3.《恰到好处的善良》书稿中，第一章标题：我们为何要停止"做好人"，学着做真实的自己，将"停止做好人"直接用作标题不妥。

该书在章扉页还指出"将会一一揭露做好人这个观念带来的所有伤害"。

上述表述与我们的传统认知，与社会主义核心价值观都是相违背的。

4.《高能文案》书稿中，在讲述提高软文传播力的做法时，直接打出文字游戏的旗号，为博流量可以卖弄文字，瞎编乱造。这种文案写作的价值观引导在出版物中是不可取的，如：

《"我，今年毕业，年薪201万"：读书不是唯一的出路，却是人生最容易走的路》

《"想嫁我儿子，你工资多少？""10万多点，阿姨"》

《她每天只发3条朋友圈，一年躺赚116万，这样挣钱的方式也太太太太太爽了吧!!!》

【点评】这类文案虽然没有像蹭热点流量的标题那样博人眼球，但是互动性强、有真实（或部分虚构）的体验、感受，让你觉得这就是身边普通人发生的事情，更加接地气，是利用大家的同理心来寻找彼此心灵上的融合点。当然，很多时候是我们文案作者的文字游戏操作，内行，你懂的。

5.《免疫力是最好的医生》书稿中有许多文不对题的内容，举例如下：

第112页，"怎么避免病毒藏在衣服里？"一节中，"重点清洗的位置"标题下，并没有讲清洗衣物的哪些位置，以及如何清洗衣物，而是讲：①避免穿有静电的衣服，②要及时清洗空调及清理厨房、卫生间、阳台的下水口和地漏，③整齐摆放家中物品。这三点内容与清洗衣物毫无关系。

第241页，"宅不住其实是心理病"一节中，有三个小标题：①没有参与就没有互动，就不会去换位思考，②没有爱和陪伴的家，财富不是幸福，③与21天做朋友。其中的内容并没有针对"宅不住"进行阐述，而是在第一标题下讲和父母生活习惯的不同，第二标题下讲缺失亲情的后果，第三个标题下讲用 21 天养成一个习惯。这三个标题下的内容与节标题中的"宅不住"毫无关系。

6.《中国最美古诗词》在目录部分，有不少词作只列出了词牌，没有写明具体的"词题"，不利于阅读或检索。如柳永的《雨霖铃》应改为《雨霖铃·寒蝉凄切》，并在目录上注明其正文部分。

7.《给人生 365 个忠告大全集》目录页码的具体标示全部错误，都是"232"，需要全部重新编码并标示。

8.《微历史 @ 宋朝人——公元 960 ~ 1279，历史的回声与心声》书名过于冗长。

9.《中国人的圣书——论语》《救世的苦行者——墨子》两书，目录的排版，如果排竖行，应从右至左，不能从左到右。

10.《爱你：一不小心就从例行公事变成了白头到老》书名偏长，共 19 个字，加上中间的冒号为 20 个字。可改为《爱你：就相守白头到老》。

11.《国家的秩序——韩非子》目录页竖排应统一从右至左，且目录页次跟内文不符。

目录页第二章"明法去私"中的小标题与正文不符。

12.《新编入党培训问答》书稿，目录第二章"为什么说'三个代表'重要思想是我们党的立党之本、执政"（漏掉：之基、力量之源）。

第三章"党的最终和现阶段任务"（漏掉：目标二字）。

13.《发展党员工作实用方法与规程一本通》各章标题"引题"全部与书名不符。书名《发展党员工作实用方法与规程一本通》，引题是《发展党员工作规程方法与案例一本通》，全书应统改。

14.《科学知识的终极读本》书名不准确："终极"表示最终和末了的意思。好像此书之外不再有新的科学知识创新了，这与事物发展的规律相悖。

15.《你配得上更好的世界》书稿，语言粗俗，观点不当。

如：小标题"我不屑于好好做人"；"每一场相亲都像一场耻辱"；"阅读让人越来越低"；"男人们，出轨吧，舆论永远厚待你"；"李白同学，过来艳个遇呗"；"我一直觉得，做人是非常低级、无聊，并且莫名其妙的要求"。

16.《姑娘，欢迎降落在这残酷世界》原书稿观点偏激，导向错误。

如第81页：小标题"一夜情也是情？"

第104页：小节题目"在恶人横行的世界里，沉着成为一名好人"。

17.《你我皆凡人》书稿中，目录：英雄，不过是一只幸运狗。

18.《中国全史》书稿标题，第19页：周代文化之特色管仲之功业（应改为：管仲之功业）。

第32页：西北民族第三次侵中原（应改为：西北民族第三次攻入中原）。

第555页：印度之侧陡（应改为：印度之征服）。

第608页：第十章　外患之侵陵（应改为：第十章　外患之侵凌）。

19.《唐朝绝对很邪乎》书稿，有一个标题：李白是个文抄公。

20.《我不过低配的人生》书稿，第4页：昔年金庸有篇怪小说《侠客岛》（应改为：昔年金庸有篇武侠小说《侠客行》）。

21.《党员干部交往指南》书稿，第1页标题：共产党人的交往之道是净化政治生态的重要法宝（应改为：共产党人的交往之道是净化政治生态的重要一环）。

"重要法宝"的提法在党的理论实践中早期是指革命时期的统一战线、武装斗争、党的建设。后来是指理论联系实际、密切联系群众、批评与自我批评。这是约定俗成，众所周知的，而共产党员的交往之道不宜用"重要法宝"的提法，一些重要的政治术语，不能随意提口号。

第4页标题：把好交往分寸是保持党的先进性的根本保证（应改为：把好交往分寸是党员干部保持先进性的内在要求）。将党员干部的交往分寸拔高为保持党的先进性的根本保证，言之过高，保持党的先进性，主要是学好并践行好党章的要求，并严格遵守党纪国法。

22.《〈资治通鉴〉治国理政智慧160问》书稿，第8页标题：为什么说公正是政治的全部（应改为：为什么说公正是领导者应有的品德）。政治是个大概念、种概念，公正相对于政治来说是子概念，只是其中之一。此节文字本来表述领导干部应公正为官，但标题却将公正扩大为政治的全部，以偏概全。

第143页标题：如何做官场"不倒翁"（应改为：为什么要永远牢记为官之道）。做官场"不倒翁"的提法不妥，更不能在党的理论建设读物中提倡。官场"不倒翁"多指从政者只顾及自身职位，为保乌纱帽丧失原则，左右逢源，只求自身官运亨通。因此，标题如此表达引导领导干部去做官场"不倒翁"，观点有点荒谬。

第148页标题：为什么用特权开特例就特难领导（应改为：为什么说领导不应该有特权）。标题表述繁复，且言之无据，表述不当。

第187页标题：领导者为什么一定要学会给前任点赞（应改为：为什么领导者不能轻易否定前任的决策）。此节内容是说领导干部通常要尊重前任领导班子已经做出的重要决策，不能搞"一朝天子一朝臣，一个将军一个令"。绝不能以否定前任领导班子的工作决策和业绩来证明自己高明，这是为官者的一忌。但反过来，如果前任的决策被实践证明是错误的，当然可以否定，也不能提倡盲目地、不分正误地一定要学会为前任点赞。

第204页标题：为什么说要讨上司喜欢就必须用点心（应改为：为什么说要想受到器重就必须认真做事）。以讨上司喜欢为标题，观点导向不正确，领导干部认真做事，勤勉为官是正道。书稿提出要讨上司喜欢，传达的是不正确的为官之道。

【点评】书名及文中标题制作，基本上要遵循六个字，即：准确、简洁、新颖。从以上列举的一些差错看，普遍不符合这六个字的要求。有的冗长，有的庸俗，更为突出的是，随心所欲，胡编乱造，不讲究出版导向。诸如，标题"一夜情也是情""我不屑于好好做人""男人们，出轨吧，舆论永远厚待你"，等等，所表现的思想观点与社会主义核心价值观格格不入，与正常的人伦道德和公序良俗背道而驰。图书编辑是书稿政治思想和语言文字的把关者，应有"火眼金睛"和专业技能，要对书稿中出现的所有问题及时识破并予以纠正，否则，就是失职！

十九、标点符号使用方面的差错

标点符号是著书立说必不可少的文字工具和遣词造句的必备手段，如果使用不当，不只是会闹出笑话，更重要的是会损害作者思想观点的表述，也会影响读者对其作品的欣赏与理解。此事重要，千万不要以为逗号、分号无足轻重。常见的标点符号差错，分类列举如下：

1. 句号差错。

（1）是句子而不用句号断句。常见一段文字一逗到底的情况。例如：

已经25岁了，我终于成为专业合唱队的演员，遗憾的是没唱几年歌，领导却让我改唱评戏，由于唱法路子不对而毁了嗓子，我被迫含着眼泪离开了舞台。（这一段文字有三个句子，"演员"和"评戏"后的逗号应改为句号。）

（2）不是句末却用了句号，把一个句子拆分成几个句子。例如：

产生经费紧张的原因，一个是实在缺得多。另一个是在经费使用效率上也存在一些问题。（这是一个复句，第一个句号应改为逗号。）

（3）图注、表注末尾不加句号，即使有时文字较长，已经出现句号，末尾仍不用句号。如图注"经过治理，本市市容市貌焕然一新。这是某区街景一景"。

2. 书名号差错。

书名号误用情况较为严重，尤其是在封面中，推荐语等内容多有误用书名号的情况，在此需明确，表示文化精神类产品可用书名号，非文化精神类产品不能使用书名号。

书名号使用范围：书名（包括篇名）、报纸名（包括版块、栏目名）、期刊名（包括栏目名），以及其他文化精神产品（电影、戏剧、乐曲、舞蹈、摄影、绘画、雕塑、工艺品、邮票、相声、小品等）的题目可用书名号。

不可使用书名号范围：物质产品名、商品名、商标名、课程名、证件名、单位名、组织名、奖项名、活动名、展览名、集会名、称号名等。以上均不能使用书名号，用了要计错。

错例：开设《小说艺术研究》课程　《商务英语速成班》招生

《中国油画艺术展》开幕　《康佳杯》音乐电视大赛

3.引号差错。

经审读，我们发现滥用引号现象比较严重。引号的作用是标示文中直接引用或需要特别指出的成分，具体说，一是标示需要强调的内容，如：这里所谓的"文"，并不是指文字；二是具有特殊含义需要特别指出的成分，包括别称、简称、反语等，如：尼安德特人简称"尼人"，电视被称作"第九艺术"，几个"慈祥"的老板把捡来的菜叶用盐浸浸就算作工友的菜肴。

引号误用主要有以下几种情况：

（1）整句引文，引号应在句末标点外。例如：

错误示例：古人云："多行不义必自毙"。（引文完整而独立，末尾的句号应放在引号里面。）

（2）引文不独立，引号内不用句末标点。例如：

正确示例：他以"条件还不成熟，准备还不充分"为由，否决了我们的提议。

错例：大革命虽然失败了，但火种犹存。共产党人"从地下爬起来，揩干净身上的血迹，掩埋好同伴的尸首，他们又继续战斗了。"（引文不独立，末尾的句号应放在引号外面。）

（3）连续引用几个段落，引文每一段开头前应用前引号，最后一段的结尾用后引号。

4.括号差错。

括号的误用，主要是不配套、位置不适当、括号内外标点不恰当。表示国籍需用方括号，如[英][美]，表示朝代用六角括号，如〔唐〕〔宋〕。括号套用应采用方括号或六角括号套圆括号。

（1）括号位置不当。括号多作为注释引文使用，括号应根据实际注释情况决定在句中的位置。

句内括号：解释说明部分文字的情况，即说明文字本身就是句子的一部分，括号部分需紧跟说明文字。

错例：此事件发生于康熙十七年三月（1678 年）。（括号内公元纪年为注释康熙十七年，应紧随其后。）

句末括号：解释说明全句的，即说明文字本身结构独立，不属于前面的句子，括号部分放在句外。正确示例如：交往过程就是使用语词传达意义的过程。（严格说，这里的"语词"应为语词指号。）括号内容是独立存在的，应放在句外。

（2）括号内外标点不恰当。

句内括号：除了使用问号、感叹号、省略号，句内括号中不使用标点。如在上一例中，括号内 1678 年后不用加句号。

句末括号：句末括号是我们经常出错的地方，例如：

交往过程就是使用语词传达意义的过程。（严格说，这里的"语词"应为语词指号。）！

书稿里经常在括号前和括号后都加标点，导致产生差错，此处应删除感叹号。

5. 顿号差错。

（1）相邻数字连用表示概数时，不能用顿号隔开。例如：

我们曾经去过六、七个这样的购物中心，看到二、三十位老人……（两个顿号都应该去掉。）

（2）并列成分之间有关联词或其他起联结作用的词联结时，如：以及、还有、并且、尤其是、甚至等，这类联结词前不用顿号，要用逗号，也可以直接写下去。

错例：商品供应往往随着不同区域、不同季节、甚至不同客流成分的变化而变化。

高三学年、特别是高三下学期，学生一定要注意调整心态，以良好的精神状态复习。

"甚至"和"特别是"前面的顿号应改为逗号。

（3）句子中带有句内语气词的并列成分之间要用逗号，不能用顿号。例句中，顿号应改为逗号，或删去语气词"啦"。

错例：她对我国古代文学非常感兴趣，尤其是汉赋啦、唐诗啦、宋词啦、元曲啦，说起来如数家珍。

（4）并列成分之间用顿号，末尾"等""等等"前面不加标点；并列成分之间用逗号、分号，末尾"等""等等"前面应用逗号、分号隔开。

正确示例：基础科学包括现代生物学、物理学、化学、数学等。

写文章前就要想好：文章的主题是什么，用哪些材料，哪些详写，哪些略写，等等。

（5）"第"字、"其"字次序语后要用逗号，不用顿号，即"第一，""第二，""其一，"。

汉字数字次序语后要用顿号，即"一、""二、""三、"。

阿拉伯数字次序语后要用下脚点，不可用顿号，即"1.""2.""3."。

带括号的数字次序语后不要用标点，即"（一）""（二）""（1）""（2）"。

6.问号差错。

问号的差错主要发生在带有疑问词的非疑问句中。有些句子中带有谁、哪儿、什么、怎样等疑问词，但句子并非疑问句，因此不可用问号。例如：

他不得不认真思考企业的生产为什么会滑坡？

他不知道怎样才能从困境中解脱出来？

以上两个句子中的问号都应改为句号，并非疑问句。

7. 中圆点和下脚点差错。

中文人名缩略后为中圆点"·"；英文人名缩略后为下脚点"."。如：安东尼·G.普瑞斯顿，安·G.普瑞斯顿，A.G.普瑞斯顿。

8.冒号差错

（1）冒号不能和"即""就是"同时用，冒号已表示解释说明，再使用"即""就是"等词属于赘余。例句中，要删去"即"或将冒号改为逗号。

错例：他们两个人在性格上有很大区别：即老王内敛，老刘外向。

（2）注意区分比号"："和冒号"："

根据GB/T 7408–2005《数据元和交换格式信息交换日期和时间表示法》规定，冒号用于分隔时间元素"小时"和"分"，"分"和"秒"。如7：30，要用冒号而非比号。

9. 分号差错。

分号为句内点号，句号为句末点号，所以句号大于分号，分项列举时应分号在前，句号在后，不可小包大。例句中分号应改为句号。

错例：这些课外活动有很多特点。一是它形式自愿。孩子愿意参加就参加，不愿意可以不参加；二是内容丰富。孩子们的兴趣、爱好可以得到充分满足；三是评定方法轻松活泼，有展览、演出、小型报告等。

10. 注意全角标点与半角标点。

在外版书中经常出现逗号、句号、括号使用半角标点的现象，错为"，. ( )"，要注意改为全角标点"，。（）"。

以下面书稿为例（括号中为问题说明或正确表述）：

1.《新媒体写作课》书稿中，标点符号遗漏或多余：

第27页：太厉害了，；（应删去逗号）

第28页：成为朋友们口中的励志姐；，（应删去分号）

第30页：1，普通人如何做出属于自己的歌曲？，（1.普通人如何做出属于自己的歌曲？）

第55页：失恋那天，我穿得特别美…

人生这一步，我们哭过笑过闹过爱过……

（省略号的形式应为上下居中连续六点，不可沉底或只用三点）

第139页："视觉志"（"视觉志"）

2.《做最好的中层》书稿中，标点错误举例如下（括号中为正确写法）：

第19页：明白"柔能克刚：的道理（明白"柔能克刚"的道理）

第68页：这样。干部可以在自己的权责范围里。放开手脚去工作，同时。（这样，干部可以在自己的权责范围里，放开手脚去工作，同时，）

第71页：　是让团队形成更好的"自觉型"文化,，（一是让团队形成

更好的"自觉型"文化，）

第 95 页：有篇名为"开放 " 牢骚市场 " 的文章（有篇名为《开放 "牢骚市场"》的文章）

第 108 页："那次的会议有什么特殊的人吗？我问。（"那次的会议有什么特殊的人吗？"我问。）

第 160 页：险些坏了大事的时候，。（险些坏了大事的时候。）

第 179 页：朱德以对革命的强烈信念。影响了大家，（朱德以对革命的强烈信念，影响了大家，）

第 182 页：就要让其一跃而"跳龙门".（就要让其一跃而"跳龙门"。）

第 247 页：但是。用大白话来讲。就牵线易懂了。（但是，用大白话来讲就浅显易懂了。）

第 262 页：但要警觉的是。（但要警觉的是，）

3.《海瑞官场笔记》书稿中，出现最多的是结构层次序号后的标点使用错误，如"1、严世蕃是个精明人儿"；正确写法应为"1.严世蕃是个精明人儿"。

4.《杰斐逊自述》书稿中的破折号用法错误（中间不应断开），破折号正确写法为——（中间无间隔）。

5.《经典笑话》书稿中涉及的引号错误很多，如缺后引号、前引号误用作后引号、双引号内套双引号等。"！！""？！"等符号占的字节不对，应改为占用一个汉字的位置，此错误在许多书稿中普遍存在。

6.《2012，我们会活得好吗？》书稿中，篇前图片旁标示的人名字号全书不一致，正文中的图表过小，字迹也不清楚。阿拉伯数字表述的数值范围应全书统一用"～"（浪纹线）或"—"（一字线），不要用"–"（半字线）。

7.《生命的大智慧——老子》书稿，正文第 1、4、117 页：无、名天地之始；有、名万物之母（应改为：无名，天地之始；有名，万物之母。中国道教协会所编印的《道德经》中是如此写法）。

8.《国家的秩序——韩非子》书稿中，《中国经典》总目录序号中阿拉伯数字后面的"、"（顿号）应改为"."（下圆点）。

9.《名校新校本经典名著阅读（北京海淀区重点小学内部教材）（下册）》书稿，第31页：我国现代小说家，散文家，剧作家（我国现代小说家、散文家、剧作家，要连续用顿号）。

第34页：天赐紧接着浸染在学校，社会的污浊空气中（天赐紧接着浸染在学校和社会的污浊空气中）。

第40页：最后一部《我的大学》，及《阿尔塔莫诺夫家的事业》等几部作品（最后一部《我的大学》及《阿尔塔莫诺夫家的事业》等几部作品）。

第48页：泰晤士报评论他……（《泰晤士报》评论他……）。

第54页：地质学家保罗多斯（中间应加中圆点，即地质学家保罗·多斯）。

第76页：只好"驾云头，望上便走"岂料……（只好"驾云头，望上便走"，岂料……）。

10.《中国全史》书稿，第27页：南京条约（《南京条约》）。

第43页：知有朝廷而不知有国家吾党常言二十四史非史也（知有朝廷而不知有国家。吾党常言二十四史非史也）。

第63页：朱温篡弑唐亡（朱温篡弑，唐亡）。

第154页：《旧约全书创世记》（《旧约全书·创世记》）。

第255页：汉中。巴郡、（汉中、巴郡、）。

第367页：内经、扁鹊难经、及神农本草经（《内经》《扁鹊难经》及《神农本草经》）。

第430页：乃引刘隗。刁协等为腹心（乃引刘隗、刁协等为腹心）。

【点评】书稿中标点符号使用错误屡见不鲜，各式各样，这里只是列举一些典型例句加以佐证，足见图书编辑在对书稿的编辑修改和打磨过程中的任务有多重：不只是要把好政治关、文字关，还要把好标点符号使用关，这就要求我们必须加强编辑技能培训和修养。俗话说，"水涨船高"，又说"美菜肴必有好大厨"。图书出版也是这个道理。

二十、古文经典引用方面的差错

引用古文经典著书立说，是众多作者为提升作品的文采和知识含量所常用的手法之一。但是，有的作者由于粗心大意或是本身的知识素养不足，往往在引用古文经典时屡出差错，这就给图书编辑出了道"难题"。图书编辑只有加强对古文经典的学习研究，不断提高文学素养，并借助工具书或请教行家、专家，才能看出差错，识别真伪，并加以改正。列举如下（括号中为正确表述）：

1.《山是山，水是水——熊召政文艺散文集》书稿中，古文引用方面差错举例如下：

第45页："西南万壑注，劲敌两崖开。"（"西南万壑注，勃敌两崖开。"）

第67页：宋朝颐藏（宋朝赜藏）

第70页：扬州高雯寺（扬州高旻寺）

第86页："君问穷道理，渔歌入浦深"（"君问穷通理，渔歌入浦深"）

第143页：苏舜卿（苏舜钦）

第148："仰首笑飞鸟，冥心思故山。"（"仰首羡飞鸟，冥心思故山。"）

第151页：《沧浪怀贯之》（《沧浪亭怀贯之》）

第157页：《以诗并画别汤国顿》（《以诗并画留别汤国顿》）

第159页："乌舍凌波肌似雪，亲持红叶学题诗。"（"乌舍凌波肌似雪，亲持红叶索题诗。"）

第166页：戴吕（戴昺）

第166页："微云一过雨，淅沥生晚听。"（"微云过一雨，淅沥生晚听。"）

2.《政德》书稿中：

第40页：而古人讲的德行就是修身，讲得通俗一点就是如何做人，"自古天子以至庶人皆以修身为本，何谓修身，乃曰做人之道理也"。（而古人讲的德行就是修身，讲得通俗一点就是如何做人，"自天子以至于庶人，壹是皆以修身为本。"何谓修身，乃曰做人之道理也。注：引文出自《礼记·大学》。）

第40页：宋朝王安石在《上仁宗皇帝言事书》中提到："进行礼乐行政之事皆在于学……"（宋朝王安石在《上仁宗皇帝言事书》中提到："朝廷礼乐刑政之事皆在于学……"）

第192页："不检束，则心目恣肆"（"不检束，则心日恣肆。"注：引文出自朱熹，原句为："不奋发，则心日颓靡；不检束，则心日恣肆。"）

【点评】上述差错，究其原因，主要是作者写作或引用时不够细心，或是不懂装懂，自以为是；其次是产品经理拿到书稿，不走黑马，便送质检。只有从上面两个流程同时加强，质检时再认真推敲、"精雕细刻"，书稿"万无一失"才有可能做到。

3.《伟大民族精神讲座》书稿中：

（1）历史文献名称有误：

第66页：《萍州可谈》（《萍洲可谈》）

第102页：《齐民要求》（《齐民要术》）

第152页：《祀胜之书》（《氾胜之书》）

第153页：《千金药方》（《千金要方》）

（2）历史人名有误：

第16页：王锡鹏（王锡朋）

第22页：王蹈（王韬）

4.柳永的《乐章集》书稿中：

念宵酒醒何处（今宵酒醒何处）

昨夜怀阑（昨夜杯阑）

5.李清照的《漱玉词》书稿中：

汉皋解佩（汉皋解佩）

疏钟已应晚来风（疏钟已应晚来风）

上闽（上阕）

下闽（下阙）

弟鸟媳悲鸣（鹈鴂悲鸣）

每叠必作（每叠必佳）

只载一船离恨向两州（只载一船离恨向西州）

客华淡伫（容华淡伫）

《静态居诗话》（《静志居诗话》）

吸古阁（汲古阁）

永尽分停（永昼分停）

洗溪沙（浣溪沙）

6.《国学经典一日一句》书稿，引用古文经典甚多，但引用不当，产生差错之处也很多。第299—300页，书稿中有一段关于"曾国藩养生"的议论，作者将原文引用错了，而且还将错就错，胡言乱语一通。曾国藩的原文（详见《曾国藩家书》，中央编译出版社2011年1月第1版，第1267—1268页）是："养生之法，约有五事：一曰眠食有恒，二曰惩忿，三曰节欲，四曰每夜临睡洗脚，五曰每日两饭后各行三千步。"这段话，是出自曾国藩"同治五年六月初五日与弟国潢书"，在这封书信中，曾国藩许是担心弟弟不懂什么叫"惩忿"，于是说了一句："惩忿，即余篇中所谓养生以少恼怒为本也。"然而，作者将"惩忿"错误地写为"惩贫"，进而"望文生义"地解释道：贫念就是人们被贫穷所困扰时的那样一种自卑、自感渺小、自暴自弃，这种念头很容易使人心灵沉沦，振作不起来，而身体也就会衰败下去。因此必须惩治贫念。如此云云，岂不谬之千里?! 其实，曾国藩所言"惩忿"，是"克制愤怒"的意思，在"养生学"中占有重要的地位，《中国成语大辞典》（上海辞书出版社2007年3月第1版，第148页）中即有"惩忿窒欲"一词。况且，"养生"需"制怒"的观点，在中国国学经典中有许多精彩语录。书中举"片言"而"洋肆"之论甚多。该书若不做重大修改，则不宜出版。

也是这本书稿，在引用孔子的名言"有朋自远方来，不亦乐乎？"时漏掉了"朋"字，有的书稿将"不亦乐乎"引成"不亦悦乎"，都是错误的。

7.有一部书稿引用《论语》中的名言"己欲立而立人，己欲达而达人"时，将其中的"己"错为"已"。还有的在引用古文时，将"虚伪"错为"虚为"；将"步入歧途"错为"不如歧途"；将"规范"错为"轨范"；等等。这类差错不一定都是作者写错，很可能是写作或电脑录入时产生了谐音笔误，但写作时如引用古文，是需要认真核对、一丝不苟的，否则，将以讹传讹，谬误连连。

8.有一本书稿在引用南宋著名诗人杨万里的诗作《小池》时，将"小荷才露尖尖角"错为"小荷才露尖尖脚"。原诗是："泉眼无声惜细流，树阴照水爱晴柔，小荷才露尖尖角，早有蜻蜓立上头。"

9.《每天读点鬼谷子智慧》书稿，"伍子胥和另一个大臣伯 a 操练兵马"〔实际应为：伍子胥和另一个大臣伯嚭（音 pǐ）操练兵马〕。

再如："朱 a 有诗描述纪晓岚"（实际应为：朱珪有诗描述纪晓岚）。

10.《每天读点孝经智慧》书稿里，"不欲 a a 如玉，珞珞如石"（实际应为：不欲琭琭如玉，珞珞如石）。

11.《名校新校本经典名著阅读（北京海淀区重点小学内部教材）（下册）》书稿，第 15 页引用孔子名言："有朋自远方来，不亦说乎"（实际应为：有朋自远方来，不亦乐乎）。

12.《新时期党员干部修养 20 讲》书稿，第 15 页："为伊消得人憔悴，衣带渐宽终不悔"（实际应为：衣带渐宽终不悔，为伊消得人憔悴）。

【点评】差错是诗句前后顺序颠倒，不仔细看不出来。引用古文是一件尊重传统文化的严肃事儿，类似这样的差错实不应该。

第 48 页：引用鲁迅诗："寄意寒星全不查，我以我血荐轩辕"（实际应为：寄意寒星荃不察，我以我血荐轩辕）。

【点评】"荃"错为"全"，"察"错为"查"，前者少了一个草字头，后者字形完全不同而音相同，不只是引用错误，诗意也不一样了。

第 59 页：胧上羊归（应改为：陇上羊归。出自温庭筠的《苏武庙》："云边雁断胡天月，陇上羊归塞草烟。"）。

第 64 页："天将大任"（应改为：天将降大任。出自《孟子》："故天将降大任于斯人也，必先苦其心志，劳其筋骨，饿其体肤，空乏其身，行拂乱其所为，所以动心忍性，曾益其所不能。"）。

【点评】古文经典是我国传统文化的结晶，作者在引用时，应当一字一句，绝对准确，这既是今人对古代圣贤表示尊重，也是传承和弘扬祖国优秀传统文化所必须的。

二十一、违背基本常识方面的差错

所谓基本常识，是指人们通常都知晓的普通知识或基本道理，譬如：忠国爱民、勤劳勇敢、孝敬父母、勤俭节约、强身健体、遵纪守法、衣食冷暖等。然而，就是这些最普通、最基本的生活常识和道德规范，在一些书稿中却时有背离，有的甚至公然宣扬一些违背生活常识和公序良俗的歪理邪说。列举如下：

1.《雪漠说老子——让孩子爱上〈道德经〉》书稿中，知识性差错列举："八国联军火烧圆明园。"

【点评】圆明园是 1860 年被英法联军焚毁的，非 1900 年八国联军侵华时焚毁。

唐宋八大家之一的柳宗元曾说自己是"醉翁"，因为他"醉翁之意不在酒，在乎山水之间也"。

【点评】"醉翁"为欧阳修的号，此处的"柳宗元"应改为"欧阳修"。

孩子们都知道有细菌、微生物的存在，所以在吃东西之前都要先洗手。

【点评】微生物为包括细菌、病毒、真菌等在内的微小生物的总称，细菌是其中的一类，两者不可并列。

2.《红色茅台》书稿中，说喝茅台酒可以活血化瘀治疗肝病等。同时，文中对五粮液、汾酒、二锅头等酒进行了"变相贬损"，有失公允和气度。

【点评】茅台酒号称"国酒"，质地纯正，酱香浓郁，平日里适量饮之，确对健身活血有些益处。但绝不是书中所言，喝茅台可以治疗肝病云云。生活常识告诉我们，饮酒多了会伤身，尤其会伤肝。宣传茅台酒好，可以。但必须实事求是，适可而止，不能夸大其词，误导读者。

3.《中国最美古诗词》书稿有点名不副实，有许多具有"最美""最好"名头的古诗词并未收入，如屈原的《离骚》，乐府民歌《陌上桑》《敕勒歌》，李白的《宣州谢朓楼饯别校书叔云》，张若虚的《春江花月夜》（该诗曾被闻一多称为"诗中的诗，顶峰上的顶峰"）等。

【点评】中国古诗词，历史悠久，数量众多，说一本书就收尽"中国最美古诗词"，的确有点夸张。而且广告法中明文规定，忌用"最大最美最好"之类的词语来评价一种产品，这种说法有虚夸之嫌，也属于有违基本常识。

4.《新编入党积极分子培训教材》书稿第4页，1840年鸦片战争到中国共产党1921年成立，其间是"80多年"，而书中说是"90多年"，显然与党的基本知识不符。

5.《管好老公的钱包》书稿前几章内容一直阐述老公们小金库的诸多"安全隐患"，介绍如何"消灭"男人的小金库。最后一章中却积极建议每位女性都去建立属于自己的小金库，以备自己、家庭或者女方父母的不时之需。

【点评】在现实生活中，无论男方还是女方，一般成年后都有自己的私房钱，也就是书中所讲的"小金库"，其实非常正常，无可厚非。但作者却实行的是"双重标准"，一方面批评男方的"小金库"弊病多多，提出要"消灭"；另一方面又主张女方积极设立自己的"小金库"，这就有点不公平。写书是传播知识和讲道理的，如此写来令人不可思议。

6.《与知识分子谈佛》书稿，否认达尔文的"进化论"，书中多次提到"人类跟猿猴一点关系都没有"，有些内容甚至违背马列主义的基本理论，如"人类的知识则是由旧宗教、哲学和科学三个支架构成""佛教是科学性的""佛是无神论的""色即是空不是唯心的，也不是唯物的，它是宇宙的真理，是一种超越性的思维"，等等。

【点评】人类是从猿一点点进化演变而来的，这是众所周知的常识。但该书稿却说"人类跟猿猴一点关系都没有",不知根据何在?书中还宣扬佛教是唯物的,是宇宙的真理,也有点"云里雾里",信口开河。

7.《牛津儿童英语快乐学习系列2》书稿《数数》一册,第24页,分别让儿童数出鳄鱼、狮子、小狗和小猪有几条腿,图中鳄鱼6条腿,狮子10条腿,小狗9条腿,小猪10条腿,各种动物的腿的数量与实际生活中的并不相符。

类似的问题还有第29页,在图上给每只小动物多画了2条腿。

【点评】儿童是祖国的花朵和未来,教儿童学知识,学科学,要说实情,讲真事,不能弄虚作假,以讹传讹。书中图画让儿童数出小狗9条腿,小猪10条腿,等等,这不是在误导儿童吗?

8.《合掌录》书稿第125页说:唐僧取经,历七十二劫难,战胜妖魔,到达西天,取得真经,修成正果。

【点评】如此戏说《西游记》有点差矣!唐僧西天取经,应该是历经九九八十一难,在前往西天途中历经八十难,返回途中又经历一场劫难。

9.《科学知识的终极读本》书稿,披露的一些信息不准确。

第138页:陶器已经有几千年的历史(据考古新发现,最早的陶器已有一万多年的历史)。

第174页:油气层可能有几百米深(表述不准确:石油有80%集中分布在浅层不足2000米和中深2000—3500米处,而深层石油则在3500—4500米或地下更深处)。

第182页:地下行驶:英国伦敦的地铁是世界上规模最大的地下铁路,它拥有400多公里的铁轨。

【点评】名为《科学知识的终极读本》,却原来不科学,不准确。不说陶器的历史,也不说石油的深浅,就说英国伦敦的地铁吧,此数据资料已严重滞后。截至2014年5月,北京地铁运营线路总长已达467公里。伦敦地铁何来世界最长?!

10.《你若懂我该有多好》书稿,第107页:犯人报告说,他酗酒成性,站都站不起来,从来是不接受改造的。

第 107 页：七八个酒瓶子横竖歪斜地躺在地上。

第 108 页：她叮嘱其他犯人监管他喝酒。

第 108 页：他的嗓子已经被酒精烧坏了。

【点评】上述犯人所言，即使是事实，也不宜公开宣传。按照监规，在押犯人平时是不准喝酒的，更难有因过量饮酒把嗓子烧坏的。作者如此写书，是不懂监狱法规，编辑要懂得删改才是。

11.《生活必须另有所想》书稿，第 145 页：我并不赞同"艺术源于生活，高于生活"这个说法。

【点评】这句名言是毛泽东的观点，也是完全符合文艺创作规律的，该书公开质疑，有失妥当。

12."七五"普法系列书稿共四本，法律书稿本应更加严谨细致，遗憾的是这套书中却出现了许多不该有的常识性差错。比如：书中引用的法律全部是简称，而且还加上书名号，用法极不规范。正确的用法是：如刑法，内文中第一次出现时，应写《中华人民共和国刑法》（以下简称：《刑法》）。

【点评】"七五"普法读本是宣讲法律常识的，应当严肃认真，一丝不苟，而不能知法不守，讲法不周。书稿中的此类差错很多，文字和目录改动量很大，给编辑和审读带来诸多不便，应当引起作者和编者的注意。

审读中遇到的其他部分常识性问题：

（1）关于"文化大革命"、"文革"

文化大革命及其简称文革，都必须加引号，应为："文化大革命""文革"。

（2）关于耶稣的表述。

耶稣已经从死里复活。

【点评】外版书中引用《圣经》中的某句话时，要以通行版和全本《圣经》为准，不要根据字面意思自行翻译。本句出自《圣经·林前》15 章 20 节，应为：但基督已经从死里复活。

（3）《凡尔赛合约》

《凡尔赛和约》全称《协约国和参战各国对德和约》，稿件中经常将和约错为合约，需注意。

（4）诺贝尔医学奖。

此奖项的正确名称为"诺贝尔生理学或医学奖"，不可随意改动。

（5）儿化音问题。

这儿、那儿等指示代词，作为一个独立词条，必须加儿。此外，书面上有时儿化有时不儿化，但在口语里必须儿化的词，如：今儿、小孩儿、一点儿、一块儿、一个劲儿、找碴儿等，建议加上儿，可酌情根据具体情况统一。

（6）港台书稿中要注意将港台语词改为大陆规范用词。

这类书稿中的外文译名，如人名、地名、机构名、作品名等，多与大陆译名不同，如无出于修辞需要，这类译名应改为大陆通行译名。

如普京（普丁、蒲亭）、奥巴马（欧布马）、里根（雷根、列根）、新加坡（星加坡）、新西兰（纽西兰）、幼儿园（幼稚园）、养老院（安老院）等。

（7）慎用"炎黄子孙"一词。

部分少数民族人士指出炎黄子孙多指中原汉族，不能包括我国很多少数民族。2002 年 4 月，广电总局《要求切实把握好民族宗教宣传的正确导向的通知》中指出："宣传中华文明史要多提'中华民族'的概念，慎用'炎黄子孙'的概念，注意表明是各民族共同创造了中华文明。"如在审读中，一书解释苏轼诗句"咨尔汉黎，均是一民"时，解读为汉、黎两族都是炎黄子孙，应改为汉、黎两族都是大宋子民。

（8）区分"海外""境外"的用法。

"海外"特指国外，不能将台湾、香港、澳门称为"海外"，如称香港同胞为海外华人就是错误的说法。

"境内"一般指一个国家或地区管辖边界之内的区域，在我国则特指中华人民共和国领域内除台湾、香港、澳门地区以外的广大区域。包括台湾、香港、澳门地区在内的中华人民共和国全部领域统称为"国内"。"台湾"与"祖国大陆（或大陆）"为对应概念，"香港、澳门"与"内地"为对应概念。

大陆或内地在"境内"也在"国内"，台湾及香港、澳门在"境外"但属"国内"。

（9）不称"香港政府""澳门政府"，应称为"香港特区政府""澳门特区政府"。

1997年7月1日中华人民共和国恢复对香港行使主权之前，英国在香港的统治机构称"香港英国政府"，简称"港英政府"；之后，香港特别行政区的行政机构称"香港特别行政区政府"，简称"香港特区政府"。1999年12月20日中华人民共和国恢复对澳门行使主权之前，葡萄牙在澳门的统治机构称"澳门葡萄牙政府"，简称"澳葡政府"；之后，澳门特别行政区的行政机构称"澳门特别行政区政府"，简称"澳门特区政府"。

（10）"等等"词语前顿号、逗号使用方法。

并列成分之间用顿号，末尾"等等"前不用顿号，并列成分之间用逗号、分号，末尾"等等"前相应用逗号、分号。

如现代生物学、物理学、化学、数学等基础科学的发展，推动了医学科学的进步。

写文章前要想好：文章主题是什么，用哪些材料，哪些详写，哪些略写，等等。

（11）对一些民族不能随意简称。

如"蒙古族"不能简称为"蒙族"，"维吾尔族"不能简称为"维族"，"朝鲜族"不能简称为"鲜族"。

不使用"藏区""藏民"等不当提法，应使用"藏族聚居区""藏族群众"等准确表述。

（12）不得随意自称"大陆"。

不得自称中华人民共和国政府为"大陆政府"，也不得在中央政府所属机构前冠以"大陆"。

如"大陆国家文物局"，不要把全国统计数字称为"大陆统计数字"。涉及全国重要统计数字时，如未包括台湾统计数字，应在全国统计数字之后加括号注明"未包括台湾地区"。例如在做全国的人口统计时，不能用"大陆人口统计"，正确的说法是"我国人口统计（不包括台湾、香港、澳门）"。

（13）坐标问题。

坐标曲线图的坐标轴、标值线的画法应规范，标目、标值、坐标原点应标注完整、规范、统一（规范画法见下图）。

如果坐标轴表达的是定性的变量，即未给出标值线和标值，坐标原点应用字母"O"标注，在坐标轴的末端应按照增量方向画出箭头，标目可排在坐标轴末端的外侧。

如果坐标轴上已给出标值线和标值，坐标原点应用阿拉伯数字"0"或实际数值标注，不宜画出表示增量方向的箭头，标目应与被标注的坐标轴平行，居中排在坐标轴和标值的外侧，标注形式应用"量的符号或名称／单位符号"。

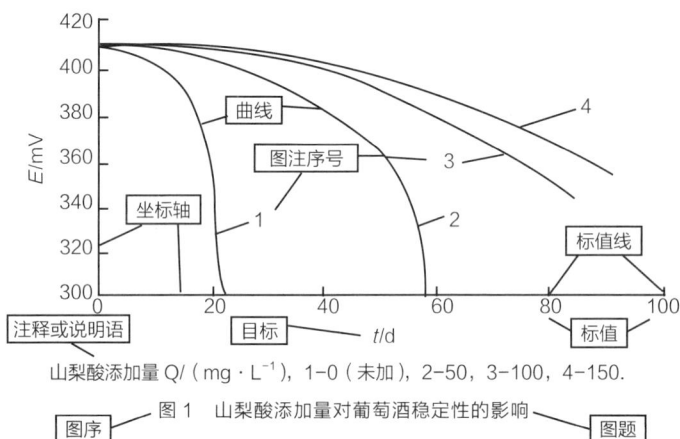

山梨酸添加量 $Q/(\mathrm{mg \cdot L^{-1}})$，1-0（未加），2-50，3-100，4-150.

图 1　山梨酸添加量对葡萄酒稳定性的影响

二十二、有关民族、宗教问题的表述失当

民族宗教问题，重要而又敏感，稍有不慎，会因此而"惊天动地"。在书稿初审和复审中，尤应引起高度重视。列举如下：

1.《绽放光芒的心灵》书稿，某作家在访谈中，谈及佛教对西藏的发展有什么样的影响时说："我相信它弊大于利，不好的地方多。"又说"北魏曾

经是最强大的，文化也是最灿烂的，它的衰亡就是接受佛教，接受佛教就不再进取了，立地成佛了。……它的进取心也随之消失，进取心一消失，它就走向衰落，就失去了战斗意志。"

【点评】该作家的这番话将兴衰与否与接受佛教联系起来，并说，佛教弊大于利，其观点与中央关于民族宗教问题的一贯政策不符，极易触发信教民众的不满，这类言论在出书时应当严格避免。

2.《退步原来是向前——禅的故事，99朵智慧花》书稿，第160页和第169页有两段，明显拿佛教和道教进行对比，有借贬低道教抬高佛教的嫌疑。第198页也存在借道士耿义兰的言行贬损道教的意思。

【点评】我国《宪法》规定，公民有宗教信仰自由。对道教和佛教要平等对待，不应贬低一方抬高另一方，出书有导向，要把握好民族宗教政策才是。

3.《袈裟里的故事——高僧传》书稿，如第39—40页、第76页等处，对道教、道士的一些记叙，有"贬道扬佛"之嫌。第86页等处，描写冒犯"沙弥""沙门"而导致身体不适或其他"惩罚"的情节，有夸大佛教徒"神圣不可侵犯"之意。

4.《心安是福》书稿中有宣扬佛教教义的唯心主义的内容。

5.《非暴力的"战争"——甘地传》书稿，在一定程度上强调甘地的行为属于"神的意志""神的安排"，有浓厚的唯心主义色彩。

6.《青春是用来看世界的》书稿，有一些容易引发负面影响的不当言辞，第109页："就着一杯杯的甜茶说着一个个牛逼和一个个傻逼的事情，让时间在不可感知的速度中流逝。去逛八角街，买回一串串或廉价或有点小贵的珠子链子，把胳膊和脖子都挂满了。大昭寺前呆呆地靠墙坐着，看眼前的人们一起一伏磕着头，一上午和一下午的时光，在屁股的一起一落间远去。那堵墙不知道是在哪一年被哪个傻逼叫成了艳遇墙。"

【点评】这里的文字表述涉及民族宗教问题，在虔诚的教徒看来可能被视为"侮辱"性的言论，此外"傻逼"一词多处使用，用在平时的口头语言中，尚觉不雅，作为书面语言，更难登大雅之堂。

7.《我的道路通往西藏》书稿，存在一些明显的偏见或观点表述不当。

第 30 页："虽然垃圾山附近臭气熏天，小巷子里面有尿骚味和极强烈的体味……"

第 48 页："一个极小的房间，她和她的丈夫、两个孩子、一位保姆以及至少一百只老鼠一起住在里面。"

第 67 页："一抖睡袋时，里面竟然掉出满满一手掌的跳蚤。"

第 216 页："西藏和德国当地之间。"

第 229 页："一场野蛮而危险的厮杀便开始……火箭炮在耳边四射。"

第 244 页："我感到一阵不安在心中升起，因为我明白，这是属于西藏的：一种尘土飞扬的干燥、悲伤和绝望……"

【点评】上述摘录的这些片段，存在的问题很多：一是描写过分夸张，显然是丑化西藏；二是用词不当，讲藏民的"娱乐活动"，用"野蛮"和"厮杀"形容，表述不妥；三是将西藏和德国并列，有"藏独"之嫌。编辑对这些不当字句必须加以修改、删除。

8.《你我皆凡人》书稿，第 43 页："少林寺本来是最不该乱的，但玄慈老方丈居然有私生子……"

【点评】这里虽说写的是小说中的人物，但也不应当如此信口开河。说玄慈方丈有私生子，是对少林寺僧人的侮辱，极易引起误解，甚至导致法律诉讼。

9.《慢慢习惯这个世界不再有你》书稿有两节文字不适宜出版。

一是描写仓央嘉措的故事，说他是被逼迫才当活佛的，其父母曾跪地苦苦哀求，不让他被带走。

二是写仓央嘉措到了布达拉宫，如同进了监狱，将他的生活描写得颓废不堪，白天趴着黑暗的窗户往外看，夜晚出去与女孩子鬼混，等等。

【点评】仓央嘉措确有其人，他的诗、他的歌，他的情、他的死，至今传说不绝，也难有定论。因此，对仓央嘉措这位神秘的活佛当年生活情景的描写，务必尊重史实，不能随心所欲，随意写来。否则，会产生负面效果。总之，涉及民族宗教问题，尤其是涉及一些敏感知名人物，更应严谨慎重。

其他常见的民族、宗教表述问题：

（1）不得称台湾的少数民族为"原住民"。

在涉及原住民表述时，可统称为台湾少数民族或称其具体的名称，如"高山族""阿美人"。举例如下（括号中为正确表述）：

用很原住民的方式（用很独特的方式）

曾获"原住民文学奖"新诗、散文、短篇小说等多个奖项（曾获台湾新诗、散文、短篇小说等多个奖项）

（2）对于天葬，不要有细节方面的描述。

西藏自治区政府发布的《天葬管理暂行规定》第四条第四款规定："天葬受法律保护。任何组织和个人禁止从事下列活动：（四）通过报纸、杂志、图书、广播、影视、网络等媒体刊登、播放、刻录、转载渲染天葬活动有关的文字、图片、报道等。"因此，我们的书稿中最好不要涉及天葬，更不要描述天葬的详细过程。此类事关民族宗教敏感的内容文字要绝对准确。

（3）其他涉及民族宗教问题的用语要谨慎。

第一，历史朝代一律沿用正称，以《现汉》《辞海》中收录的历代纪元表为准。如元代不能称为蒙元，清代不能称为满清。

第二，对历史上少数民族与汉族的交战，特别是游牧民族与中原政权的交战，严禁使用"入侵""侵略"等用词。比如：

中国人的文化韧性从全世界范围来看都是数一数二的，虽然我们数次被少数民族统治，但我们的语言从未消失，对传统文化的认同感从未消散。

【点评】在这句话中，以"我们"统称中国人，将少数民族排除在中国人之外，属于严重的政治性差错。

第三，对各民族不得使用旧社会流传的带有污辱性的称呼。如不能使用"回回""蛮子"等，而应使用"回族"；不得使用"蒙古大夫"来指代"庸医"。

第四，对现行行政区划中的民族自治地方称谓要准确。以民族自治区为例，我国共有内蒙古自治区、西藏自治区、广西壮族自治区、宁夏回族自治区、新疆维吾尔自治区 5 个自治区，不可误称为广西省、宁夏省、新疆自治区。其中还要注意，内蒙古自治区可简称内蒙古，不可简称"内蒙"。

第五，"穆斯林"是伊斯兰教信徒的通称，不能把宗教和民族混为一谈。不能说"回族就是伊斯兰教""伊斯兰教就是回族"。稿件中遇到"阿拉伯人"等提法，不要改称"穆斯林"。

二十三、混用、错用的字词

书面语言中，常有混用、错用的字词，使书稿内容变得词不达意，给读者带来阅读障碍。这里特意从书稿中选辑了一些典型字词，供读者和编辑参阅。

1.干嘛与干吗，表示疑问时应用"干吗"。

2.年青人与年轻人，正确应为：年轻人。

3.见惯不惯与见惯不怪，正确应为：见惯不怪。

4.披萨与比萨，根据《现代汉语词典》第六版，正确应为：比萨。

5.流串犯，正确应为：流窜犯。

6.病快快，正确应为：病恹恹。

7.带手套，正确应为：戴手套。

8.直升飞机，正确应为：直升机。

9.诛连，正确应为：株连。

10.作战布署，正确应为：作战部署。

11.腥红，正确应为：猩红。

12.一滩水，正确应为：一摊水。

13.不搭嘎，正确应为：不搭界。

14.喏喏连声，正确应为：诺诺连声。

15.盲流与氓流，正确应为：盲流。

16.化妆与化装：两个都是动词，都有修饰、打扮的意思，但"化妆"一般只涉及身体局部的修饰改变，如头发、面容等，通常以修饰美化自己为目的，使自己仪表整洁，端庄、漂亮。

"化装"主要指全身装扮，包括服饰、身份等外在的东西，目的是隐藏自己本来的面目和真实的身份，让别人把自己当成另外的人。

17. 洒尿与撒尿，正确应为：撒尿。

"撒"是放出、排出的意思。"洒"是使（水或其他东西）分散地落下，如洒水。将尿液排出体外，当用"撒"，不用"洒"。

18. 算帐与算账，正确应为：算账。

"帐"指用布、纱或绸子等做成的遮蔽用的东西，如蚊帐、营帐和帐篷等。"账"指与货币有关的事物，如账本、账簿、欠账、还账等。

19. "期间"与"其间"："期间"指（某段）时期里面，如农忙期间、抗战期间等，由于它所指的时间是不确定的，所以不能单独使用，必须在前面加上修饰成分（定语）。

"其间"从语言结构上分析，"其"修饰"间"，相当于"这""那"等指示代词。通常在使用时，"其间"前面总有一段关于时间的叙述，"其间"承上表示在"这段时间里"或"那段时间里"发生了什么事情，或有什么样的结果。如："某某在外国工作十多年，其间只回过三次国。"此外，"其间"还可以表示时间范围以外的事物，如"一张书桌放置其间"（指空间），"厕身其间"（指某件事自己参与在内），"其间定有缘故"（指内中的原因）。

20. 桃园与桃源：桃园，桃树园。如：桃园三结义、台湾省桃园县、桃园机场。桃源，"桃花源"的省称。东晋文学家陶渊明的《桃花源记》描述了一个与世隔绝、没有遭到祸乱的美好地方。人们由此用"桃源"来比喻理想中环境幽静、不受外界影响、生活安逸的地方。常用短语有"世外桃源"。湖南省有"桃源县"。常见差错是把"世外桃源"写作"世外桃园"，甚至名家名作也不能幸免。

21. 健步与箭步：健步，轻快有力的脚步。如：健步如飞，健步走上主席台。箭步，一下子蹿得很远的脚步。如：一个箭步冲了上去，一个箭步蹿上月台。

常见差错是，将二词混淆，写作"箭步如飞""一个健步"之类。

22.调试与调适：调试，试验并调整（机器、仪器等）。常用短语有：调试设备，调试彩车。

调适，调整关系、心理等，使适应。常用短语有：心理调适，自我调适。常见差错：把"调适心理"写作"调试心理"。

23.应激与应急：应激，动词，指机体在各种内外环境因素及社会、心理因素刺激时所出现的全身性非特异性适应反应，又称为应激反应。这些刺激因素称为应激源。常用词组有：应激反应、应激源、应激激素。

应急，动词，应付紧急需要。叶圣陶《倪焕之》："一向用男教师，只是不得已而思其次，是应急的办法。"常用词组有：应急包、应急灯、应急车道、应急管理、应急措施、应急预案、应急机动作战、应急机动作战部队等。

24.登陆与登录：登陆，动词，①渡过海洋或江河登上陆地，特指作战的军队登上敌方的陆地。如：登陆演习，登陆作战，登陆场，登陆舰，登陆艇。②比喻商品打入某地市场。如：这款新式服装登陆北京市场。

登录，动词，①登记。如登录在案。②指计算机用户输入用户名和密码，以取得计算机网络系统的认可。常见错误是把"登录"某网站写作"登陆"某网站。

25.切记与切忌：切记，动词，牢牢记住，后面可以紧接否定词。如：切记不要傻读书。

切忌，动词，切实避免或防止。最常见的错误是在"切忌"后加"不"。如：切忌不要滋长骄傲情绪。注意：切忌本身即为否定的意思，后面再加"不"不仅显得重复，而且意思完全相反。

26.老俩口与老两口："俩""两"都含"二"之义，但"俩"字本身是两个之意，其后不可再接量词。"两"和"俩"读音也不同，因此，将"老两口""小两口"写作"老俩口""小俩口"是不正确的。

27.未尽与未竟："未尽"的意思是没有完结。常用短语有"意犹未尽""六根未尽""缘分未尽""未尽事宜"等。

"未竟"是指没有完成（多指事业），常用短语有"未竟事业""未竟之志"等。

28. 抱怨与报怨："抱怨"指心中怀有不满，责怪、埋怨别人，侧重于口头说的方面。如："他们经常抱怨食堂的伙食不好。""做错了事只能怪自己，不要老是抱怨别人。"

"报怨"指对所怨恨的人做出反应，侧重于行动。如："以德报怨"（德：恩惠；怨：仇恨。不记别人的仇，反而给他好处）。《论语·宪问》："或曰：'以德报怨何如？'子曰：'何以报德？以直报怨，以德报德。'"

29. 服法与伏法："服法"指犯人服从判决，如"认罪服法"。

"伏法"指犯人被执行死刑，如"罪犯已于昨日伏法"。使用时需辨明词义，谨慎下笔。

30. 贫民与平民："贫民"，指生活比较穷苦的人。"平民"，泛指普通的人（区别于贵族或特权阶级）。通常说"平民百姓"和"贫民窟"。

31. 通稿与统稿："通稿"，名词，原本是一些新闻通讯社的"专利"。他们在采访到一些重要新闻后，会以一种统一的方式发给全国需要稿件的媒体，这就叫作通稿。后来，很多组织或企业在举办活动需要对外发布新闻时，为了统一宣传口径，也会撰写新闻通稿，提供给需要的新闻媒体。

"统稿"，动词，指编写书籍时，相关负责人把众多编撰人员收集、整理、撰写的书籍初稿经过加工整理、统一体例，编纂在一起的成书过程。

32. 木浆与木桨：木浆，以木材为原料制成的纸浆。木桨：以木头为原料制成的船桨。

33. 途径与途经：根据《现代汉语词典》第六版，途径：【名词】路径，多用于比喻：寻找解决问题的～。

途经：【动词】中途经过（某地）：从北京～南京到上海。

34. 旋涡与漩涡：一般情况下"旋涡"是首选词。

旋涡：①【名词】（～儿）气体、液体等旋转时形成的螺旋形。注意：用于液体时一般作"漩涡"。②比喻牵累人的事情：陷入爱情的～。也作漩涡。漩涡：同"旋涡"。

35. 亲眼目睹与亲眼看见："目睹"即为"亲眼看见"，因此不能用"亲眼目睹"，遇到类似用法，可写作"亲眼看见"或"亲眼看到"。

36. 做与作：这组汉字里常见的"冤家"区分起来实在让人有些头疼。不过有两条原则值得借鉴。

第一条原则：头重脚轻。即包含 zuò 的合成词，如果 zuò 在词的开头，就用笔画多的"做"，如：做报告、做斗争、做贡献、做准备、做广告等。反之，如果 zuò 在词尾，就用笔画少的"作"，如看作、当作、留作、用作等。遵循这条原则，使用 zuò 字就可以做到十之八九不会错。

第二条原则：约定俗成。在头重脚轻的原则之外，还有大量的 zuò 字保持了原来的使用习惯。如《现代汉语词典》第六版中，"作"字有：作对、作别、作孽、自作自受、作保、作废等词条。要想掌握两者的具体用法与区别，还是要多查字典，多学习，多积累。

37. 涉及到与涉及：正确应为"涉及"。根据《现代汉语词典》的释义，"及"即"达到"，"涉及"即"牵涉到；关联到"。因此，"涉及"之后再加"到"，显然有点重复啰唆。

38. 很多与都：例如，"本地区很多问题没有中美的合作都无法解决"。"都"作为副词，在《现代汉语词典》中共有 4 个义项，符合该句的义项只有"表示总括"这一个。总括对应的应该是"全部"，而前面的"很多"明确表明只是一部分，相互矛盾。上述句子中，把"都"改成"就"，则更为恰当准确。编辑在日常工作中，应注意此类问题。

39. 全国解放后、建国后：正确应为"中华人民共和国成立后"。

"全国解放后"的说法是错误的，因为就目前而言，台湾至今仍未解放，我们拥有无可争议主权的其他个别地方，有的也还在别的国家的实际控制之下。所以，"全国解放后""解放后"的正确用法应是"中华人民共和国成立后"。还有"建国后"。我国有着数千年的悠久历史，不是 1949 年才建国的。准确用法应是"中华人民共和国成立后"。

【点评】在审读书稿时，上面列举的差错经常出现，如果不细心，如果没有一定的语法修辞修养和咬文嚼字的功力，便很难识破其错误并加以修正。这就要求图书编辑人员应只争朝夕，加强"充电"，自觉克服"能力恐慌症"，力争成为"杂家"、专家，只有如此，才能做到得心应手，称职胜任。

　　除了上述经常混用、错用的字词，也应注意首选词的使用问题。次选词在实际使用中虽不计错，但书稿中如已使用首选词，不必改回次选词，实际审稿中多次发现审读人员将首选词改回次选词，这一点需要注意。下面为部分经常改错的词语，括号外为首选词，括号内为次选词。

　　打钩（次选：打勾）

　　比画（次选：比划）

　　笔画（次选：笔划）

　　树荫（次选：树阴）

　　托词（次选：托辞）

　　温暾（次选：温吞）

　　其他（次选：其它）

　　消夜（次选：宵夜）

　　一股脑（次选：一古脑）

　　银圆（次选：银元）

　　执着（次选：执著）

　　找碴儿（次选：找茬儿）

　　烦琐（次选：繁琐）

　　啰唆（次选：啰嗦）

　　钩心斗角（次选：勾心斗角）

　　扑哧（次选：噗嗤）

　　唰啦（次选：刷拉，注意在表示拟声时要用唰）

　　寒战（次选：寒颤）

　　精练（指文章扼要，没有多余的话，次选：精炼）

　　抹杀（次选：抹煞）

　　指手画脚（次选：指手划脚）

　　一厢情愿（次选：一相情愿）

二十四、使用不规范的网言网语

初审和复审书稿时，一些不健康、不规范的网言网语不时出现，这对纯洁祖国的语言文字是一大祸害，尤其不利于我国青少年的健康成长。列举如下：

1. 想粗来了（实际应为：想出来了）

2. 好吃哒（实际应为：好吃的）

3. 偶以为（实际应为：我以为）

4. 大事不妙的感脚（实际应为：大事不妙的感觉）

5. 你有没有在听我说吖（实际应为：你有没有在听我说呀）

6. 粗发（实际应为：出发）

7. 有木有（实际应为：有没有）

8. 不系这样（实际应为：不是这样）

9. 艾玛呀（实际应为：哎呀妈呀）

10. 肿么办（实际应为：怎么办）

11. 忧桑（实际应为：忧伤）

12. 痲吇（实际应为：妈呀）

13. 你在逗我咩？（实际应为：你在逗我吗）

14. 一哒哒，二哒哒（实际应为：一大大，二大大）

15. 蛇精病（实际应为：神经病）

16. 酱紫（实际应为：这样子）

17. 小盆友（实际应为：小朋友）

18. 童鞋（实际应为：同学）

19. 神马都是浮云（实际应为：什么都是浮云）

20. 气屎我了（实际应为：气死我了）

21. 虾米（实际应为：什么）

22. 你造吗？（实际应为：你知道吗？）

23. 男默女泪（实际应为：男生看了会沉默，女生看了会流泪）

24. 人艰不拆（实际应为：人生已经如此艰难，有些事情就不要拆穿）

25. 不明觉厉（实际应为：虽然不明白你在说什么，但好像很厉害的样子）

26. 哇塞！（"哇塞"是闽南方言中的脏话，属不雅词语，不能乱用）

27. 傻逼，又根据发音（汉语拼音首字母缩写）写作傻 B 或 SB，属脏话、粗俗用语与忌语、恶意的辱骂，在公共场合使用会被视作非常不礼貌的行为。

【点评】网言网语，鱼龙混杂，有的文字通俗幽默风趣，著书立说可以使用。但有一些网言网语是为了哗众取宠，故意为之；还有的网言网语低俗肮脏，就不应当使用。现在一些广告商，故意把原本通俗易懂的字词写错，借此吸人眼球，这种投机取巧的实用主义做法，在图书出版中应予唾弃。

《超级人脉术》书稿中的语言风格偏向网络化，网络用语出现频率极高，不少都属于低俗网络用语，举例如下：

第 81 页：甚至还有自闭癌比我还要严重得多的老干妈。（已做删除处理）

第 223 页：外婆的小女儿、我的姨妈当场就哭崩溃了；而我远在北京读书，听到这个消息急得直跳。以我的刚烈性子，当时就想飞回去拿菜刀，砍死那两个看着老人被肠道废气活活胀死的非人类。（已做删除处理）

【点评】有些网络用语丰富了汉语的表达形式，获得权威机构的认可，如"雷人""给力""山寨"等，已收入《现代汉语词典》。但有些网络语言缺乏规范认定，不提倡在出版物中使用，如"人艰不拆""不明觉厉""稀饭""奇葩""怼"等，另外一些则是低俗、品位不高，必须在出版物中禁止的，如"屌丝""绿茶婊""逗逼""逼格""懵逼""闲得蛋疼""没有什么卵用""基／姬友"等。还要特别注意网络用语的规范表述，不能将平日习以为常的不规范表述带入书稿中，比如"人设""爱豆""圈粉""应援""喜大普奔"等，如果必须引用，要加引号。

二十五、书稿中常见的错别字

1. 音同字异

凡事（注意与"凡是"相区别）

物必先腐，而后重生（应为：物必先腐，而后虫生）

极为势力（应为：极为势利）

画江而守（应为：划江而守）

留芳千古（应为：流芳千古）

未雨酬缪（应为：未雨绸缪）

崭露头脚（应为：崭露头角）

翰林苑（应为：翰林院）

厉害关系（应为：利害关系）

设坛乞雨（应为：设坛祈雨）

极权国家（应为：集权国家）

好景不常（应为：好景不长）

半调子（应为：半吊子）

按步就班（应为：按部就班）

挤挤捱捱（应为：挤挤挨挨）

彰显无疑（应为：彰显无遗）

这付模样（应为：这副模样）

裹腹（应为：果腹）

全当（应为：权当）

协裹（应为：挟裹）

沉迷与（应为：沉迷于）

以身作责（应为：以身作则）

舔着脸（应为：觍着脸）

邻次栉比（应为：鳞次栉比）

喧然大波（应为：轩然大波）

背逆（应为：悖逆）

一只部队（应为：一支部队）

朝庭（应为：朝廷）

查觉（应为：察觉）

秉诚（应为：秉承）

呆了一天（应为：待了一天）

摩挲人（应为：摩梭人）

默守陈规（应为：墨守成规）

玩艺儿（应为：玩意儿）

孤伶伶（应为：孤零零）

月蚀（应为：月食）

以偏盖全（应为：以偏概全）

粘人（应为：黏人）

粘稠（应为：黏稠）

没成想（应为：没承想）

托辞（应为：托词）

比划（应为：比画）

不容质疑（应为：不容置疑）

忿忿不平（应为：愤愤不平）

老道明智（应为：老到明智）

翘起二郎腿（应为：跷起二郎腿）

潜意思（应为：潜意识）

费劲了心力（应为：费尽了心力）

亦或是（应为：抑或是）

膈应（应为：硌硬）

似地（应为：似的）

波西米亚（应为：波希米亚）

旅游圣地（应为：旅游胜地）

可望不可及（应为：可望不可即）

不由地（应为：不由得）

嚎淘大哭（应为：号啕大哭）

2. 音同形似

熏醉（应为：醺醉）

瑕玭（应为：瑕疵）

扶遥直上（应为：扶摇直上）

撕杀（应为：厮杀）

托儿带女（应为：拖儿带女）

度过难关（应为：渡过难关）

死嗑（应为：死磕）

闲瑕（应为：闲暇）

渡金（应为：镀金）

雄纠纠（应为：雄赳赳）

遭秧（应为：遭殃）

书香门弟（应为：书香门第）

辩认（应为：辨认）

渔肉乡民（应为：鱼肉乡民）

兵慌马乱（应为：兵荒马乱）

王候将相（应为：王侯将相）

打渔（应为：打鱼）

贪脏枉法（应为：贪赃枉法）

义愤填鹰（应为：义愤填膺）

高财生（应为：高才生）

火侯（应为：火候）

资态（应为：姿态）

曝露（应为：暴露）

松驰（应为：松弛）

生活型态（应为：生活形态）

削碱（应为：削减）

砂砾（应为：沙砾）

寓教予乐（应为：寓教于乐）

妥贴（应为：妥帖）

过份（应为：过分）

水份（应为：水分）

发粟振贫民（应为：发粟赈贫民）

垂首顿足（应为：捶胸顿足）

平稳过度（应为：平稳过渡）

摊倒（应为：瘫倒）

震憾（应为：震撼）

撅嘴（应为：噘嘴）

渲泄（应为：宣泄）

涅磐（应为：涅槃）

岐路（应为：歧路）

恍忽（应为：恍惚）

催残（应为：摧残）

座落（应为：坐落）

雍肿（应为：臃肿）

燥动（应为：躁动）

虚无飘渺（应为：虚无缥缈）

一踏糊涂（应为：一塌糊涂）

上柱香（应为：上炷香）

佛佗（应为：佛陀）

心砰砰直跳（应为：心怦怦直跳）

眩目（应为：炫目）

纯洁无暇（应为：纯洁无瑕）

流言非语（应为：流言蜚语）

走街窜巷（应为：走街串巷）

装璜（应为：装潢）

一滩血（应为：一摊血）

眼花撩乱（应为：眼花缭乱）

标竿（应为：标杆）

显着（应为：显著）

卯足劲（应为：铆足劲）

萤屏（应为：荧屏）

恰如其份（应为：恰如其分）

一笔帐（应为：一笔账）

笑咪咪（应为：笑眯眯）

黄梁（应为：黄粱）

峥峥傲骨（应为：铮铮傲骨）

陪笑（应为：赔笑）

嘻笑（应为：嬉笑）

安祥（应为：安详）

份量（应为：分量）

支楞（应为：支棱）

一份子（应为：一分子）

恶梦（应为：噩梦）

掏粪（应为：淘粪）

饭糊了（应为：饭煳了）

飘洋过海（应为：漂洋过海）

不依不挠（应为：不依不饶）

雷历风行（应为：雷厉风行）

天气署热（应为：天气暑热）

神祇（应为：神祇）

焦燥（应为：焦躁）

超速档（应为：超速挡）

艺妓（应为：艺伎）

倒档（应为：倒挡）

玻璃渣（应为：玻璃碴）

睡眼朦胧（应为：睡眼蒙眬）

戮力同心（应为：勠力同心）

美人胚子（应为：美人坯子）

敞蓬（应为：敞篷）

夏丏尊（应为：夏丐尊）

胡茄（应为：胡笳）

踟跻（应为：踟蹰）

陨命（应为：殒命）

3. 音异形似

灸手可热（应为：炙手可热）

深谐民情（应为：深谙民情）

杀鸡敬猴（应为：杀鸡儆猴）

一窃不通（应为：一窍不通）

例举（应为：列举）

跌倒谷底（应为：跌到谷底）

双杠发动机（应为：双缸发动机）

残坦断壁（应为：残垣断壁）

振聋发赣（应为：振聋发聩）

吾曰三省吾身（应为：吾日三省吾身）

不可自拨（应为：不可自拔）

人比黄花瘦，海裳不依旧（应为：人比黄花瘦，海棠不依旧）

据为已有（应为：据为己有）

神情气爽（应为：神清气爽）

喁喁独行（应为：踽踽独行）

事不关已（应为：事不关己）

轻而另举（应为：轻而易举）

廷续发展（应为：延续发展）

惊世核俗（应为：惊世骇俗）

不依不绕（应为：不依不饶）

黄甫军校（应为：黄埔军校）

铁钱蕨（应为：铁线蕨）

镶崁（应为：镶嵌）

捅篓子（应为：捅娄子）

凑效（应为：奏效）

罂栗（应为：罂粟）

敲竹讧（应为：敲竹杠）

金圆卷（应为：金圆券）

遂渐（应为：逐渐）

电话薄（应为：电话簿）

一副画（应为：一幅画）

广褒（应为：广袤）

苑若（应为：宛若）

调零（应为：凋零）

契而不舍（应为：锲而不舍）

花俏（应为：花哨）

蜂涌而至（应为：蜂拥而至）

置若妄闻（应为：置若罔闻）

心理作祟（应为：心理作祟）

火铣（应为：火铳）

不屈不饶（应为：不屈不挠）

大相经庭（应为：大相径庭）

潘然醒悟（应为：幡然醒悟）

面面相觎（应为：面面相觑）

哪咤（应为：哪吒）

卖帐（应为：买账）

床第之间（应为：床笫之间）

4. 音异字异

昏昏噩噩（应为：浑浑噩噩）

步履阑珊（应为：步履蹒跚）

自鸣清高（应为：自命清高）

整装旗鼓（应为：重整旗鼓）

至上而下（应为：自上而下）

人头蹿动（应为：人头攒动）

里外忙乱（应为：里外忙活）

必有之路（应为：必由之路）

翻覆无常（应为：反复无常）

鬼鬼瑟瑟（应为：鬼鬼祟祟）

正逢相对（应为：针锋相对）

集聚到一定程度（应为：积聚到一定程度）

土石流（应为：泥石流）

幡然改悟（应为：幡然悔悟）

易如翻掌（应为：易如反掌）

垫了垫脚（应为：踮了踮脚）

直接了当（应为：直截了当）

正义凌然（应为：正义凛然）

因人而宜（应为：因人而异）

枉下判断（应为：妄下判断）

仰首前进（应为：昂首前进）

抑止不住（应为：抑制不住）

毋容置疑（应为：毋庸置疑）

淌过一条水沟（应为：蹚过一条水沟）

赫然长逝（应为：溘然长逝）

名符其实（应为：名副其实）

亲眼目睹（应为：亲眼看到）

趟浑水（应为：蹚浑水）

正经危坐（应为：正襟危坐）

胸有成足（应为：胸有成竹）

乳臭未生（应为：乳臭未干）

填饭（应为：添饭）

道演（应为：导演）

稍安勿躁（应为：少安毋躁）

甘冒大不讳（应为：甘冒大不韪）

【点评】这些音同字异、音同形似、音异形似、音异字异的错别字，在书稿中招摇过市，屡见不鲜，你会觉得似曾相识，有时会弄得你头昏脑涨，稍不留神，就把错的当成对的，对的以为是错的，真可谓改不胜改，防不胜防。责任编辑和审读编辑，每当遇到这种情况，都要耐着性子，认真识别，有时还要查找工具书，以辨对错。否则，就会造成"灯下黑"，达不到质量至上，"万无一失"。

二十六、内容陈旧导致信息不准确方面的差错

有些较为特殊的书稿，如党建类书稿，内容上需要做到与时俱进，党的二十大早已胜利闭幕，书中仍然使用十八大以前的党章或其他已经更新、或废止的法律法规，不仅会造成误解误读，也无异于发挥此类书稿应有的宣传

作用，显然是不合适的。

1.《农村基层党组织工作手册》书稿中，第125页：受警告和严重警告处分的党员，一年内不得在党内提升职务和向党外组织推荐担任高于现职的党外职务。（2016年颁布施行的《中国共产党纪律处分条例》规定：党员受到警告处分一年内、受到严重警告处分一年半内，不得在党内提升职务和向党外组织推荐担任高于其原任职务的党外职务。原句仍采用已废止的2003年颁布施行的《中国共产党纪律处分条例》，此类错误必须修改过来。）

【点评】内容陈旧，有的书稿介绍马克思主义中国化最新理论成果时，在大篇幅介绍科学发展观，而不谈习近平新时代中国特色社会主义思想；有的书稿引用党章和党内法规时仍引用已经废止的旧党章和相关法规，而不采用最新颁布的党章和党内法规。

2.《发展党员工作实用方法与规程一本通》书稿中，第82页：科学发展观是马克思主义中国化最新成果（习近平新时代中国特色社会主义思想是马克思主义中国化最新成果，书稿中仍将科学发展观称为马克思主义中国化的最新成果，属于表述不当。应按照党章的表述，修改为"科学发展观是马克思主义中国化的重要理论成果"。）

【点评】有关中央规范提法的表述滞后，书稿中仍存在不少"以习近平总书记为核心的党中央""以习近平同志为总书记的党中央"等不当表述。同时，在提到学习贯彻习近平新时代中国特色社会主义思想时，仍表述为"学习贯彻习近平总书记系列重要讲话精神和治国理政新理念、新思想、新战略"，这些提法现在都有规范的名称和提法，二十大之后出书不宜再采用过去的表述。

该书稿大部分内容依据1990年颁布的《中国共产党发展党员工作细则（试行）》编写。该细则已于2014年废止，现行规定为2014年颁布的《中国共产党发展党员工作细则》，对试行细则中发展党员工作的总要求、具体程序等方面做出诸多修改和完善，由此，书中诸多内容都要一一修改。如：

第78页：党的各级组织将遵循"坚持标准，保证质量，改善结构，慎重发展"的方针（发展党员的方针已修改为"控制总量、优化结构、提高质量、发挥作用"。)

第99页：怎样推荐优秀团员作党的发展对象？（《中国共产党发展党员工作细则》规定，发展对象必须从入党积极分子中确定，共青团员只能被推荐为入党积极分子，不能作为发展对象，这种做法现在已被废止，书稿中该部分仍以问答形式提出问题并做出回答，审读中已删改。）

【点评】许多法规条例已经废止，但书稿中仍以废止的条例编写内容，审读中要对照现行的法规条例逐一替换修改，增加了工作量。

3.《党务实用方法与规程一本通》书稿第三章"选拔任用领导干部的原则与程序"一节，部分内容依据2002年印发的《党政领导干部选拔任用工作条例》组织编写，该条例已于2014年废止。2014年中央印发的《党政领导干部选拔任用工作条例》也于2019年3月3日起废止。由此可见，原书稿中的文件已严重滞后。审读中已将部分内容依据现行条例加以修改。举例如下：

第77页：《干部选拔任用工作条例》规定，选拔任用党政领导干部必须坚持党管干部的原则；德才兼备、任人唯贤的原则；群众公认、注重实绩的原则；公开、平等、竞争、择优的原则；民主集中制的原则；依法办事的原则。

【点评】根据最新的《党政领导干部选拔任用工作条例》，选拔任用党政领导干部，必须坚持下列原则：党管干部原则；德才兼备、以德为先，五湖四海、任人唯贤原则；事业为上、人岗相适、人事相宜原则；公道正派、注重实绩、群众公认原则；民主集中制原则；依法依规办事原则。

第三章"党的干部教育培训的原则"一节依据2006年《干部教育培训工作条例（试行）》编写。2015年新的《干部教育培训工作条例》颁布施行，并明确规定2006年印发的《干部教育培训工作条例（试行）》同时废止。由此，本节内容被整体替换。

4.《入党积极分子培训教材》书稿中，第113页：入党介绍人由党组织指定，或由发展对象约请。申请入党的同志约请介绍人应注意，不能约请预备党员、受留党察看处分尚未恢复党员权利的党员，因为他们在党内没有表决权、选举权和被选举权。一般情况下，也不宜约请自己的亲属作介绍人。（《中国共产党发展党员工作细则》中规定，入党介绍人一般由培养联系人担任，或由党组织指定。已经废止发展对象自己约请入党介绍人等内容。）

第119页：支部大会在讨论接收发展党员时，一般采取举手表决方式，这是我们在发展党员工作中多年来一直沿用的表决方式。但也可以采取无记名投票表决。（《中国共产党发展党员工作细则》中强调以无记名投票方式表决接收党员。）

第122页：县以上党委直接领导的独立单位的党总支和大型厂矿企业，大专院校直属的分厂、分校党总支，经县以上党委授权，可以审批党员。（这句话仍为1990年颁布的《中国共产党发展党员工作细则（试行）》中的内容，现在施行的发展党员工作细则已明确规定党总支不能审批预备党员，本句须删去。）

【点评】发展党员工作中引用的部分内容滞后，仍采用已废止的关于发展党员的工作细则，或是漏掉新规定中的如基层党委预审预备党员环节，与2014年施行的《中国共产党发展党员工作细则》有冲突。

第151页：中央军事委员会的政治工作机关是中国人民解放军总政治部，总政治部负责管理军队中党的工作和政治工作。军队中党的组织体制和机构，由中央军事委员会作出规定。（如今二十大已顺利结束，原文却仍采用十九大党章修订前得第二十四条内容，信息显然滞后了。现行二十大党章第二十四条规定：中国人民解放军的党组织，根据中央委员会的指示进行工作。中央军事委员会负责军队中党的工作和政治工作，对军队中党的组织体制和机构作出规定。除了上述需要修改的内容，"中国人民解放军总政治部"也已于2016年实行部分职能剥离，其新名称为：中国共产党中央军事委员会政治工作部。）

【点评】党章引用滞后，如十九大修订的党章中即已将工会、共产主义青年团、妇女联合会等组织由"群众组织"改为"群团组织"，书稿中仍其称为"群众组织"，显然不妥。

5.《党员手册》书稿中，第209—212页：2015年新修订的《中国共产党纪律处分条例》对违反政治纪律的行为进行了明确的规定。违反政治纪律的行为有……（整体替换 2018 年 10 月施行的《中国共产党纪律处分条例》中规定的违反党的政治纪律、组织纪律、廉洁纪律、群众纪律、工作纪律、生活纪律的具体行为。）

6.《党支部书记不可不知的常识》书稿中，第 96 页：对犯罪党员的党籍处理，应按《中国共产党纪律处分条例（试行）》的有关规定办理。有下列情形之一的，一律开除党籍：①因危害国家安全被依法判处刑罚的；②……（《中国共产党纪律处分条例（试行）》于 1997 年颁布，早已被废止，现在书中仍出现这类内容，实在不应该。）

【点评】有关党员纪律处分的内容滞后，与 2018 年 10 月修订施行的《中国共产党纪律处分条例》不符，如关于纪律处分的原则，新的纪律处分条例中有调整，而书稿原文中未根据新条例做出相应修改。另外，纪律处分条例中详细规定了违反党的政治纪律、组织纪律、廉洁纪律、群众纪律、工作纪律、生活纪律的具体行为，书稿仍使用现今已废止的、2015 年修订的《中国共产党纪律处分条例》中的表述，且多本书稿中均存在这类问题，需整体替换新内容。

第 122 页：2001 年中央组织部下发《党政领导干部任职试用期暂行规定》，对试用期的适用范围、试用期限及相关问题作出了规定。任职试用期的规定适用于提拔担任下列非选举产生的地（厅）、司（局）级以下领导职务的干部……（2014 年《党政领导干部选拔任用工作条例》颁布施行，《党政领导干部任职试用期暂行规定》同时废止。2019 年 3 月 17 日，中共中央印发了修订后的《党政领导干部选拔任用工作条例》，书中内容未根据现行规定编写。）

【点评】关于党政干部的相关规定滞后，如未根据《2018—2022 年全国干部教育培训规划》编写党的干部教育培训相关内容，部分内容仍依据《2013—2017 年全国干部教育培训规划》。

7.《新时代入党培训教材》书稿中理论阐释陈旧，举例如下：

第一章中，"我们党的党章把党的性质表述为'中国共产党是中国工人阶级的先锋队，同时是中国人民和中华民族的先锋队'，这是对党的性质的新概括。"（这里说对党的性质的"新概括"并不新，党的十六大修改的党章中已有这样的表述。）

第四章中对"两个维护"表述陈旧："坚决维护党中央的权威，维护党和国家的集中统一领导。"（未按照"坚决维护习近平总书记党中央的核心、全党的核心地位，坚决维护党中央权威和集中统一领导"规范表述来写。）

在第七章第一节中详细介绍"十三五"规划，对"十四五"规划只字未提。

第六章讲党的纪律，二十大新修改的党章中第四十条明确指出：党的纪律主要包括政治纪律、组织纪律、廉洁纪律、群众纪律、工作纪律、生活纪律。书中并非按照党章规范表述，而是表述为："党的纪律包括政治纪律、组织纪律、群众纪律、宣传纪律、保密纪律、经济纪律、人事纪律、外事纪律等方面。"

二十七、因引文不准确导致的差错

引文不准确，这里特指在文中以双引号形式表示的直接引用内容。此类引文必须对照原著作、原文件或权威网站进行核实，确保内容准确无误。差错举例如下（括号中为问题说明或正确表述）：

1.《党员干部不可不知的党章常识》书稿中，引用毛泽东等领导人的著作、讲话等内容不准确，如：

第46页：毛泽东同志根据这一历史经验，提出了党的建设过程"同党的政治路线密切联系着，同党对于统一战线问题，武装斗争问题之正确处理或不正确处理密切联系着"的新结论。（引文应为："同党的政治路线密切地联系着，是这样同党对于统一战线问题、武装斗争问题之正确处理或不正确处理密切地联系着。"引文出自《毛泽东选集（第二卷）》第605页。）

2.《党务工作者实用手册》书稿中，第16页：因为"创新是一个民族进步的灵魂，是国家兴旺发达的不竭动力"，"一个没有创新的民族，难以屹立于世界民族之林"。（引文应为："创新是一个民族进步的灵魂，是一个国家兴旺发达的不竭动力"，"一个没有创新能力的民族，难以屹立于世界先进民族之林"，引文出自江泽民在1995年全国科学技术大会上的讲话。）

3.《伟大民族精神讲座》书稿中部分引用有误：

第9页："听人驱使，听人割宰，此四千年中十二朝未有之奇变。"（引文应为："听人驱使，听人宰割，此四千年中二十朝未有之奇变。"）

第10页：1991年《中国的人权状况》记载："近百年来，外国侵略者通过这些不平等条约掠去战争赔款和其他款项达白银1000亿两。在本世纪初，一两白银等于一个普通人一个月的生活费，1000亿两白银就相当于四亿中国人要21年不吃不喝不穿不用，1000亿两相当于3125000吨，如果用一艘载重量为300吨的船往美英法俄等国运送，每四天一趟，也需要100年时间才能够运完。"（1991年《中国的人权状况》记载："近百年来，外国侵略者通过这些不平等条约掠去战争赔款和其他款项达白银1000亿两。"在20世纪初，一两白银等于一个普通人一个月的生活费，1000亿两白银就相当于四亿中国人要21年不吃不喝不穿不用，1000亿两相当于3125000吨，如果用一艘载重量为300吨的船往美英法俄等国运送，每四天一趟，也需要100年时间才能够运完。）

【点评】书稿中引用1991年国务院新闻办公室发布的《中国的人权状况》的内容，仅限于第一句，其后内容并不见于《中国的人权状况》，既查无出处，计算也不尽准确。

第12页：丘逢甲在《春愁》中写道："春愁难遣强看山，往事惊心泪欲潸。四万万人同一哭（四百万人同一哭），去年今日割台湾。"

第62页："官无常贵而民无常贱"（"官无常贵而民无终贱"）。

第68页："楚之骚，汉之赋，六代之骄语"（"楚之骚，汉之赋，六代之骈语"）。

第100页：毛泽东在他早年的重要著作《湖南农民运动考察报告》中一针见血地指出，革命不是请客吃饭，革命是一个阶级打到另一个阶级的运动

（革命是一个阶级推翻一个阶级的暴烈的行动）。

第 147 页："故外户而不闭，是为大同。"（"故外户而不闭，是谓大同。"）

第 148 页："式民有常"（"示民有常"）。

第 164 页："现在我们比历史上任何事情都更接近中华民族伟大复兴的目标"（"现在我们比历史上任何时期都更接近实现中华民族伟大复兴的目标"）。

第 182 页："务必继续保持谦虚谨慎、不骄不躁的作风，务必继续保持艰苦奋斗的作风"（"务必使同志们继续地保持谦虚、谨慎、不骄、不躁的作风，务必使同志们继续地保持艰苦奋斗的作风"）。

4.《当我老了的时候》书稿中引用有误：

第 19 页：堂上生蓼藿，门外生荆棘（堂下生蓼藿，门外生荆棘）。

第 19 页：茅屋蓬户，庭草芜径（茅室蓬户，庭草芜径）。

第 35 页：而惧谗不得以通（而惧谗邪不得通）。

第 35 页：美人赠我金错刀，何必报之黄琼瑶？（美人赠我金错刀，何以报之英琼瑶。）

第 35 页：以水深雪雾为小人（以水深雪雾为小人）。

第 147 页：衾调掀腾被攫去（衾裯掀腾被攫去）。

第 216 页：婆心曾不计餐瓮（婆心曾不计餐饔）。

5.《大党风范》书稿，第 132 页：深入推进政治建军、改革强军、依法治军和练兵备战。

【点评】这段引文不正确，应为：不断推进政治建军、改革强军、科技兴军、依法治军。这是军委主席习近平关于强军思想的最新提法。

第 289 页：中国脱贫攻坚伟大实践中形成和确立的习近平精准扶贫思想。

【点评】中央明确当下可以用的六个提法："习近平经济思想""习近平强军思想""习近平外交思想""习近平生态文明思想""习近平法治思想""习近平文化思想"。在中央主流媒体的日常报道中也看不到"习近平金融思想""习近平网络强国思想""习近平教育思想""习近平精准扶贫思想"等表述,因此我们撰写书稿,也要有所遵循,不能随意而为之。

二十八、思想观点表述不当

观点表述不当分为很多种类型,有些语言虽然没有攻击影射现实,却极力显露社会的阴暗面,以点概面,态度消极悲观,充满负能量;有的甚至是毫无根据的歪理邪说,审读过程中,这样的内容也需要甄别、注意。

1.《成大事者有静气》书稿中,部分观点表述不当,举例如下:

第123页:《由某明星的婚变说开去》一文以王宝强的婚变为内容。如果作者是在网上发帖表达自己的观点,无可厚非,但是作为书面出版物,即便传达的部分观点有可取之处,但观点之偏激,语言之露骨,表述之失当,不符合出版的要求,更易引起诉讼,已删去。以下截取部分段落为例:

里面有个"小绿茶",由于童年不幸,孤苦无依,同各种男生乱搞,谁拳头硬就跟谁,属于典型的"我去买包烟都能碰到九个上过你的男人"。

…………

行文至此,忽然觉得某明星很可怜。努力参与雄性竞争,取得成就,结果还是被绿了。这世道,整个一黑泽明的《乱》——万物皆是刍狗,杀人不分左右。

很多人痛骂狗男女其实没有骂到点子上,骂得狠了马某的水军还可能反咬你一口,说你挥舞道德大棒,干涉恋爱自由。奇葩吧?现在的价值观就是这样,任何无节操的行为都能在互联网上找到振振有词的辩护。

…………

命运无常又如何?不求回报,不去攀比,也不必相信"天道酬勤"之类的废话。我演戏是因为我热爱,像金士杰那样,没钱也自导自演,自得其乐;我拼搏是为了获得巅峰体验,不是为了哪个婊子。

【点评】上述内容看似理直气壮,颇有个性与道理,实际上是一种错误的思想舆论引导，与我们倡导的社会主义核心价值观相去甚远，而且有的用语较为庸俗，不宜提倡。

2.有一部书稿，多处语言表述不当：

（1）搞突击时，总要雇当地的民工帮忙。……大老远就见一群红红绿绿的姑娘媳妇扛着扁担走来，边走边笑，搅得人心烦乱。副班长韩旭广的话匣子一下子就打开了："这群娘们儿是做啥的，是不是看老子憋不住了？"东北兵老喜也跟着瞎起哄："你没听说吗，驴骚叫女骚笑，看她们笑得，肯定不正经。"……我就纳闷儿了，既然你怕胡来，干吗非弄一帮女的呢，难道不算教唆犯吗？

……一到连部，只见副连长笑呵呵地给我倒水让我坐下，说："小陈啊，你别紧张，是这么回事，民工刘翠花，就那个最好看的丫头，人家看上你了！""看上我，啥意思？""她家托人问问你怎么想？人家条件很不错……你要同意呢，我就回人家一声，要想成亲，明年开春就让你复员，多好的事啊小陈！"我一听差点儿跳起来。"什么？这哪行啊，我这么年轻怎么就谈婚论嫁？再说我要在部队干一辈子，根本不想复员呢。""小陈你傻呀，你看看谁能在部队干一辈子，连我这个副连长早晚也得转业知道不？"

【点评】第一段中对女性民工的描写低俗，第二段中由副连长牵线当红娘，撮合民工和部队战士的婚事，这样的事情在作者早年当兵的经历中就算是事实，也不能公开宣传，这件事情本身是违反部队纪律的，特别是副连长关于部队的人早晚要转业的论述，是动摇军心的一种表达，不能如此宣传。该部分内容在审读时已做了相应的删节。

（2）都说"女为悦己者容"，咱索性就跟女同胞分享一下，男人是怎样看待你们秋冬天的穿戴。总的原则是，女人穿衣服要尽量让女性特征显露出来，因为女人的衣服一件件穿到身上，就是为了让男人一件件往下脱的。什么叫回头率？就是男人想脱你衣服的欲望程度。当然想归想脱归脱，别闹，大白天的。

【点评】此类语言表述低俗，也是对女性的一种侮辱。

（3）这么一来我有点儿绷不住，本来按社交路子走，初次见面理应谨慎，显得像那么回事，别让人家轻瞧了。可此情此景你说咋办，理性就算是碉堡，架不住情感是黄继光，玩命也得炸了你狗日的理性。

【点评】此类文字是对革命烈士和革命英雄主义的戏谑，而且用"狗日的"这种骂人的话也显得放荡随意，素质极低，正式出书时必须删除。

3.《吃好，做人才有意义》书稿是蔡澜的一本散文集，其中很多文章写于早年，有些也已出版过，其部分思想内容有一些负能量，有些篇章夹杂错误观点，必须有所删节，举例如下：

（1）观点不当。

A. 删去《访问自己·关于金钱》一文。文中以自己访问自己、自问自答的形式传达对金钱的观念，不仅有不当表述，有关香港的表述更是带有政治性差错。

问："你认为香港还是有前途的吗？"

答："日本经济一衰退就是十几年，大家不也还是过得好好的吗？香港也遇过好景的时代，人们都存了点钱。日本人现在一直在吃老本，十几年没吃完，我们也在吃老本，才几年罢了，呱呱叫干什么？"

【点评】文中所讲的"好景时代"，是指英国殖民统治时期。1997年香港已回归祖国，这里说"香港在吃老本"，言下之意，是说香港回归后"今不如昔"，实际上是在美化英国殖民主义，属于观点表述不当。

B. 删去《醉酒，人生一乐也》一文。文中介绍了人与酒、饮酒的境界等内容，将酗酒、醉酒视为人生一大乐事，这在出版物中是不宜宣传的。饮酒品茗是人生常事，但不宜提倡醉酒、酗酒。

C. 删去《元祖鲸屋》一文。该文不到五百字，内容为介绍日本人食用、出售鲸鱼制品的情况，以及自己尝试鲸鱼肉的口感，虽然作者未直接表明自己的支持态度，但是日本非法捕杀、食用鲸鱼已为国际社会所谴责，正式出版物中不宜宣扬这样的事情，因此删去此篇。

（2）个别语言表述格调不高，甚至低俗。

第38页：酒能增强性欲？

是。对。不过，还是要看对象是否新鲜，要不然，增强的不是性欲，是睡意。

第40页：听说白兰地是葡萄做的，可以补身；威士忌是麦酿的，喝了不举。乱讲。这是狡猾的法国商人捏造的故事，他们要打倒威士忌，只有出这个阴招。威士忌喝了不举？你有没有看到苏格兰人穿的是裙子，他们不穿衣裤，随时可以将女人就地正法。

第65页：问："出去第二天醒来，发现身旁睡个裸女，不知道做了还是没有做，那该怎么办？"

答："再确定一次，不就行了吗？哈哈。"

【点评】上述文字不只是对酒的评价不准确，对苏格兰人也有侮辱倾向。

4.书稿《在这个功利的世界真实地活着》，从一审至再审，反复审读修改，多次删节、替换文章，但最终补充的文章仍不可采用，主要问题是许多文章的观点不正确，语言基调消极，充满愤青情绪。作者力图在人生虚无无意义而欲望不止的现实中去找寻心灵安宁和归宿，落脚点是好的，但过多宣扬人生苦痛与虚无，消极意味过重。如：

第6页：人的一生一次又一次被命运戏弄打击，即使你百折不挠，越挫越勇，它还有死神这张"王炸"。所谓人生，在叔本华看来，无非是点缀着几个笑料的漫长悲剧。而快乐，不过是转瞬即逝的幻觉，求而不得时会感到痛苦，追求到了又觉得无聊，继而生出更高的欲望，开始新的轮回。

结局既已注定，人类的折腾还有什么意义？到头来不过是一场空。

第34页："90后"是被梦想催生的一代，敢想敢干。可惜机会窗口关闭得太快，社会急剧扩张，阶层日益固化，空气里尽是梦碎的声音。小时候，谁都觉得自己的未来会闪闪发光，可长大了才发现，生活中罕有能遂己愿之事。

你努力了，可什么也改变不了。所谓的努力不过是一支麻醉剂，让你觉得凡事只要肯努力就好，直到看见城堡的吊桥已经升起，游戏规则彻底改变——勤劳未必致富，财富流向了金融和房地产，成为一场按照马太效应持续拉大贫富差距的数字游戏。

经历得越多，越会发现命运善妒，吝啬于给人恒久的平静而酷爱将一切花好月圆都碾成齑粉，使你不得不呕心沥血耗费半生去尽力拼补。

【点评】把人生和人类的一切活动看成是一种无味的"折腾"，再怎么努力，到头来还是一场空。这是对人生持消极悲观的态度，不是催人向善向上，此种论调不宜提倡。

5.《我的心是一面镜子》书稿中，个别观点表述不当，如：

第81—122页:《我的心是一面镜子》一文涉及新中国成立后所有的大小运动，虽是记录个人经历，有些提法和描述也富有个性色彩，但有的不很适当，思量再三，还是做了删节处理。

第218页：大概由于我水平太低，我不大敢同意"毫不利己，专门利人"这种提法，一个"毫不"，再加上一个"专门"，把话说得满到不能再满的程度。试问天下人有几个人能做到！这种口号只能吓唬人，叫人望而却步，绝起不到提高人们道德水平的作用。

【点评】这段文字，是对毛泽东《纪念白求恩》一文中关于"毫不利己，专门利人"这个观点提出了个人的不同见解，有一定道理。但这本身涉及对毛泽东本人的评价，还是不宜宣传，已做删除处理。

6.《心里那一片天地》一文中，个别观点表述不当，如：

第93页：我有一个自己认为是正确的意见：凡被划为右派者都是好人，都是正直的人，敢讲真话的人，真正热爱党的人。但是，我绝不是说，凡没有被划者都不是好人，好人没有被划者遍天下，只是没有得到被划的幸福而已。至于我自己，我蹲过牛棚，说明我还不是坏人，是我毕生的骄傲。独又没有被划为右派，说明我还不够好，我认为这是一生憾事，永远再没有机会来弥补了。

【点评】上述这段话，不尽准确，还容易让读者产生歧义。实际上作者是以评价右派为名，对当年我国的反右派斗争进行了全盘否定，不很妥当，也做了删除。

7.《做担当民族复兴大任的时代新人》一文中，一处涉及文天祥的表述不当。

第 67 页：从古到今，无数优秀的中华儿女，为了国家的发展民族的兴旺人民的幸福，而不惜抛头颅、洒热血。历史上，我们从来就不缺少这样的英雄人物："留取丹心照汗青"的南宋民族英雄文天祥，毅然拒绝外族的多次劝降，舍生取义，从容赴死。

【点评】审稿时应注意涉及岳飞、文天祥的表述，一般不使用"民族英雄"这类提法，而分别称之为"抗金将领""抗元将领"，或将两者统称为"著名将领"。目前历史上关于中原王朝与少数民族的战争的一些表述在学术界尚有争议，我们在书稿中宜采用中性化的表达方式。此外，对我国历史上的少数民族与汉族交战，也应避免使用"入侵"或"侵略"等词。

8.《为什么是毛泽东》为再版书，其中一些观点表述欠妥，需做修改。如：

第 448 页：中国人是在抗美援朝胜利后，才直起了腰，这一切都是由于有了我们的神一般的领袖。

【点评】"这一切都是由于有了我们的神一般的领袖"，这句话从表面上看虽然是对毛泽东同志的赞扬，但不宜把领袖称为"神"，可改为：这一切都是由于"中国出了个毛泽东"。

第 448 页：固然，抗美援朝战争的胜利有地理、武器、政治等各种因素，但更为重要的因素是毛泽东教育出来的人。同样是这些人，几年前被日本人撵得像鸭子似的乱跑，短短几年后，在毛泽东的手下变成世界上最勇猛的狮子般的战士。

【点评】将抗日军民描述为"被日本人撵得像鸭子似的乱跑"，是对抗日战争中军民对日寇的侵略奋起反抗的无视与嘲讽，也是为日本侵略者唱赞歌，应删除。

9.《恰到好处的善良》书稿中，部分观点表述不当，如：

第 2 页：很多人不知道，我们每天在面对他人、生活，哪怕是自己时，甚至包括在我们极力做好人时，常常会忽略掉那个最本质的自己。事实上，努力成为好人会阻碍我们变得真实。

第 4 页：然而，从某种程度上说，做好人通常代表着痛苦挣扎。因为我们必须很辛苦地维持好人形象，如若不然，我们可能就变成了恶人，而一旦成了恶人，我们就变得没有价值可言。……我们除了要不断维护好人的形象，同时还要以自己内心的真实做陪葬。

第8页：好人一般都会活在内心冲突与抑郁的痛苦之中，背负着巨大的压力；这些压力又常常会引发疾病。

第75页：好人会相信这个谎言，认为一个人生存的意义就在于服务和帮助他人。而这之所以是个谎言，是因为人类和其他所有生物一样，不需要用任何目的来定义他们生命的价值；也因为我们并不能真正地帮助他人；还因为如果人人平等，那么帮助自己就是在帮助他人。

第112页：但正如我们知道的，忠诚会造成一些很严重的问题。在这里有人可能会说，有问题的不是忠诚，关键在忠于的对象是谁。但我要说的是，任何代替真实的事物都对心灵有毒害。忠诚正是众多替代物中的一种。

第137页：好人无时无刻不在努力表现得宽宏大量。宽宏大量意味着当他人"品行不良"时，我们一定要"高风亮节"。尤其当他们有意伤害我们时，我们更应该表现出大度。因此，在这些时刻，我们应该懂得原谅，施之以仁慈与爱心。

【点评】上述几段文字，提出一个明确的观点，即不要提倡做好人，而且列举了做好人的种种负担与压力。这种论调显然不符合社会主义核心价值观，也不符合党和国家一再倡导的学雷锋、树新风的要求。人生在世，还是要努力做好人，做一个对国家、对人民、对集体有益的人。

10.《长大，孤单得连偏旁都没有》一文中，用词不当、价值观导向存在偏差的内容，举例如下：

虽然身处这个操蛋的世界，但我们都不想妥协。（用语粗俗）

在这个做什么事都追求效率的时代，人人都在为自己留后路，几乎人人都有几个暧昧对象和备胎。有女朋友的人假装自己单身，交了男朋友的姑娘死活不承认自己已经名花有主了。

这个世界太危险，我宁愿不那么善良，不那么单纯，就算当个别人口中招人恨的心机女，也要护得我自己和在乎的人周全。

【点评】把世界称为"操蛋"，说世界"太危险"，还说"宁愿不那么善良，不那么单纯"等等，实际上是对现实不满或不乐意。这种论调是消极的，也是不完全符合事实的。当今的世界虽不太平，也存在种种不公平、不合理、不平衡的现象，但总体上和谐、繁荣，发展仍是主流。

11.《是什么碾压了你的智商》一文，对电视剧《风筝》中人物的命运做歪曲解说，导致论点模糊不清，难以令人信服。特别是作者以台湾原特务头子毛人凤为正面人物做论证，提出要学习他的微笑、担当、专注、隐忍与狠辣。在最后的论述中，强调做到这五点还不够，还要打开柔软的心，获得最高的认知——人间真情，要回归亲情、友情与爱情，找回自己，归于快乐。

【点评】如此美化国民党特务头子毛人凤，不属实、不公道，甚至可以说，属于胡言乱语。

12.有一篇文章中有如此表述：

格局太小的人，不止是在坏人面前束手无策，就连自家的熊孩子都搞不定。

有位父亲在知乎上讲述了他被亲儿子下套的事。他的儿子8岁，过年收了好多压岁钱。因此财大气粗，对亲爹颐指气使：给我打洗脚水。亲爹："自己的事儿，要自己做哦。"熊儿子："给你100块。"亲爹："看在钱的分儿上，爹去给你打水。"熊儿子洗了脚，又说："给我擦干净，200块。"就这样，亲爹跑前忙后，从儿子那赚到四五千块钱。

快开学了，孩子妈妈："宝贝，把你压岁钱给妈妈，妈妈给你存到银行。"

熊孩子："都在我爸爸那里呢。"亲爹："熊孩子，你居然还有坑爹的后手。"

这位父亲，之所以落入儿子的圈套，就是因为他的格局太小。他以为儿子的压岁钱是以儿子的主权为边界。实际上，这笔钱的边界是在自己老婆的营收账目上。

【点评】举例儿子让父亲给其打洗脚水、洗脚、擦脚、倒洗脚水，儿子对亲爹颐指气使，并给了亲爹几千块钱。写书如此举例，看似在惹人发笑，实则违背中华民族公序良俗，是一种错误的舆论导向，不能提倡。

13.《有时候善良不过是懦弱，真诚无异于窝囊》一文中，对善良与真诚做歪曲解说，文章主要讲人要通过认知扩张，实现破局，获得大格局，而格局小的善良就是懦弱，格局小的真诚就是窝囊。且看作者以下的言论：

与人为善者，最是需要这种破局力。因为你的善良，你的愿望，需要强大的认知格局来成全。如果认知不足，格局太小，善良不过是懦弱，真诚无异于窝囊。

别懦弱，别窝囊。没有自我保护能力的好人，如同裸露于狼群中的鲜肉，是极危险的。我们看电影、电视，读书或是交友，无非是希望拥有破局的能力，一步步打开格局，实现自我扩张。强大是善良者的天职，你不强大，善良有什么用？强大是能力，善良是品德，须得德才兼备，我们才不会辜负生命的馈赠与厚爱，才不枉我们在这世间走一遭。

只有让我们，回到自由的心里。只有让我们自己，勇敢地面对这复杂多变的世界，只有让我们自己不成为社会的问题，而成为解决问题的人。只有让我们自己，获得起码的养家糊口的能力。

不过就是自立自强自爱自尊而已。

倘自我无存，又哪来的善良？

【点评】上述言论看似振振有词，实际上都是信口杜撰的歪理邪说，充满负能量。

14.在一部小说书稿中，存在较多典型表述不当的差错：

有一天，孟薇很兴奋地来找我说："告诉你个好消息，我有一个朋友，他的孩子和刘洋的孩子在一个幼儿园。"

我没听懂她是什么意思："谁是刘洋？"

"天啊！就是那个上过太空的美女宇航员。"

"真的，她都有孩子了？"我忽然觉得有一丝可惜，那是因为在我的脑海里，刘洋已经定格在了电视上的那个样子，时间过得真快，转眼间，那么个美人都当妈妈了。

【点评】小说其中一节以航天员刘洋为引子，展开情节。但该节的背景为主人公在大学期间，应为 2008 年与 2009 年之间，而刘洋于 2012 年完成神舟九号的飞行任务，成为我国首位女航天员。此节引用属于事实性差错。

"那你打算高中毕业后干什么？"

"当兵，我打听了，现在都改在夏季征兵了，到时候你们去上大学，我去当兵，这也不是什么丢人的事。"

【点评】小说中这段对话的背景为 2008 年，而我国征兵时间自 2013 年开始，由冬季 12 月改为夏季 7 月。这一时间节点在小说中不宜更改。另外，把当兵说成是丢人的事，也不够恰当。当兵保家卫国，是光荣的事。

15.《我们为什么需要信念》书稿中，有不少文字是否定"好人有好报"这一正确价值观的。虽然作者在最后来了个"光明的尾巴"，认为人们仍然需要坚守做好人的信念，但综观其大量观点，仍是否定"好人有好报"这一主流价值观，有明显的负面效应。

第 200 页：何为信念？信念之信，乃是对不确定东西的确定的信。信念之信，非科学之信。

【点评】共产党人的信念是最终实现共产主义。这个信念和信仰，从共产党诞生的那一天起，我们就一直在实践中追寻。包括我们现在提倡的构建人类命运共同体，都是这一信念的坚持与努力。按照作者的观点，相信人类最终实现共产主义，实现世界大同，这样的信念是非科学之信，这个理论观点显然是错误的。

第 201 页：很多人奉行的"好人有好报"，其实是一个因善良而自欺的口实。一般人，有这样淳朴的相信，很好。这种相信，这种对于道德行为必将获得相应的报酬——我们可以把它称之为"道德的有效性"——的相信，甚至构成了整个社会道德基础的主要部分。但这是一个经不起推敲的命题。

第 202 页：子路的问题，其实就是我们一般人常常疑惑的问题：做好人难道没有好报吗？

原来，子路一直以来的道德信念，竟然是建立在"好人有好报"这样经不起推敲的相信上的！

第203页：所以，不打破子路对道德有效性的迷信，子路的道德信念就如同建在沙上的建筑，总有一天会坍塌。于是，孔子面对子路的"好人难道没有好报"的问题，给出的答案斩钉截铁，不，斩尽杀绝：君子固穷。——好人本来就没有好报。

孔子几乎是带着愤怒，击碎了子路对于道德有效性的迷信。他直接把道德的真相告诉子路：好人本来就没有好报。同样，坏人及其坏的行为，也并不一定有报应。

【点评】作者的上述文字一方面将"好人有好报"称为"道德的有效性"，这有一定的道理，但另一方面又说这是"一个因善良而自欺的口实"，是"一个经不起推敲的命题"，后面作者借孔子和子路的对话，仍是完全否定了"好人有好报"这个正确的价值观。这种混乱的文字游戏，极易误导读者。

16.《为什么是中国》书稿中，作者旨在"揭开世界发展真相""认清中国底蕴"，然后从经济的发展、政治的先进、文化的自信、军事的保障等方面来阐述我国的优势，树立强大的信心，进而公开与美国开展对决。但全书基本观点错误较多，由于立论与出发点错误，导致书稿的整体基调以及在此基础上的进一步论述越来越偏激片面，难以修改，以致取消出版。

归纳起来，主要问题有以下几个方面：

（1）充分肯定改革开放前三十年的路线，认为改革开放后四十年是一种集体背叛，其成绩靠运气获得，对中国特色社会主义有颇多的质疑和批判。

【点评】对中国特色社会主义理论体系持否定态度，这是与我们对改革开放的评价背道而驰的。

（2）对金融资本极其厌恶，认为改革开放四十年后中国人被金融资本洗脑，要清算金融资本的罪行。

【点评】作者在书稿中多次对金融资本进行讨伐，这与当前主流经济理论不符合，也不符合邓小平与习近平等中央领导人有关金融资本的论述。对金融资本，我国不仅不能将其消灭，还要广泛吸引外资，激活国内资本运营，建立我国完善的金融资本市场。

（3）在谈到中、苏、美关系时，作者说中国靠忍辱负重、瞒天过海以及美苏的无暇顾及，侥幸被美苏短暂放过，在夹缝中获得生存的时机。而在此过程中，中国人由此产生极大的自卑，思想界极其混乱，学术领域和主流媒体全面失控，反动势力因得不到任何遏制而横行无阻。

【点评】将中国的发展归结为侥幸取得，是对党的正确领导的否定，是对人民勤劳和智慧的否定，是极其错误的。而将改革开放过程中出现的一些问题，归结为我国的"韬光养晦"策略，实际上是影射邓小平，也有失偏颇。

（4）中国的民族复兴就是重回世界第一，必定和美国争夺世界第一的地位，"我们要以宁为玉碎、不为瓦全的决绝来争取我们本来的位置"。

【点评】此说差矣。我国从来都是奉行"永不称霸"的方针，作者把民族复兴理解为"回归世界第一"，跟美国争霸，也是不妥当的。

17.《大党风范》书稿讲述了中国共产党领导人民进行革命、建设和改革的百年辉煌历程，彰显了中国共产党为中国人民谋幸福、为中华民族谋复兴的大党风范。优点在于主题鲜明、结构完整、材料翔实，缺点在于文字表述及部分观点不准确、不精炼，甚至有重复之处，还有一些文字表述不符合当时历史背景和史实。这些都是党建理论类书籍应尽力避免的问题。例如：

第78页：20世纪60年代初，全党上下大兴调查研究之风，党和国家领导人纷纷深入基层，掌握了解实际情况，使得国民经济从三年困难时期走了出来。

【点评】这段文字表述用历史唯物主义的观点衡量，显然不符合当时的历史背景与实际情况。作者之所以这样写，可能从有关资料上查到，在20世纪60年代初，毛泽东同志的确提出要大兴调查研究之风，党和国家一些领导人也曾下基层搞过调查，从这一点上说，文中表述或许是事实。但实际情况并非如此，而且从1960年到1962年底，共产风、浮夸风、命令主义瞎指挥歪风一直狂刮不止，加上连续三年严重的自然灾害，导致国民经济几乎达到了崩溃的边缘。如果说1960年初，全党上下真的"大兴调查研究之风",而且纠错成效显著,那么为什么一直到1962年1月中央在京召开全会,毛泽东和刘少奇都分别在会上作了检讨,承认这些年来共产风、浮夸风、瞎指挥之风盛行,这中间整整跨了两个年头。这个事实足以说明:20世纪60年代初名义上曾经号召大兴调查研究之风,但实际上根本不是那么一回事。这就告诉我们,写党建类或史实类的书稿,不能只从本本主义出发,一定要符合历史事实,一定要经过自己头脑的周密思考,绝不能仅凭查阅资料,资料上怎么说,自己就怎么写。这样很容易犯本本主义和形而上学的错误。

第80页:新民主主义革命时代的奋斗与担当是为了"救国",领导中国人民站起来,社会主义革命和建设时期的奋斗与担当是为了"立国",领导中国人民挺起来,改革开放时期的奋斗与担当是为了"兴国"。

【点评】这段文字讲,社会主义革命和建设时期的奋斗与担当是为了"立国",这个提法显然不妥。"立国"是指1949年10月1日,毛泽东主席在天安门城楼上向全世界宣告,中华人民共和国成立了。此时已经立国成功,后来的社会主义革命和建设应当是"固国",即加强中华人民共和国的执政基础和"固国"之力。所以,我们在审读时将"立国"改为"固国"。这说明,写文章不要一味追求排比句、排比词,以为有了"救国",还要有"立国""兴国""强国"等等。一切应从实际出发,尤其是结论性提法务必力求准确,否则容易让读者产生误解或歧义。

第116页:尤其是党的十八大以来,对政治规律的认识提高到了一个前所未有的新高度,得出了三大法宝:一是谁来执政,二是为谁执政,三是怎样执政。

【点评】党的"三大法宝"是"统一战线、武装斗争、党的建设",这是毛泽东在《共产党人发刊词》中明确提出来的。"谁来执政,为谁执政,怎样执政",官方理论总结与报道中并没有将这三项归纳为"三大法宝",这一提法没有根据,属于牵强附会。

18.日版书稿《职场心理学》中有如此表述:

谣言一词通常容易给人负面的感觉。但是如果想了解对方的想法,可以说这也是一种重要手段。放出谣言可以让别人知道自己的价值观和伦理观，也是一种信息交换的手段。女性正是靠着这些流言蜚语，找出在团体中自保的方法。自古以来，男性都是依靠战斗来保护自己，而女性则是通过跟同性结成帮派来保护自己。因此在团体中的地位十分重要。

【点评】说"流言蜚语"是女性自保的"武器"，这种论调是不对的，书中还有一些内容写到"每个团体都有自己的潜规则""不妨我行我素"等，这些观点均不符合社会主义核心价值观，不适合出现在我国出版物中。

19.《有为与有位》书稿讲述年轻干部如何健康成长，其中多处思想内容导向有偏差，如不加以删节修改，会引导年轻干部投机钻营，讨好、投靠领导以取得喜欢与重用。

"学会与领导和谐相处"一节集中典型地反映了思想导向偏差，有负面效应，摘录如下：

只有尊重领导，才会服从领导。服从上级、顺从领导，既是一条铁的组织纪律，也是一条起码的工作准则。只有尊重领导，才会拥戴领导。拥戴领导、信赖领导，是年轻干部必须无条件地遵守的职场规范，更是下属的为人准则和职责所在。

作为下属，无论在何时何地何种情况之下偶遇领导、碰到领导，都要记得对领导微微一笑，以示亲近领导、尊重领导。

年轻干部无论遇到什么尖锐问题、麻烦纠纷、尴尬局面，哪怕是被领导误解、埋怨、嫉妒，都应充分理解领导、宽容体谅领导、冷静对待领导，该坚持的坚持、该道歉的道歉、该担责的担责、该放弃的放弃。友善对待领导，就需懂得感恩。感恩，是一种处世哲学，是生活中的大智慧。年轻干部对领导要时刻抱有一颗感恩之心，感恩领导的栽培、感恩领导的关怀、感恩领导的帮助，并在感恩他人、感恩领导的过程中，不知不觉让那份友善温暖他人、温暖领导，也温暖自己、快乐自己。

拒绝领导，不宜过"直"。领导问你的话、交办的事，是对你的信任和考验，不管什么情况都不能直接拒绝。

时刻注意扮靓形象，年轻干部要自觉做到一身正气、两袖清风、"五官端正":"嘴要正不要歪",讲真话实话;"眼要全不要斜",全面发展看问题;"耳要公不要偏",不偏听偏信;"手要廉不要长",廉洁奉公;"腿要勤不要短",勤政为民。

【点评】年轻干部与领导相处共事,当然要讲尊重与服从,也要讲团结、讲友谊讲谅解与包容,但不宜把服从尊重领导上升到"铁的组织纪律"与"工作准则"云云。而应是一种基本素养与基本要求。因为,文中讲的领导上上下下、大大小小,内涵丰富,外延很宽,上至中央,下至乡镇,也不宜笼统提倡要"忠诚、感恩、微笑和一呼百应"。

忠诚,对祖国、对党、对人民、要忠诚,对林林总总的领导通常只能讲尊重和服从,不能一律讲忠诚,忠诚与投靠、依附、后台相连,不宜倡导。感恩,对国家、对党、对人民、对父母、对在人生路上确实有恩于自己的人可以讲感恩,对林林总总的领导也不宜笼统讲感恩,可以讲感谢领导的关怀与培养。但对违反党纪国法、让自己去帮助干坏事的所谓领导,年轻干部不仅不能讲忠诚、讲感恩、讲不分场合的微笑和一呼百应,还要旗帜鲜明地敢于拒绝,勇于斗争。

上述文字中,作者追求"生动形象",实则显得平庸别扭,思想舆论引导有偏差。出书还是要以观点正确、语言质朴流畅为佳,不要刻意卖弄文字。

20. 一部名为《日历》的书稿中,"每日宜忌"出现二十余处表述不当问题,有的是严重硬伤,如"宜叛逃、宜废话、宜狡辩、宜诡辩、宜偷懒、宜想不通、宜宣泄情绪、宜享乐、宜社恐;忌实话实说、忌自省、忌同情心、忌温顺、忌计划"等。

【点评】叛逃特指叛党叛国,我们的出版物中,怎能提倡叛逃呢?此为严重政治性错误。如此明显的舆论导向上的文字错误,一、二审在审读中居然都未发现,这给书稿终审敲响了警钟。我们应时刻警惕此类问题的发生。

21. 在一本台版散文集书稿中,有一篇写于 2002 年的文章——《上海日记一则》,其中说:

漫漫五日,浑浑噩噩而过,何曾好好喝过一杯茶?茶不茶、曲不曲且不要紧，究竟在上海弄了些什么，真是不堪计较。及此，岂不又回到老问题？上海，倘不是工作办事，实在不能待。或许养老做员外犹可以，偏就是不能来此旅游观光。人愈说某地的商场极棒极廉，愈是说某地的餐馆极佳极多，便愈是不自禁透露出这地方之劣于旅游。

【点评】台湾人来上海住几天，竟把上海说得一无是处，甚至得出结论：若不是在上海工作，实在不能待。如此评价上海这座我国现代化的直辖市有点片面和武断。此论若让上海市领导和旅游局负责人看到，该做何感想?! 我们以为，不管是大陆作家还是台湾作家，对上海这类大城市的评价，包括对二、三线城市的评价，都要讲政治、讲事实、讲分寸。

该书稿的另一篇文章中说：

中国今日的城市，皆未必宜于走路。太大的，不好走；太小的，没啥路好走。倒是乡下颇有好路走，桂林、阳朔之间的大埠，小山如笋，平地拔起。

【点评】这个评价显然是随意的、不公允的，几乎全盘否定大陆的大中城市建设，如此文字和观点，不宜出版。

22. 少儿书，特别是外版少儿书要注意内容把关，确保万无一失。

一本外版少儿书中有一节这样的内容：

僵尸来袭　僵尸是传说中的一种生物，是人类死亡后复活的状态。电影中经常有这样的情景——僵尸浑浑噩噩地走着，到处找人脑吃。但在动物世界中，这并不是天方夜谭。在 2019 年，美国警方警告民众要小心僵尸浣熊，它们被目睹两眼发光、青面獠牙地到处游荡。原来，这种反常的行为是由一种叫作瘟热的疾病所引起的。

【点评】这一节对僵尸的表述不适合少儿阅读。因为僵尸"到处找人脑吃"，有点渲染恐怖思想，对感染病毒的浣熊的表述也极易让少儿产生浣熊会死而复生、自然界中存在僵尸的想法。对少儿图书，语言表述方面尤其要注意严格把关。

23. 一本漫画书稿中，部分观点表述不当，举例如下：

（1）"九成人在生存，一成人在生活。"

【点评】言下之意，中国十四亿多人口，有九成的人，在为生存而辛苦奔波，而只有十分之一的人，日子才好过。这种划分富人与穷人的说法，观点表述不恰当。

（2）"希望是药而不是食物，必须小心食用。"

【点评】把希望说成是药，要小心食用，完全曲解了"希望"一词的本意。希望，是希冀，是期盼，是向往，是追求，正如习近平总书记所说："我们的人民热爱生活，期盼有更好的教育、更稳定的工作、更满意的收入、更可靠的社会保障、更高水平的医疗卫生服务、更舒适的居住条件、更优美的环境。"期盼即是希望，作者把希望比喻成药，错在哪里，不很清楚吗？

（3）"所有的梦想都会破灭，只是时间问题。所以走遍天下，但求一地，与心爱的姑娘在一起。"

【点评】所有的梦想都会破灭，作者这里讲的虽是男女恋爱问题，在一定的意义上说，单相思、一头热，这种恋爱之梦可能会破灭，是可以理解的，但这句话极容易与我们通常说的，要努力实现中华民族伟大复兴的中国梦相抵触，问题就怕人家联想。因为，中国梦也是梦想，这个梦想不但不会破灭，而且一定要实现。此类文字，不是非要上纲上线，而是作为图书出版而言，我们不得不留神，不得不重视，万一有人较真还真是不好说，其中的道理是显而易见的。

（4）"和你聊理想的一般都是穷人，有钱人都知道钱好。"

【点评】说和你聊理想的一般都是穷人，这个观点显然不对。长辈、领导、老师或友人，平时也会与你聊工作、说理想、谈抱负，试问这些与你聊理想的人，一般都是穷人吗？答案不言自明。

（5）"不用为钱起床的一生，才是幸福的人生。"

【点评】仔细想想，人生在世，哪有人不用为钱起床？即便是亿万富豪，他的家业、财富也不是躺在床上获得的，更不是天上掉下来的，也要靠干事创业，要付出辛勤的劳动。恐怕只有贪官污吏，不用为钱起床，因为他们贪污的钱都霉烂了，花不完。漫画中用这样的文字宣扬"不用为钱起床"

的人生是幸福的，无非说，人不用为钱而起床而奔波，坐享其成，就是幸福的，这种思想引导是错误的。

（6）"很多刚来大城市的年轻人抱怨房价太贵，其实没什么。只要你认真工作，勤俭持家，量入为出，以后也一样买不起，那时你就习惯了。"

【点评】这段话的意思是说，"北漂、沪漂、广漂"，你在大城市打工，再吃苦受累，再省吃俭用，到头来还是买不起房、安不了家。这种现实是存在的，但如此说法未免有点消极、绝对，实质是责怪大城市房价太贵，是影射现实。

（7）"现代人的安全感，核心要素只有两点：第一，手机还有电；第二，卡里还有钱。"

【点评】这段话讲得很实际，也很实惠，但用安全感的核心要素做比喻，就有点牵强附会了，或者说有点本末倒置。中国人的安全感，要讲核心要素，应是国家的强大、法制的健全等等。把手机与钱说成是人安全感的"核心要素"，站位太低，境界太低，很不恰当。

（8）"有床的地方，不一定有爱，但只要有爱，遍地都是床。"

【点评】"有床的地方，不一定有爱"，这句话或许有一定道理，也可以意会，因为，现在的离婚率那么高，就是佐证。但后两句，"但只要有爱，遍地都是床"，就有点低级庸俗了。虽然这样的说法有点调侃、幽默的意味，也可能是网络语言，但用在正式出版物中，显然不合适，此类观点更是不宜提倡。

24.《我们可以获得终极的心灵自由吗》一文中，引用鬼谷子的话术，按认知将社会划分为九个阶层，要达到第九层心灵自由需超越前八层。但在表述前八层中所持观点不当，如：

面对第一层愚者的挖苦时：你只需要回答他："大哥你说得太好了，我怎么就没想到呢？以后跟你学，不读书了。"

面对第六层贵人时：贵人是有价值的人，有分量的人，有资源的人。贵人可能自己值不了几个钱，但他手中雄厚的社会资源却是我们想要的。你得这样说："哥，你看咱们国家现在的经济布局明显失衡呀。产业结构可不是那么合理。必须要优化配置……哥，你懂的。"

哥哥他不傻，知道你所谓的优化配置，就是统统给你。

但那资源终非他的私物，公器而已，在手不用，过期作废。资源给谁都是给，为什么不给让自己感到舒服的人呢，对吧？

你拿贵人当猫，顺毛捋抹，贵人把资源许诺给你。

【点评】将当今社会分为九等，纯是瞎编。把领导干部称为贵人，提倡资源乃公器，在手不用，过期作废等等，宣扬的全是邪道理。

第四编
出版名家话出版

　　这里选登的五篇出版论文，来自我国新闻出版界的资深领导和颇有建树的专业知名人士。他们怀着对出版事业的坚定信念和深厚感情，结合自己的切身经历，以深入浅出、明白晓畅、富有哲理的语言从不同角度深刻论述了出版工作的使命、职责、目的、意义及其做好图书出版工作的"锦囊妙计"，读来似清风拂面，沁人心扉，亲切自然，颇有教益。

编辑应该注意的十件小事

杨牧之

这篇文章，我要讲点编辑工作中的"小事"。这些事，可能大家都知道，但我还是情不自禁地要写出来，因为从正面讲这些是一个编辑应该注意的，从反面讲，是否把这些"小事"做好，同样反映了一个编辑的素养。

一、不用的书稿快退

稿件经过审校，大约有三种情况：一是可用，稿件可用，就可以进行下一道工序——编辑加工了。二是大体可用，需要作者再加修改。作者修改后的稿子也有两种可能，一是改后合用，一是改后仍然不合用，还是不得不做退稿处理。三是审读后，质量不合格，无法采用，只好退稿。

这里我要说的是不用的书稿要快退。尽快退稿是对作者的尊重。尽早退回，作者可以另作他谋。另外，尽快退稿，以免耽误在自己手里，作者节外生枝。这一点并非多虑，也不是不信任作者。因为你影响了人家的工作，当然得有个交代。

退稿时要十分慎重。

如果是内容方面的问题，在决定退稿前就要多方论证，最好请社外专家帮助审读。在和作者交涉时，向他提供社外专家审读的意见。

如果形成尖锐的对立，就要把事前的约稿合同拿出来讨论，告诉作者，依据《著作权法》出版社有权退回不合要求的稿件。

二、新书出来后，要第一个送给作者

责任编辑一定要牢记，作者盼着他的新书，就像母亲盼着自己的孩子出生。所以，责任编辑收到出版部从工厂取来的样书，一定要在第一时间送给作者，并且附上信件，告诉他，其余的赠送样书，会在大批样书到后，马上送到。这一小小细节，是会让作者十分感动的，因为他会认为你跟他一样重视这本书的出版。他会认为你很理解他，关心他。我自己就有这样的感受，责任编辑打电话来说样书出来了，什么时候送去好？我会立即说现在能来吗？如不方便我自己去取。

在书决定出版后，书稿出版的运作情况是作者很挂念的事。诸如，校对完没有，版式开本怎样，用什么样的纸印，是否开印了，哪天可以见书，等等。其实，一个责任编辑每天就是为作者的这本书忙着这些事，为什么不能顺便打一个电话，发一个短信，告诉作者这些情况呢？这样举手之劳的事，却会让作者十分感谢。可能也就是因为你惦记着作者的这些"小事"，作者会觉得你特别周到，可信赖，他不但会积极配合你的工作，还会把今后的书稿让你先挑选，而且会到处讲你的美德。

在书出版后，要记住及时地向作者反馈外界的评论意见，说的好话要反馈，说得不好听的话，也要反馈。最好能和作者一起探讨这不太好听的批评话语有没有道理，我们什么地方考虑不周，以后如何弥补。这样做，作者能不信任你吗？这样，责任编辑和作者就成为朋友了。从这个相互交往中，我们会得到很大收获，对青年编辑尤其如此。

三、编辑也要参与校对

由于现代科技的发展，作者送来的常常是电子书稿。电子书稿不需要重新拣字排版，而编辑也在电子打印稿上加工，排版人员根据编辑的加工，修改电子稿。然后按照要求转换版式，再打印出来，就是校样。这份校样，除了编辑改动处，与作者交来的电子书稿几乎完全一致。

这样一来，原稿的错误（包括作者写作错误、录入错误），如果责任编辑没有发现，就隐藏于校样中了。让校对去发现就很难了。因为校对的首要责任（尽管目前出版社要求校对要"校是非"）毕竟是"校异同"，他们主要能核校的是责编的修改处，是否漏改或改错，而对于隐藏其中的差错，校对出来最好，校不出也不能说校对没有尽职尽责。

作者原稿与校样外观一样，除了核校你修改之处，校对就会认为其他文字都是你认可的，不会有问题了。这种校对"客体"的变化，就要求责任编辑在看作者送来的电子书稿时，一定更加小心谨慎地进行审校把关，要参与校对。

还有一点要特别注意：由于电脑指令失误，软片会出现版式变动，甚至文字、行款错乱。而这一失误又常常在不经意间出现。所以，为避免这种失误，清样一定要做到一处不改才能出片。如需"改正出片"，校对或责任编辑不能批了四个字就放手不管了，一定要再校对软片，通读软片或软片样，要检查软片四角文字有无变动，变动得对不对。

四、要切实做到图书成批装订前的样书检查

这一环节，是指印刷厂在图书印刷完毕、没有成批装订之前，先装出几本样书送出版社审查。出版社的责任编辑、责任校对、主管社领导，从总体上检查完毕，签署意见认可后，印刷厂方可成批装订。而且《图书质量保障体系》十分明确规定："印装厂在未接到出版社的通知前，不得擅自将待装订的印成品装订出厂。"

这一环节十分重要，因为它是一本书上市前的最后一关了，是最后一次纠错的机会。一本书的质量关系到读者的使用，关系到出版社的声誉和形象，怎么能不慎之又慎呢？很多出版社放弃了这一环节，有很多编辑甚至社领导不知道还有这样一个环节。有时，责任编辑拿到样书时，新华书店已经开始销售了。我曾经经历过这样一件事，一天，我做责任编辑的一本书的作者打来电话，问我什么时候可领稿费。我觉得这位作者太着急了，书还没正式出版啊！但我还是耐心地解释：书还没装出来，等我见到样书后立即办稿费事。没料到，作者不高兴了，他说，他一周前就在书店买到他的书了。

这是出版部与编辑部严重脱节造成的，后果是十分严重的。外面已开始销售，作者也已买到，责任编辑还不知道，还谈什么装订前的样书检查！

有鉴于此，在1997年，我和新闻出版署图书司一起制定《图书质量保

障体系》时，特别加了一条（第三节，第十五条），做出明确规定。

出现这一问题的原因无非有如下几种情况：一是出版社忽视这一环节，不理解它的重要性，有意无意地放弃了这一环节；二是出版社和印刷厂都在抢时间，赶周期，形式上也送成批装订前样书，实际上送样书同时，批量装订已经同时进行了，甚至送出样书时大体已装订完毕。

其实，出版方面的每一项规定，都是出版业同行的经验和教训的总结，都有很具体的背景和丰富的内涵，一定要不折不扣地按规定去做。

五、要和发行部门多沟通

发行工作在今天越来越重要。曾记得几年前出版业有龙头龙尾之争。"文化大革命"之后，百废待兴，没有书读，只要有一本好看的书，几万本、十几万本，迅即售光。后来，书的品种到了十万种、十几万种、二十几万种，整体上呈现出"不好不坏，又多又快"的状态。书卖不动了。10万种时印行60多亿册，20万种时仍然是60多亿册。发行成了"瓶颈"，于是发行的同志说：发行是龙头。出版的同志又说：没有好书，你发什么？出版是龙头。

究竟谁是龙头呢？我看，"龙头""龙尾"也是互相转换的，哪个环节制约了出版，或者说成了"瓶颈"，那个环节就是龙头了。

从这个意义上说，今天，发行工作成了龙头。君不见，现在普遍采取寄销的办法。书卖不出去，不给出版社书款。你急着要款，可能第二天就把书给你退回去。有的书店，即使书销出去了，这书款也得半年、一年后给你。现在是销售方的市场。

在这种环境下，编辑一定要与发行部门多做沟通。让他们知道你编的那本书的特点、优势，适合什么人阅读。一定注意让发行部门的同志对这本书产生热情和信心。我们得记住，你与这本书一起厮磨了半年、一年，甚至更长的时间了，你与这本书很有感情，别人可没有。发行部门的同志不明白你那本书的优势何在，他会想我为什么一定要在你那本书上投入更大的力量呢？这就是关键所在。我们就是要下功夫让发行人员认同，在这本书上很值得投入更大的力量。

六、责任编辑不要忘记写书评

一本书经过千辛万苦编辑完成，出版了。但这并不是编辑工作的终结。责任编辑应趁热打铁写一篇书评。

责任编辑从组稿、审稿到编辑加工、校对等等环节，对书稿不知看过多少遍了，应该说除作者之外责任编辑对书稿最熟悉了。对书稿质量，优点，不足，有哪些创见和突破，可以说了如指掌。作为责任编辑应该把这些看法写出来，介绍给广大读者，帮助和指导他们阅读。而且，撰写"书评"，对自己来说，既是练笔，又是一次总结和提高，何乐而不为？

其实，审稿也是读书。在审稿中要审校原稿中的资料，就要去查阅很多书，在读这些书的过程中要记住做读书笔记，书编完后，我们自己肯定会得到提高。结合审读意见，结合读的有关参考书，一篇有学术水平的书评不就轻松完成了吗？

七、要把自己放到恰当的位置

出版社中编辑只是一个环节，不用说出版社的领导，只说业务部门，编、印、发、科、供……哪个环节不重要？编得好，印刷质量不好，行吗？编得好，发行跟不上去，行吗？一切都准备好了，所要求的纸张到不了货，是等着还是改用其他的纸？改用其他的纸，印制质量恐怕就会受影响，不改，印刷厂肯让你等吗？

过去，在出版社里，一般对编辑都有一种敬畏，觉得他们有学问，出版社就靠他们编出好书，养活大家。在这种氛围中，编辑自己，不少人也认为自己高人一等，其他部门都得围着他转。编辑是一二人一间办公室，有时还可以回家看稿子，其他部门多半是集体办公，闹闹哄哄，大家都认为理所当然。

现在则不同了，出版更向市场靠拢，行销已越来越重要。好书还得卖得出去，很多出版社，发行人员已多于编辑人员。另外，人们也越来越重视制作，注意降低制作成本。因为制作的成本在出版社的经营核算方面占有很大比重。

不论怎么说，在市场经济条件下，在出版社转变成企业的背景中，出版社内部的构成，机构设置，人员比例，最重要的是人们的观念，都发生了很大变化。编辑不能再怀恋往日的骄傲，要把自己放在恰当的位置上，否则，你就很难得到其他环节的支持，很难吸引别人为你编的那本好书全力去配合。

八、编辑要常逛书店

我逛书店次数很少，总觉得自己是干这一行的，样书室的样书已是数以万计，加上工作的关系，全国每年的图书选题几乎都在我眼中过一遍。但几次逛书店的经验下来，我觉得编辑应该常常到书店去看看。作为一个编辑，到了书店店堂真是受鼓舞，受激励，甚至受到刺激，真的觉得自己很了不起。看着这么多人在选购图书，而这些图书的出版有自己的一份力量，这时，什么"为人作嫁衣"，什么"默默无闻"，什么收入有限，一切都不在话下了！

记得有一次我要写一篇关系到舞蹈的文章，我到了西单图书城。那真是一个城啊，书架前一排排人，摩肩接踵；交款处，长长的队伍每人抱一摞书；到了有关书架前，几十种关于舞蹈的书，各具特色，让人大喜过望。我情不自禁地从一楼，看到二楼，看到三楼，说浩如烟海，毫不为过。

编辑逛书店可以受到激励，可以受到鼓舞，可以得到启发，可以增长学识，可以知道什么书太多，什么书还少，还可以发现你编的书发行情况，好处真是太多了！每隔一定时间，作为一个出版人，一个编辑，都应该到书店走一走，看一看。

九、不要迷信名人

名人，多半是指做出突出业绩，受到人们推崇，影响很大的人物。当然也有做坏事出名的，那不是此文的意思了。编辑，千万不能迷信名人，第一，名人也有因疏忽而出错误的时候；第二，名人也是"术业有专攻"，不见得门门精通，什么都懂。而编辑是为广大读者"把关"的人，一定不能迷信名人，不要以为名人就不出错误，就没有疏忽的时候。

比如，《于丹〈庄子〉心得》一书，够有名的了，已经印行多次，发行达200万册，但仍然有错误。正文第一个大标题"庄子何其人"就有语法错误。"何其"是程度副词，表示"多么"的意思，不可以直接用在名词前。可以说"庄子其人"，"庄子何人"，"庄子何许人"，但"庄子何其人"就不通了。

《文汇读书周报》是出版业一份很有影响的报纸。我很喜欢这份报纸，也很荣幸地在这份报纸上多次发表过文章。但它有一个小栏目叫"东零西爪"（见2008年3月7日该报第8版），就是"东鳞西爪"之误，错误出在这样一份有文化的报纸上，又是在报纸那样醒目的地方，实在是很遗憾的事。

纪连海《点评乾隆名臣》一书，讲到《四库全书》，一部书中年代前后矛盾，实在太粗糙了。

第115页："《四库全书》……其编纂始于1772年，1881年第一部《四库全书》抄录完成。1884年《四库全书》编纂工作完成，共计抄录了七部。"

第167页："《四库全书》……从1773年起，至1782年初步完成，共经历了十年。"

前者说《四库全书》从开始到完成前后经历了一百多年。后者说，共经历了十年。孰是孰非？

只要我们查一下工具书，就一清二楚了。

《辞海》说："清乾隆三十八年（1773年）开馆纂修，经十年完成。"

《中国历史大辞典》说："自乾隆三十八年（1773年）开设四库馆起，至五十二年缮写完毕，历时十五年。"

显然，书中115页的三个年代都是错误的。

我们看毛泽东正式发表的诗词手稿，也有错字。比如"洒向人间都是怨，一枕黄粱再现"，"粱"写成了"梁"。"把酒酹滔滔，心潮逐浪高"，把"酹"写成了"酎"。还有《沁园春·雪》在《诗刊》发表时，词中也有笔误。词中"原驰腊象"一句，周振甫先生认为应作"蜡象"。"蜡"，色白而凝重，用以形容雪原，好像白色的象群在原野上驰骋。周先生向《诗刊》主编臧克家征求意见。臧克家先生认为有道理，同意将"腊象"改为"蜡象"。

不要迷信名人，就是不能因为某位作者是名人、大名人就放弃对书稿的审核和把关。也正因为作者——不论是什么人，有名无名，都可能有疏漏，有错误，所以才需要我们编辑的工作。

十、学会勤用工具书

编辑可能接触各方面的稿件，天文地理、文史哲经、IT业务、股票房产，但任何高明的编辑都不可能记住所有的知识，而稿件中又会碰到各种各样的问题，唯一便捷的办法是查找工具书。过去老编辑传授我们的经验是"口勤""手勤"，其中核心是多请教、多翻书。文稿中语言文字、干支纪年、统计数字，须一一核实。即使是专家，也常常凭记忆写下数字，就不一定有百分之百准确了。作为责任编辑，要手勤，勤于翻检，勤于核对。

为此，每个编辑案头都应有一批工具书。现择其要者，开列如下：

1.《新华字典》。不要因为小学生也用，便不好意思用它。它经过十次大的修订，收字讲究，阐释科学，约11100字，一般常用汉字都有了。目前它已发行4亿册，堪称世界工具书发行之最。而且它体积小，在杂乱无章的办公桌上占不了多大地方。价格低廉，用坏一本可以毫不犹豫地再购一本。

2.《现代汉语词典》。此词典对现代汉语的解释准确。它收词56000多条，包括字、词、词组、熟语、成语、流行语等等。它从1958年开始编写，经过几十年的不断打磨，从送审稿—试印本—试用本—修订本，不断修改，目前已出了六版，发行达3000万册，学术界对它的质量评价很高。

3.《图书出版管理手册》。此书是1991年编辑第一版，至今已修订4次。不断删除过时的文件资料，增加最新的文件和信息。它能帮助我们随时查找文件规定，帮助我们解决出版的政策法规问题。

此外，还应备有中国地图集、世界地图集、《辞源》《辞海》《中国通史》《世界通史》《唐诗三百首》《宋词三百首》，以及宗教方面的词典工具书等等，碰到问题随时可以翻检，不必东找西找浪费时间。

书架上应该备有什么书？在我看来最重要的是能构成工具书的书。我这里"工具书"的概念，不是一般的字典词典，而是可以查考的书。如《史记》《汉书》《后汉书》《三国志》，找寻三国以前的史实、人物从中多能找到线索。比如中外文学名著，某文引用其中文字，也需去这些书中查核。这就有了工具性质，就很有用了。

当然，今天已是网络时代，鼠标一点，手到擒来，十分方便。但一定要清楚，网络上的百科条目，只能作为参考，作为线索，千万不可以作为根据。一些重要的内容，似是而非的地方，根据网络上给我们提供的线索，一定要再找来原作核对，脚踏实地，以免以讹传讹。网络条目的差错可不在少数啊。

（作者系全国政协委员，国家新闻出版总署原副署长，中国出版集团原总裁）

创新时代：出版社创新面面观

聂震宁

创新，应当是一种开放的状态，追求的是焕然一新、出人意表、出奇制胜、山外青山、更胜一等，等等。创新是不太好做归纳和演绎的，更忌讳示范和模仿。古人说"用兵之妙，存乎一心"，套用这话，可以说：创新之妙，存乎一心。

我们正处在一个创新的时代

创新的时代，应当具有以下六个基本特征：

第一，创新的时代，必然是一个经济、政治、科技、文化强烈需要变革和创新的时代。经济全球化的现实，我国加入世贸组织后的形势，知识经济的趋势，国际政治格局多元化的态势，国内三个文明建设的要求，数字化和市场化正在改变人们的生产和生活方式，文化价值得到领导人高度重视，被当成综合国力的重要组成部分，凡此种种，都需要国人有更大的变革和创新。

第二，创新的时代，必然是一个社会呼唤创新，领导者也鼓励创新的时代。报章上曾非常明确地指出，创新是十六大的灵魂。在十六大前夕，江泽民同志号召全党全国与时俱进，开拓创新，在十六大上又提出"发展要有新思路，改革要有新突破，开放要有新局面，各项工作要有新举措"。胡锦涛同志和习近平同志担任总书记后，也一再强调创新、创新、再创新，把万众创新提高到了强国富民、实现"中国梦"的战略高度。他们的政治报告中出现得最多的字就是"新"字。创新成了时代的最强音。

第三，创新的时代，必然是一个在物质生产方式上以社会需求为主要调节手段的时代。这里的意思是，物质生产方式是相对开放的，其动因是客观社会需求而非主观臆想，而社会需求又是天然地需要生产者不断创新的。我们现在正处在市场化进程之中，市场化正是对创新最有力的推动。

第四，创新的时代，必然是一个社会上层建筑和意识形态不断与时俱进，以适应经济基础发展需要的时代。十五大高举邓小平理论伟大旗帜，十六大确立"三个代表"重要思想，都是与时俱进的重大理论成果。十五大确立依法治国，十六大决定建设三个文明，十七大提出贯彻科学发展观，十八大以来习近平总书记提出协调推进"四个全面"等等，都是上层建筑和意识形态适应经济基础发展需要的重要调整。

第五，创新的时代，必然是一个科学技术不断进步、信息交流相对便捷的时代。我们这个时代的信息技术、生物技术、空间技术，这些激动人心的科技成果，不靠创新怎么可能获得？而且，现在的社会生产和经营，对于自主知识产权的依赖越来越大，必然进一步推动科技创新。

第六，创新的时代，必然是一个人才比较自由发展的时代。唐代李白的诗句"天生我材必有用，千金散尽还复来"，折射的是盛世气象，看来在盛唐时期人才也还比较能自由发展，因为科举制度给了人才一定程度上的公平发展的机会；可能那时的商业也比较景气，所以才有"千金散尽还复来"的豪气。在当今这个以能力为本位的社会里，越是有创新能力的人才，越敢说"天生我材必有用"，这是大家有目共睹的。这是一个创新的时代至为关键的一点。

处在一个创新的时代里，各项工作都要有新举措，创新也就理所当然地要成为出版工作的灵魂。这不单是时代的需要，大势所趋，也是出版工作的基本精神所决定的。

创新是出版工作的基本精神

说创新是出版工作的基本精神，也许有的朋友不以为然。在某些朋友的心目中，可能更多地是在想，出版社只要书不犯错误，基本精神就是要赚钱。社会主义市场经济，出书想赚钱并不错，没有钱只做赔本生意，何来可持续发展？但是，对有文化理想追求的大多数出版社来说，我们的基本精神还就是创新，要通过创新去获取尽可能大的社会效益和经济效益。过去不是喜欢说"人是要有一点精神的"吗？如果套用过来，应当说，出版社是要有一点精神的，这个精神就是创新。

出版社所出版的出版物，归纳起来大体是两类：一是创新，一是积累。这里所说的创新，主要是指创造新作品。无论是做文化积累还是创造新作品，都需要有创新精神。就拿文化积累性质的图书来说，一样的《唐诗三百首》，人民文学出版社、中华书局，很多出版社都在出，可是，浙江少儿版的就成了经久不衰的畅销书。为什么？不用说，他们有创新。从图文配合到版式、材料，很多读者就是喜欢他们的。也许是王婆卖瓜，我在这里举一个自己的例子。20世纪90年代初，出现了中外古典名著出版热，一部《红楼梦》几十家都在竞相出版。我是不甘心搞这种重复出版的名堂的，于是就策划了一套"古典文学名著评点系列"，约请著名作家王蒙、李国文运用传统评点方法评点《红楼梦》《三国演义》。这样一来，名著也出版了，又有新的内容附加值，成就了一项有创意的出版项目。再举一个例子。人民文学出版社的一套丛书"中学生课外文学名著必读"，2000年卖了8千万元码洋，三年来卖了2亿元码洋。这是一套旧版书的重新组合。倘若没有丛书设计的创新，就是那 20 多部名著，过去一年一般也就卖 2 千万元码洋。可见，文化积累性质的出版也存在着创新的必要。更不必说那些新创作品，倘若没有创新精神，那就令人生厌了。

出版创新是与时俱进的必然要求，出版创新是创新时代的理性认识与感性体验的综合体现，是出版工作激动人心之处。如果我们认识到创新是出版工作的基本精神，那么，对于许多行销一时的市场现象也就能得到正确的理解。《谁动了我的奶酪》为什么畅销？起码它贴近了我们这个时代的许多人对社会变革的一些心理感受和价值选择。《富爸爸、穷爸爸》为什么畅销？因为这里边包含许多时代的需要。出版只要与时俱进，创新也就在其中了。近几年来，新创作的长篇小说受欢迎，这与读者希望看到创新的作品，而作家也注重受众的阅读趣味变化不无关系，大家得承认，长篇小说最是"一花一世界"的。别看余秋雨、刘墉等人的作品老是被文学界攻击，大有不屑一顾的意思，可是，他们受到中学以上文化水平的大众读者欢迎却是事实。他们的书为什么畅销？恐怕与大家需要不费劲就能学到文史知识和做人常理的阅读诉求有关。有人问我，少儿出版物最近怎么火了？我说，准确地说，火的是少儿出版物的新作，特别是有新鲜故事和新鲜人物的少儿文学的新作，这也是创新的结果。

出版社创新面面观

关于出版实务中的创新，我有这么一个比喻式的概括，那就是：内容创新为王，营销创新为相，企业建设创新为本。

先谈内容创新为王。这里说的内容，是出版实务中广义的内容，包括我们通常所说的作品内容和形式，以及这些内容和形式的种种演绎，甚至包括作为出版物可以传播的全部信息，例如封面、插图、版式，等等。当然，首先还是人们通常所说的内容，帮助人们认识世界、增长知识、修养道德、娱情益性的那些内容。这是出版之本，是出版工作之所以受到人们尊重的基本点。我们首先要在这个基点上创新，要加大内容原创力，多出原创作品。经济领域里说要通过更多地拥有自主知识产权，加强企业的核心竞争力，出版业原创作品的价值也就差不多等同于自主知识产权。这方面的创新应当是第一位的。

但是，作品内容创新并不是出版产品内容创新的全部。大家知道，TCL是生产电话机的企业。关于电话机的物理内容，大体如此，谁都可以做。那么TCL怎么做呢？我国的首部按键式电话机是他们做的，首部无绳电话、数字电话、数字无绳电话、数字录音电话、来电显示电话、可视电话，都是他们做的，这就是产品内容创新的成果。这里面有对原来内容的持续创新和改造，也有仅仅是形式的变化创新，也是创新。TCL还有一个例子也颇有意思，他们在企业内部发动员工搞产品外观设计有奖活动，有一个刚刚毕业的大学本科生设计了一个很漂亮的手机，被选中了，得到一万元奖金。这就是现在很流行的TCL3188款手机。机芯还是那么一些东西，市场的胃口大开，企业不知赚了几百几千个一万元，"都是美丽惹的祸"。TCL的经验启示我们，创新的机会无所不在，不要放过任何一点可能改变的元素。像美国的微软视窗系统不断升级，日本的一些名牌汽车年年推出稍稍改进的新款，何尝不是如此！

出版业内同样有很多成功的范例。1990年，漓江出版社出版的《插图本世界文学史》，似乎是国内后来大批图说书出版的滥觞，这是一种形式的创新；其后不久，三联书店出版的蔡志忠漫画，把经典图说化，获得了很大的成功；再后来风靡一时的老照片、红镜头、黑镜头，都是这种图说路数的成功。又例如产品跟进。由《谁动了我的奶酪》引发的所谓"臭烘烘"的奶酪现象，有人提出了批评。奶酪现象是不好，过分的产品跟进是不好，让读者反感，使行业蒙羞，应当引起出版社的反思。但是，我们也要注意，产品跟进战术也可能形成创新，不能一概反对。古体诗词常有唱和，那也是一种跟进，有时候也会出好东西。就拿毛泽东反其意而和南宋诗人陆游的咏梅词，不是也很有新的境界吗？20世纪60年代瑞典有一个科学怪杰，专门针对科学界已有定论的东西来反其道而行之，发表一家之言，出版了一本《众神之车》，提出了许多怪诞的猜测。书出版后很畅销，这也算是一种跟进创新吧。再有，出版业通过产品的升级换代来实现创新，也是大有可为的。《现代汉语词典》20 年才做一次修订，这在欧美发达国家不可思议。早几年终于修订了。商务印书馆去年又做补订，很好。《新华字典》又做了双语版，升了一级，出了一个新品种，获得了新的竞争力。我们大家是不是在产品的升级换代方面考虑得少了一些，许多书被出版社像狗熊掰棒子一样地浪费了。

如果能够宽泛地来理解出版创新，我想，关于出版物的创新方法，可以列出十条、二十条来，比如：内容原创法、图说法、媒体互动法、版本更新法、跟进法、名人效应法、同类书组合法、特殊活动带动法、权威定位法、读者定位法、版权引进法、材料分级法、版式繁简法、装帧包装法，等等，还可以举出一些办法来。但是，我还是要强调自己的最高追求，那就是，无论是天罡 36 变，还是地煞 72 变，万变不离其宗，内容原创还是正宗第一法。

现在谈营销创新为相。我之所以称其为相而不是王，是因为出版业首先还是内容产业，总要以内容为王，营销也就是帮助王者"总理朝政"。当然，也有人主张，在市场经济条件下，营销为王，理由是，倘若不能实现有效销售，一切都无从谈起。大有不在营销中发展，就在营销中灭亡的意思。比如，《哈利·波特》的品种创新，使用的是版权引进法，人家说，没有一系列的营销，能有那么好的效益吗？又比如，《谁动了我的奶酪》，一本薄薄的 4 万字小书，写作水平一般，凭什么畅销到如此地步？主要靠的还不是营销！《哈佛女孩刘亦婷》为什么销售能突破 100 万册？出版社有针对性地宣传，抓住了名校、留学女孩以及素质教育这些颇有吸引力的关键点，是其成功的重要原因。《新概念作文》，其成功的基点还就是一等奖作者可以免试上大学，哪里是内容为王！以上这些看法是符合实际的。但是，从出版工作的本质意义和一般规律来讨论，还是要说内容创新为王，营销创新为相，缺一不可。

营销必须创新。要实现营销创新，就目前我国出版业的普遍情况看，需要回答三个问题：购买者在哪里？作者在哪里？分销商在哪里？能够回答好这三个问题，出版社才称得上是出版物市场上的强者。

购买者在哪里？《十五大以来重要文献》的读者在党政干部和党校里面。《世界贸易组织文件汇编》的读者是政府各级官员、企业家、党校和某些学者，最主要的还是前者。长篇小说《牵手》的读者主要是女性和喜欢明星蒋雯丽的男性。长篇小说《突出重围》的读者在学校，在军营。《富爸爸、穷爸爸》的读者据说是希望爸爸富起来的儿子们和着急富起来的爸爸们。在一本书确定选题时，应当提出这个问题。有些选题还应当在了解读者需求之后才决定出不出、出多少。我们的出版社在这方面的意识和把握能力都比较有限。总之，还是信息化程度太低。要提高我们出版社的营销能力，必须在这方面有所创新。

作者在哪里？最好的选题要找到最合适的作者，这是不言而喻的。但是，我要特别提醒的是，与你合作的也许是最合适的作者，却由于你的局限性，最终没有让他成为最合适的作者。最近卖得比较火的《登上健康快车》的作者洪昭光先生，1995年我就同他合作过。那时是在漓江出版社，我们编撰出版一套"中华名医谈百病"丛书，洪先生是作者之一，由他主编《心血管疾病》分册。编书就编书，我们没有请他来一起做更多的事情，更没有像北京出版社现在这样，请他来开展健康咨询演讲，通过新闻媒体来宣传他的演讲效果，所以当时那本书的市场业绩比较平淡。我们也曾经邀请洪昭光在新书发布会上介绍过图书，那时我就发现洪先生具有很好的演讲才能，但后来就是没有去做营销策划，一个好的作者资源就让我白白浪费了。作为营销创新，我们要问的不仅是作者是否有书稿，或者有无承担一个选题的能力，还要问作者还有什么能力为出版活动所用，要充分发现、发掘、使用作者资源。现代矿业资源讲的是要多元化地综合利用，现代出版业也应当按照这种思路去创新。

分销商在哪里？出版以读者、作者为本，分销商就显得相对次要，但还是很重要。作家出版社、华艺出版社在和分销商的合作方面就做得不错。我们说一些书业批发商能力强，往往就是指他与分销商的合作能力强。分销商是出版社营销创新的合作者，是出版社与读者的必不可少的通道，否则我们很可能与读者擦肩而过，甚至是咫尺天涯。中文简体字版《哈利·波特》创造的营销业绩，是与分销商的合作分不开的。我们比较早地启动宣传机器，让分销商比较早地对这一品种的市场前景树立起信心。美国版《哈利·波特》的宣传启动更早，出书前的 6 个月已经搅得"山雨欲来风满楼"。美国的出版社一般也都是在出书前 6 个月发动宣传攻势，这时主要是对准分销商来做，等到书出版了，他们就邀请重要的分销商一起来对准读者做宣传，把75% 的力量用在读者身上。过去我们的情况大体是相反的，用了 75% 的力量来对业内媒体做宣传，影响面基本上局限在分销商，很少问读者在哪里，而这是我们宣传的最终对象，特别是在基本实行经销包退的销售形式之后。不过，现在的情形有了变化。《哈利·波特》的持续宣传就是对准了读者，分销商也参与进来给读者做导读，效果就是不一般。我想，什么时候出版社的出版物广告更多地在大众媒体上出现了，我们的营销也就比较到位了。

关于营销活动创新，还有很多内容，比如出书时机的选择、图书包装的策划、定价的策略，还有中介的选择与合作，等等，也都有创新的任务。

既然说的是出版社创新，还要说说关于出版社的企业建设创新。出版社的改革和发展，最终目的是建设可持续发展的现代出版企业，而要达到这个目的，就要进行体制机制改革，进行制度创新、组织创新、生产经营流程再造、人才队伍建设和企业文化建设。我以为，人才队伍建设和企业文化建设是其中至关重要的两点。我的体会是：制度易学，人才难得，文化难弄。制度还是容易引进照搬的。人才问题大家说得够多的了，但是就我所知，不少地方还有点儿叶公好龙，这个问题很复杂，不是说比天空更宽阔的是人的心灵吗？不是说存乎一心吗？人是世界上最有创造力又是最复杂的。我的办法却很简单，就是说得最多的"人尽其才"，再说一句，那就是"要讲人才效率"。市场经济是效益经济，出版社内人才管理要讲效率。要求人才创效率，要用效率管人才。出版社总有个别崇尚空谈的人，空谈误国也误企业，怎么办？我的办法还是从管理机制上做引导，我愿意听你高谈阔论，否则你又说我脱离群众，何况你的高谈阔论也许会启发我的思路。可是到年底你的效益不好，问账要钱，我可没法给你奖金，因为奖金都在明处，渐渐地大家也就一心一意去做事情，谋发展了。这时我又来鼓励大家研讨和建言，因为沉默不是出版企业应有的状态，我还是希望大家快乐工作的。这也算是出版社的一种人才管理的创新吧。

（作者系全国政协委员，中国作家协会会员，中国出版集团原总裁，韬奋基金会理事长）

重视对出版文化理性问题的研究

郝振省

重视对出版文化理性问题的研究，是出版业体制改革和技术转型顺利实施的需要。本文着重对出版文化理性问题研究的重要性和紧迫性、出版文化理性的内容和出版文化理性的养成进行探讨，以就教于方家。

一

出版业是内容产业。自从人类社会有了出版活动以来，它的介质和产品跨越几千年，从甲骨到钟鼎、到缣帛、到纸张、到互联网，如今已发生了根本性的，甚至是颠覆性的变革，但它以内容积累文化、传承文明的本质特征却始终如初。正是从这个意义上讲，我国的出版业是以不变应万变；从载体角度讲，则是万变不离其宗。在今天的市场经济体制下，出版业要比过去更讲究装帧艺术，讲究宣传推介和市场营销，但能否赢得读者、赢得市场，取得理想的"双效益"，最终还是取决于产品的内容，取决于内容是否具有吸引力和感染力，乃至主旋律、正能量。

国家大力倡导全民阅读，甚至把推进全民阅读提升到建设学习型社会和书香社会的高度来运作，其根据在于：对于个人来讲，阅读决定着他的文化附加值及他对社会的贡献和社会对他的肯定及认可的程度；对团体来讲，阅读决定着这个团体核心竞争力的大小及社会影响力的强弱；对国家和民族来讲，阅读决定着它的经济硬实力和文化软实力的水平高低及其在国际社会的地位和影响力，等等。只不过我这里讲到的阅读，有一个重要的前提，那就是大家读的书必须是有内容、有质量的，是符合社会主义先进文化"出版文化理性"本质特征的。出版界的先贤们认为，重视国家和社会进步，就不能不重视教育，重视教育，就不能不重视书业，书业是中华传统文化的精华，是中华民族数千年来经久不衰的血脉，尽管与工农业相比，其规模相对弱小，但它对民族精神的滋养，对国家社会的影响却很大，其道理正在于此。

众所周知，在中外近现代出版史上，凡是做得有"响动"、有作为的出版企业，无一不是出版文化理性的倡导者和践行者。商务印书馆历经百年而不衰，关键在于它把对文化理性的追求与对商业利益的追求有机地结合在一起，是以文化理性为体，商业利益为用。中华书局、三联书店基本上也沿袭了这条路径，方能"风景这边独好"。德国的苏尔坎普出版社，规模并不大，但其社长翁泽尔德逝世时，德国总统和其他欧洲政要纷纷前来送行，何故？因为这家出版社的"彩虹出版计划"为战后德意志民族重建自己的信仰及精神支柱，持续地提供了两千余种优秀出版物。

当前，"出版文化理性"问题尤其应该引起我们高度的、足够的重视。因为进行体制改革的目的就是为了解放和发展出版生产力，而解放和发展出版生产力的目的就内在地蕴含着提升出版物内容质量这个基础和前提；因为我们正在加快传统出版业向现代出版业的转型，而转型的目的是为了扩大中华优秀文化的传播力和影响力。要达此目的理所当然地要求我们出版业传播的内容必须富有文化理性的魅力。应该清醒地看到：体制改革为我们提供了到达理想境界的道路，而理想境界的真正实现，还要靠我们在内容方面的辛勤耕耘；技术转型为我们提供了先进的传播手段及载体，而这种手段和载体要真正发挥效力还有赖于我们在文化理性方面的精心策划与全力打拼。新闻出版总署原署长柳斌杰在讲到行业面临的挑战和困难时，明确而又尖锐地指出出版业"内容创新能力弱，有影响力的精品还不多"。习近平总书记在文艺座谈会上更加形象地讲到，文艺作品"有高原无高峰"等等。所有这些论述，实际上都是在强调研究出版文化理性问题的紧迫性。

二

什么是出版文化理性呢？笔者以为，出版文化理性就是出版人、编辑人经过长期的学习、实践、修炼而形成的一种综合性的、决定或影响出版物内容吸引力和感染力的本质性文化品格。出版文化理性的内容似可分为核心层、核心实现层、核心辅助层三个层面。

核心层，即是说出版从业人员，特别是编辑人员，要有文学的感性（喜爱文学，善于借助文学贴近生活、发现生活和洞察生活），艺术的灵性（未必有艺术的创造力，但至少要有对艺术的追求习惯和鉴赏力），哲学的悟性（能领会基本哲学命题的意旨，理解苏格拉底、康德、黑格尔等大思想家的核心理念，具备辩证思维能力），史学的智性（要坚持历史唯物主义态度，对历史现象的复杂性、历史运动的规律性有冷静、清晰的认知和客观、公允的评断），科学的真性（具备基本的科学知识、科学素养及科学精神），伦理的德性（坚持真理，修正错误，恪守职业道德，维护他人成果，己所不欲、勿施于人等）。核心层的规定性实际上回答了出版业积累文化、传承文明的主体的基本规定性和普遍规定性。一些历史久远的百年老店历经沧桑风采依然，一些新锐出版单位勇立潮头，影响斐然，就是因为拥有上述"六性"的编辑家或编辑大家。编辑因其供职的专业方向有所不同，对于这"六性"的修炼可以有不同的侧重，但一般来说都应该有所具备。

核心实现层，讲的是文化理性的实现能力。即在这种文化底蕴和文化涵养的基础上，出版从业人员，特别是编辑应该具有较好的判断力、亲和力、文稿统筹能力和文字驾驭能力。判断力讲的是选题的策划和决策能力，亲和力讲的是对作者的挑选和沟通能力，文稿统筹能力讲的是谋篇布局能力，文字驾驭能力讲的是对文字的敬畏和娴熟的加工及修改能力。一个具有较高文化理性的编辑才能设计出具有较高文化理性的选题，才能寻觅到具有较高文化理性的作者，也才能编辑出具有较高文化理性的书稿，最终才能形成一批具有较高文化理性的品牌群落。

核心辅助层，讲的是出版文化理性的外在形象。包括交往中的礼仪（温文尔雅、风度翩翩），彼此间的尊重（设身处地为对方着想，即便是不同意别人的观点，也充分尊重对方发表不同意见的权利），对于承诺的遵守（讲话严谨，留有余地，言必信，行必果），谈吐的诙谐幽默，还有讨论问题的情趣与风趣等，这方面的要求既是文化理性的延伸与体现，又是对文化理性的进一步提升与发展。

三

关于出版文化理性的养成，笔者认为可以从三个方面来探索。

从个体讲，就是要在对单位、对社会、对民族、对国家负有一定责任感和使命感的基础上，自觉地形成对文化理性的坚持与修为。出版物的内容质量包括其科学性、导向性及感染力。尽管作者的资质很重要，但编辑的智力、眼光选择和把关能力在出版加工整个环节则是决定性的，尤其在知识经济时代，编辑的选题策划能力及对作者的遴选能力更是首当其冲，无可替代。那么编辑人形成自己的文化理性的路径在哪里？如果用一句话来概括，那就是坚持不懈地把阅读、写作、谈话交流或演讲逐步修炼成为自己的基本生活方式。所谓基本生活方式，就是生命中须臾不可缺少的方式，在某种意义上，它与空气、阳光、生命同在。社会分工的其他门类，可以多读书或少读书，多写作或少写作，多说话或少说话，而出版人、编辑人则必须把阅读、写作、交流作为自己的生存方式和终生爱好，一日不可懈怠。也要把读圣贤书、写经国文章、探索深邃思想，作为自己长期追求、锲而不舍的目标，并力求修成自己的"看家本领"。古往今来，那些名闻遐迩、颇有作为的出版大家、编辑大家、文化大家，哪一个不是饱读之士、饱学之士，哪一个不是与书相依为命、相伴终生的？

从单位讲，应该体现文化管理的原则与要求。有同志讲出版企业的管理，经过了经验管理、科学管理的阶段，现在进入了文化管理的新阶段。文化管理就要体现文化理性原则。怎么体现这一原则呢？首先，就是不只强调外在的东西，更要关注其内在的素质。比如说录用新人，除了看其学历的高低之外，更主要地应看其是否具有坚定正确的政治立场，是否具有浓厚的家国情怀，是否全心全意喜爱书业这一行，同样也要看他喜不喜欢读书，读了以后能否有所思，有所得，有所悟。其次，在绩效考核评估方面，应有读书和写作乃至交流方面的指标，这些指标要尽可能符合实际，具有可操作性，考虑到人的某种惰性，一些相关要求还应具有刚性约束。以往的实践证明，重赏之下必有勇夫，严管之下必有精英。再次，出版单位要有意识地营造一种氛围，在这个氛围里，人们会于不知不觉中、日复一日地养成自己的出版文化理性。例如20世纪二三十年代，商务印书馆的编辑们饭后散步，互相比拼着背诵《红楼梦》《三国演义》的某些段落。这就启示我们：可以倡导乃至设计一些有意义的诵经典、背诗文的活动，以此来陶冶和浸润我们的编辑，并把这种活动逐渐转化为富有人性的、富有文化理性的、大家认可的约定俗成，最终成为出版企业的拿手好戏、制胜之本。

从社会讲，笔者以为至少有两条：一是社会在倡导和组织重大政治活动时，既要重视其政治目标的实现，又要重视从文化理性养成的角度提出问题和解决问题。比如，我们提出要在全社会确立社会主义核心价值体系，这是我们国家的经济制度和政治制度所要求的，但这只是问题的一个方面。另一方面，社会主义核心价值体系中的指导思想和共同理想，民族精神与时代精神，还有社会主义的荣辱观等都是很重要的文化基因，都和其他重要的文化元素水乳交融地结合在一起。如果我们不仅从政治方面，而且从文化理性方面来理解和部署核心价值体系的宣传教育，无疑会收到事半功倍之效，无疑会使我们的编辑人员对政治的理解合乎逻辑地建立在深厚的文化底蕴的基础之上，从而也使政治目标的实现有了更可靠的依托。

最后，笔者建议在现行的新闻出版行业准入考试中增加文化理性的内容。从社会管理的角度来审视，目前的编辑出版行业的资格准入考试及资格登记工作等显然都很有必要，但如果我们仔细考察，就会发现这种准入考试也存在某种局限性。因为它测试的还是普通的工具性知识、实用性知识而没有进入到文化理性的核心层面。这显然不利于编辑大家、出版大家、文化大家的产生与养成，也不利于鼓励人们向这方面一以贯之地努力。可以考虑在这种考试中，设置申论或对策性考题，给考生留下可以文思驰骋的空间，让他充分展示自己的文化理性思维与写作文采，张扬自己的文化理性及胸怀天下的抱负。

（作者系全国政协委员，中国编辑学会会长，中国新闻出版研究院原院长）

图书编辑的"五个必须"

张芬之

何谓图书编辑？仁者见仁，智者见智，各有各的理解和认定。用我的实践和语言来表述，即是：图书这种纸介质精神文化产品的策划者、组稿者、编纂者。如果用一句比较生动形象的语言来比喻，即是：图书出版的"助产士"和"接生婆"。过去，人们往往把编辑称为"编书匠"，以为只是组组稿子，改一改错别字，没有多少复杂劳动。其实不然，真正能称得上合格的图书编辑的人，是那些对党和人民忠诚，对语言文字敬畏，有较高的职业素养，淡泊名利、甘于寂寞，对书稿精雕细刻，为他人乐此不疲地作嫁衣的人。有人把编辑比作蜡烛，默默地燃烧自己，无声而又甘愿，用自己的光和热温暖和照亮他人；也有人把编辑比喻为春蚕，一生执着勤奋，吃的是桑叶，吐出来的是丝锦，春蚕到死丝方尽，一丝一缕为人民。

图书出版是我国思想文化战线上的主力军，是酿造精神文化食粮的特殊行业，担负着为人民群众提供精神文化产品、满足其日益增长的精神文化需求的神圣使命，岗位光荣，责任重大，历来受到党和国家的高度重视和亲切关怀。毛泽东、邓小平、江泽民、胡锦涛等几代党和国家领导人，在不同时期和不同场合，都为我国的图书出版事业写过重要题词，做过重要讲话或重要批示。党的十八大以来，以习近平同志为核心的党中央，对精神文化产品的生产和深化文化体制改革极为重视，也有许多重要讲话和具体部署，对推动我国文化出版产业的大发展大繁荣起到了重要的作用。譬如：2014 年 10

月15日，习近平总书记主持召开了北京文艺工作座谈会，并就事关文艺繁荣的一系列根本性、方向性的重大问题，发表了重要讲话。他指出："文章合为时而著，歌诗合为事而作。"衡量一个时代的文艺成就最终要看作品。推动文艺繁荣发展，最根本的是要创作生产出无愧于我们这个伟大民族、伟大时代的优秀作品。他强调：繁荣文艺创作，推动文艺创新，必须有大批德艺双馨的文艺名家。他要求：文艺工作者除了要有好的专业素养之外，还要有高尚的人格修为，有"铁肩担道义"的社会责任感，讲品位，重艺德，为历史存正气，为世人弘美德，为自身留清名，努力以高尚的职业操守、良好的社会形象、文质兼美的优秀作品赢得人民的喜爱和欢迎。

因此，作为一名图书编辑，就要像习近平总书记所要求的那样，对本职岗位有强烈的光荣感、责任感和使命感；有虚怀若谷、只争朝夕、奋发向上的刻苦学习精神；有胸怀祖国、心贴民众、淡泊名利、甘当苦力的无私奉献精神，努力使自己尽快成为一名让党和人民放心的合格的图书出版工作者。

做一名合格的图书编辑，不是一句空洞的口号，随便喊两嗓子就可以的，要真正做到合格、称职并不容易，需要付出艰辛，甚至是终生的努力。俗话说，艺无止境，冰冻三尺非一日之寒，讲的就是这个朴素的道理。

根据党和国家关于图书出版工作的基本要求和我四十多年来从事新闻出版工作的切身实践，我以为要做一名合格的图书编辑，起码必须具备以下五个方面的综合素质。

一、必须有坚定正确的政治立场，永远与党和国家在思想上、政治上保持高度一致

图书出版是生产和传播精神食粮、铸造思想灵魂的工程。所以，图书编辑首先应是灵魂工程师。何谓灵魂？我以为，灵魂就是坚定正确的政治立场，就是胸怀全局、忠诚于祖国和人民的职业操守，就是制作优质文化产品，始终弘扬和传播正能量。

《图书编辑工作基本规程》中规定，书稿在"三审过程中，始终要注意政治和政策性问题；责任编辑要对书稿的政治倾向、思想品德进行把关"。

这就明确地告诉我们，作为一名图书编辑，必须在思想上、政治上、立场上与党和国家保持高度一致，必须对党和人民一往情深，忠贞不渝。当各种杂音、噪音轰鸣，当各种非无产阶级思潮像洪水一样袭来的时候，你能够心明眼亮，立场坚定，有自己的主心骨，有敏锐的观察力和辨别力，懂得什么是对的，什么是错的，什么是党和国家提倡的，什么是党和国家反对的，不能人云亦云，随波逐流；不能当墙头草，哪边风大往哪边倒。要认清自己肩负的责任，自觉地、无条件地与党和国家的出版法律法规保持高度一致，坚守生产优质精神文化产品的阵地，坚持社会效益第一的原则，永不迷失正确的出版方向。

二、必须认真学习和知晓党和国家关于图书出版工作的法律法规，确保自己所选择和编辑的图书符合国家对精神文化产品的基本要求

中国有句俗话，叫作干什么吆喝什么。你是农民，要懂得时令、节气，要学会耕耘播种；你是工人，要熟悉岗位职责，要具有做好本职工作的专业技能。与此同理，你是一名图书编辑，就要学习、熟知党和国家关于出版工作的方针、政策及其相关的法律法规，做图书出版工作上的"明白人"。

现在已颁布实施的出版法规主要有《出版管理条例》《中华人民共和国著作权法》以及《图书质量管理规定》和重大选题备案办法等等。经国务院批准颁布的《出版管理条例》，其地位与权威可以说相当于国家的"出版法"，是我国出版行业管理的基本法规，必须认真学习，切实把握，并在实际工作中认真贯彻落实。否则，不学不知不懂，就是盲人骑瞎马，不知道哪一天就会跌到沟里去，犯了错误还不知道错在哪里。譬如：2016 年修订的《出版管理条例》第二十五条对出版物不得含有下列事项内容做出了明确规定：①反对宪法确定的基本原则的；②危害国家统一、主权和领土完整的；③泄露国家机密、危害国家安全或者损害国家荣誉和利益的；④煽动民族仇恨、民族歧视，破坏民族团结，或者侵害民族风俗习惯的；⑤宣扬邪教、迷信的；⑥扰乱社会秩序，破坏社会稳定的；⑦宣扬淫秽、赌博、暴力或者教唆犯罪的；⑧侮辱或者诽谤他人，侵害他人合法权益的；⑨危害社会公德或

者民族优秀文化传统的；⑩有法律、行政法规和国家规定禁止的其他内容的。上述这十个方面的内容，属于图书出版的"红线"和"禁区"，图书编辑应当牢记在心，坚决遵循，不能有章不守，各行其是，更不能打"擦边球"，越雷池半步。

诚然，出版工作是一项系统工程，也是一项神圣而又严肃的事业。因此，党和国家关于出版工作的法律法规有许多，要求也很严格。图书编辑要有"我要学"的高度自觉性，努力在日常的工作中，不断地学习领会，认真地实践和把握，不能满足于一知半解，更不能借口工作忙，任务重，埋头"拉车"不"看路"，以至于造成"灯下黑"，成为图书出版上的"盲人"，甚至罪人。

三、必须有深厚的理论功底，敏锐的政治头脑，要炼就一双识别正确与错误的"火眼金睛"

图书编辑不是编书匠，在一定的意义上说，是属于特种行业、特殊岗位，需要有专门的学识，很高的政治觉悟，很强的政策水平，很好的理论素养，很敏锐的政治判断力。因此，不是随便摸一个脑袋就能做图书编辑工作，也不是任何一个大学生、研究生就能称职胜任的。有人说，编辑应该是杂家，应当是通晓政治、经济、文学艺术和天文地理的复合型人才，既要在某一个方面成为专家，又要对诸多领域粗通一二，否则就适应不了图书出版行业客观上的不同需求，此话确有道理。

毛泽东同志曾强调，要政治家办报。我以为，做图书编辑工作也要讲政治，讲大局，也要力求成为出版家、政治家。当前，图书市场竞争激烈，书稿内容鱼龙混杂，社会需求五花八门，加上各种思潮和声音相互碰撞，对坚持图书出版的正确导向提出了更高的要求。如果你没有深厚的理论根底，没有敏锐的政治头脑，没有一双善于识别香花毒雾的"火眼金睛"，就可能在错综复杂的社会思潮和各种噪音、杂音面前，受其左右，迷失方向，其结果往往是面对泥沙俱下、林林总总的书稿，分不清正误，看不出好坏，以至于选稿失误，最终是"赔了夫人又折兵"。诚然，深厚的理论根底和敏锐的

"火眼金睛"，不是天生的，也不是头脑里固有的，而是需要刻苦攻读，勤奋实践，在知行合一、天长日久的日积月累中，一天天、一步步地成长成熟起来。鲁迅、邹韬奋、茅盾、巴金、叶圣陶等等，这些德高望重、名闻遐迩的"编辑家"，是我们学习的楷模。

四、必须有良好的职业操守，有娴熟的图书编辑专业技能

古往今来，从事图书编辑这个职业的人，往往被称为"文化人"，做的是延续文脉、传递书香的事情，在众人眼里这是个受人尊敬、令人向往的行当。许多人靠它立足，谋生，赢得了生存与发展，既为社会文明做出了贡献，也为自己"雁过留声、人过留名"。所以，图书编辑这一职业在当今社会有着很高的美誉度和价值度，吸引着众多文化人不断加入这个行列。

众所周知，不立规矩，不成方圆。社会上的任何一种职业，都有自己的规矩和操守，都注重培养和讲究自己的职业道德。图书编辑通常是为他人作嫁衣，要有默默无闻、甘当无名英雄的无私奉献精神；图书编辑天天与书稿打交道，要运用自己的学识和技能对书稿精心打磨，精益求精，要有对文字的敬畏，对工作认真负责的革命精神。古人云，文以载道。就图书编辑来说，精心编辑出版一本图书，是为读者酿造精神食粮，要传播好声音、好故事，要弘扬主旋律，释放正能量，这也是一种"载道"。每一位图书编辑都应从对党和人民负责的高度，认清自己的岗位和使命，自觉养成良好的职业操守，做一个忠诚勤勉、敬业精业的出版人。

俗话说，打铁需要自身硬。又说，三百六十行，行行出状元。做图书编辑工作，不只是政治上要求严，操守上要自律，而且要熟知行话、术语，熟悉编辑工作的整个流程，要具有称职胜任的专业技能。譬如：什么叫齐清定？什么叫版权页？三审三校的基本要求是什么？如何把好书稿的政治关、政策关、文字关？当前有关部门规定的禁用词语有哪些？新版《标点符号用法》你使用对了吗？如何与作者沟通书稿上的一些观点和文字上的改动？书稿的封面语言以及成书后的宣传营销，等等，所有这些学问，作为图书编辑都要熟练掌握，了然在胸。如果对此一知半解，甚至不懂装懂，那就等于是

"门外汉""睁眼瞎",势必在日常的编辑工作中,昏昏然茫茫然,不知其所以然,要做一个合格的图书编辑岂不是空谈?!

五、必须有不甘平庸、锐意创新的精品意识,坚持不懈追求完美和极致,让每一本书都有新亮点、高品质

质优,是图书出版的基本要求;创新,是图书出版的永恒主题。当前,图书市场竞争残酷,可谓你死我活。一家出版企业,要想取得"双效益",保持可持续发展的实力和后劲,做到"风景这边独好",唯有精心策划,敬业精业,高人一筹,锐意创新,别无什么捷径可走。县委书记的榜样焦裕禄说过:"吃别人嚼过的馍没味道。"这句名言形象而又生动地印证了图书出版的一般规律,这也应是图书编辑对自己提出的必然要求。中国古人提倡:"苟日新,日日新,又日新。"用这一理念来要求图书出版工作是必要而又恰当的。图书编辑缺失了创新的心胸、眼光,没有一以贯之、刻意求新的精品意识和不到长城非好汉的勇气和志气,那就只能亦步亦趋地跟在别人后面炒剩饭,进行低层次的重复出版,这样编出的图书何来"双效益"?又何以讲好中国故事,传播好中国声音?商务印书馆原董事长张元济在100多年前就说过:"生平宗旨以喜新厌旧为事。"这里所说的"喜新厌旧",就是打碎旧的,创造新的,只争朝夕,刻意求新。假若联系图书出版实际来谈创新,其外延很宽,内涵很丰富,诸如:选题策划新,书名构思新,思想内容新,选材立意新,理论观点新,语言文字新,装帧设计新,等等。诚然,创新不易,出新、出彩亦难,但唯有不易和困难,才更值得我们去追求,去攀登。图书市场本来就是内容为王、质量至上、创新永无止境的竞技场,不能靠"红头文件",靠党费、团费或硬性摊派去销售,要靠市场需求和读者自愿掏腰包购买。这种无情的市场情势,这种现实的竞争态势,要求图书编辑必须直面现实,穷尽智慧,下决心与平庸说"拜拜",向好书和精品"看齐"。

回首四十多年的工作历程和生活体验,我本人也有这样的切身感悟:一个人活在世上,平平庸庸、平平淡淡地度过一生,就像少油无盐、食不甘味的饭菜一样,大倒胃口,很伤脑筋,很没面子,还让人小看和轻视了自己,

与其这样碌碌无为、不咸不淡地干着，活着，活受罪，没出息，还不如量体裁衣，立定志向，刻苦学习，奋发向上，一展宏图，成就辉煌。当然，我这里说的"宏图"和"辉煌"指的是事业，是工作业绩，不是提倡追名逐利，高官厚禄，而是就自己的本职工作而言。你想成为一名出色的图书编辑吗？那就要听党的话，忠诚勤勉地为人民服务；要读万卷书，行万里路，以知促行，知行合一，打好政治、理论、作风、修养、技能"五个根底"；要不甘平庸，锐意创新，真正有那么"两把刷子"；多编好书，志在一流。

（作者系《中国新闻出版报》原总编辑、高级编辑，韬奋新闻奖提名奖获得者，中国作家协会会员，终身享受国务院政府特殊津贴）

新时期书报刊编辑的职业精神和素质要求

马国仓

书报刊是内容产品，书报刊编辑是内容产品的组织生产者和加工者，书报刊产品内容质量的高低好坏与书报刊编辑的职业精神和业务素质密切相关。

编辑职业精神的养成和业务素质的提升往往既受社会大环境的冲击，也受文化生产小环境的影响。一方面，社会的快速发展和市场经济澎湃大潮，让各行各业不同程度出现浮躁之风，书报刊产品及其编辑既是市场经济的受益者，也是浮躁风气的受害者；另一方面，纵观当下的书报刊出版，其尴尬在于既有历史的荣耀，更有发展的纠结。推动传统书报刊出版融合转型发展，既是战略选择，也是紧迫任务。但在当前，包括书报刊编辑在内的传统出版从业者都知道，融合发展还仅仅是一个刚刚开始的全新课题，探索中还有很多困难。书报刊编辑作为书报刊出版活动中最为积极、最为核心的因素，进入新时期，他们在书报刊出版活动中的角色已经大大不同于过去，书报刊编辑在作者、市场、读者之间扮演着越来越多、越来越重要的角色，这也促使新时期的书报刊编辑必须具备应有的职业精神和业务素质，才能保证书报刊正常出版，也才能保障书报刊的内容质量。

一、说精品——让精品多些多些再多些

所谓精品，是指那些"思想深邃、艺术精湛、制作精良"的作品，也就是那些"像蓝天上的阳光、春季里的清风一样，能够启迪思想、温润心灵、陶冶人生，能够扫除颓废萎靡之风"的作品。对今天的绝大多数书报刊编辑来说，由于受教育程度提高、办公技术提升，编书办报办刊可谓小菜一碟，但如何推出精品，既是编辑工作永恒的主题，也是每个编辑永远的难题。

以图书出版为例，尽管我国现在年出书40多万种，是名副其实的出版大国，但当前阅读市场消费的主要矛盾依然是市场供给与读者多元需求之间的矛盾。应该说，出版界拥有一批优秀编辑，他们策划推出了大批优质精神产品，但面对我国13亿人口的图书大市场，受创作、生产、流通等多重因素影响，图书市场"有数量，缺质量""有高原，缺高峰"的现象还在很大程度上存在，精品佳作或供给不足，或供应不畅。

今天，我们要认清这一主要矛盾，以实际行动贯彻落实习近平总书记在文艺工作座谈会上的重要讲话精神，那就是要始终坚持以人民为中心的创作导向，深入生活，扎根人民，密切加强与读者和作者的联系，根据读者的需求策划选题，通过第二次创造性劳动，打造精品出版物，用更多精品出版物满足读者需求。

出版强盛的重要标志是精品，编辑功成名就的秘诀在精品。一名编辑，在实际工作中推出一种乃至几种精品并不难，难的是一生都在琢磨推精品，但遗憾的是有些编辑一生都没有推出一本精品。多推精品是一名优秀编辑能力和自我价值的体现，无论时代怎样发展，市场怎样变化，只有编辑人人把多出精品作为职业的目标、事业的追求，崇尚内容为王，依靠创新制胜，让图书市场精品多些多些再多些，编辑工作才会无愧读者，不负时代。

二、说码洋——追求码洋又不唯码洋

书报刊出版单位是企业。通俗点说，企业就是以利润最大化为目的的经

济组织。但此企业非彼企业，书报刊出版单位是文化企业，文化作为置于企业前面的限定词，决定了书报刊出版单位必须把社会责任始终挺在前面，把社会效益放在首位，追求社会效益和经济效益相统一。

同样以图书出版为例，编辑作为出版企业的生力军，在市场经济条件下，追求码洋，无可厚非。但一名编辑如果只讲金钱，不讲良心，唯码洋马首是瞻，被市场牵着鼻子走，浑身沾满铜臭气，那他就成了习近平总书记所说的"市场的奴隶"，他赚再多的钱也只能算个编辑队伍里的暴发户或者"土豪"，他的编辑工作得不到行业和社会的尊重和认同。如果他还单纯迎合部分读者不健康的阅读口味，宣扬错误的价值观和不健康的生活方式，以低俗、庸俗换取码洋，还要受到社会和行业的谴责。这并非危言耸听，曾几何时，图书市场上一些没有任何内容深度和思想价值、单纯追求感官刺激或无厘头行为的图书，追权逐名的所谓"官场小说"，崇尚黑厚学的所谓"人生处世指南"，宣扬封建迷信的占卜星座类出版物，一遇合适土壤，就死灰复燃，或隐或现。

对一名编辑而言，正确处理社会效益和经济效益、社会价值和市场价值的关系，追求码洋又不唯码洋，是一道需要解答的职业试题。如何答好这道题？2015年9月14日，中共中央办公厅、国务院办公厅联合发布的《关于推动国有文化企业把社会效益放在首位、实现社会效益和经济效益相统一的指导意见》给我们提供了答题指南，也给出了标准答案，那就是："正确处理社会效益和经济效益、社会价值和市场价值的关系，当两个效益、两种价值发生矛盾时，经济效益服从社会效益、市场价值服从社会价值，越是深化改革、创新发展，越要把社会效益放在首位。"

三、说质量——扭转"无错不成书报刊"

出版合格书报刊产品，这本不是问题，但现在这不是问题的问题还真成了一个问题。就在2015年，由于发稿源头出错，多少报纸（含网络新闻）标题上"奥巴马"由此变成了"奥马巴"。一个极端低级的错误就这样匪夷所思地通过了整个编辑流程，最终堂而皇之地出笼见报，让人们惊愕之余，不禁要问：编辑职业精神何在?! 出版三审三校制度何在?! 报纸质量如此，图书质量也不容乐观。万分之一的差错是图书编辑工作的底线，但这样的底线却被不断穿破，每年的图书质量抽查，总有一些图书差错惊人，被予曝光，被责令收回。

书报刊出版物质量缘何下滑？原因尽管多种多样，但书报刊编辑工作乏力、队伍建设堪忧应是造成当下出版物质量问题的主因之一。受社会大环境的影响，当前的书报刊编辑队伍中，十年磨一剑、坐得住冷板凳的编辑少了；探索进取、钻研编辑业务的编辑少了；不求名利、具有奉献精神的编辑少了。相反，编辑群体中浮躁之风盛行，表现在书报刊产品的出版中，编辑作为出版物内容的把关者，却把关不严甚至根本不去把关；三审三校制度是书报刊质量的守护神，但在有些书报刊单位却没人执行，形同虚设。职业精神的缺失造成连小学生都能发现的差错却在书报刊上一再出现。

内容产品的质量是带有决定性的。保证和提高内容质量，是当前繁荣和发展我国书报刊出版的关键之一。没质量，就没有市场；没质量，也就难有"高峰"。"无错不成书报刊！"既让编辑工作蒙羞，又让编辑队伍脸红。根治当前出版物质量顽疾，没有捷径可走，唯有创造良好的编辑工作环境，让真干编辑工作的编辑受到尊重，使业务钻研在编辑中成为风尚，全行业要用一把尺子，即用优秀出版物体现编辑的存在和价值，如此，才能从根本上提升出版物质量，让出版物质量无忧。

四、说网络——"主动融合＋上互联网"

当下，互联网正在改变传统的书报刊出版行业，新媒体方兴未艾，数字出版已成趋势，众筹出版已然落地，融合转型正成为传统书报刊发展前行的必由之路，如何发挥自身优势，借用新技术、借鉴新媒体，则成为传统书报刊出版融合转型的关键。

传统书报刊出版融合转型的实质是书报刊编辑的融合转型。首先，融合是大势，不可阻挡；其次，融合是方向，方向不可逆；再次，融合是机遇，机不可失。这就要求互联网时代书报刊编辑必须具有互联网思维，学会与时俱进，积极拥抱互联网，利用好互联网的技术与平台。也就是说，书报刊编辑要善于在网上找选题，找话题，还要利用互联网新技术编辑版面，加工书稿，用网络渠道进行产品营销，即要在网上展开与作者、与市场、与读者的全面互动。与此相对立的是，长期以来，一些书报刊编辑已习惯囿于传统的出版思路，满足于单一的编辑加工活动，既不从市场需求出发，对读者进行研究思考，对选题进行深入的开发，也不开展相应的宣传策划和产品营销活动。

一本书，页码再厚，也厚不过海量的互联网；一张报，时效再快，也快不过互联网一点即读，瞬间传播；一本刊，读者再多，也多不过数以亿计的互联网用户。网络正成为书报刊出版物转型角力的主战场，也是书报刊出版未来发展的大市场。历史上每一次技术革新和革命，都带动了出版业的飞跃和发展，造纸术、印刷术都是最好的例证。所以说，新技术的发展和应用，从来都是包括书报刊在内的传媒业发展的机遇，当前互联网新技术的应用也不例外。书报刊编辑要学会"主动融合＋上互联网"，实现编辑工作由纸上到网上，这需要有更多的书报刊编辑进行更多更好的探索和实践。

五、说学习——如何做到本领不恐慌

当下是一个知识爆炸的时代，人人面临本领恐慌，作为知识加工者的书报刊编辑更不例外。书报刊编辑只有增强学习的能力，主动学习，善于学习，学而不倦，时刻加油充电，才能不让自己落伍，也才能适应市场和读者阅读需求，让编辑工作跟上时代发展步伐。

事有所成，必是学有所成。出版史上的出版大家，从司马迁到纪晓岚，再到张元济、邹韬奋等，无一不是才高八斗、学富五车的大学问家。今天的编辑处在媒介融合时代，知识和创新的要求对编辑更为迫切，创新编辑思路，从某种程度上而言就是创新编辑能力。一名优秀的编辑，必须要通过学习不断增强创新观念和创新能力，并成功地将其付诸实践，进而使自己的出版产品占据市场，成为读者喜爱的产品。编辑创新的过程很大程度上就是学习的过程，向书本学，向实践学，既要不断学习与自己专业方向相关的新知

识，还要学习中外出版业先进的书报刊编辑工作经验，熟悉新媒体和先进的数字出版制作与传播技术。

用持续的学习成长自己，以业务的提高成全出版。知识和能力是每个编辑做好工作的"压舱石"，通过学习拥有丰富文化内涵，具备综合编辑能力，对成为一名优秀书报刊编辑至关重要。因此，养成持续学习的职业习惯，是对书报刊编辑的一个共同要求。

六、说信心——有梦想才有未来

中华书局创始人陆费逵先生这样说过："我们希望国家进步，不能不希望教育进步。我们希望教育进步，不能不希望书业进步。我们书业虽然是较小的行业，但是与国家社会的关系，却比任何行业为大。"这句话说出了出版的责任，也道出了编辑的意义。

尽管传统书报刊出版现在都面临转型发展的巨大压力和挑战，但内容不死是行业的信心所在！不管内容为王，还是技术为王，都不重要，重要的是内容和技术从来就不能被割裂。没有技术的支撑，内容再好，如果传不开，传不远，传不响，那样的内容就如同海底明珠，无人问津，形不成影响力，其价值会大打折扣。同样没有好的内容，新的传播技术再快，再好，也是金玉其外，败絮其中。内容和技术，就如同两个巴掌，缺任何一个都不会拍响。内容和技术只有实现融合，各自发挥出优势，生产的产品才是优质的，才会是真正的市场王者。

当前，在技术凸显强势的情况下，很多舆论在唱衰书报刊出版，也在唱衰书报刊编辑。对此，书报刊编辑需要有耐力，更要有定力，要树立信心，学会坚守。因为信心比黄金更重要！

（作者系中国新闻出版传媒集团党委书记、董事长、编委会主任；本文原载于《中国编辑》杂志2016年第4期，此次收入时标题略有改动）

第五编
图书初审编辑和复审编辑工作要则

　　图书初审和复审，是确保图书质量和"万无一失"的两个关键环节，必须建章立制，明确责任，加强培训，严防死守。这里提供两则图书初审编辑与复审编辑工作要则，可供借鉴。

图书初审编辑工作要则

出版无小事，出版关全局。为确保出版单位多出书，快出书，出好书，不出有问题的书，不出劣质书，图书初审编辑要以高度的政治责任感和使命感，兢兢业业，恪尽职守，认真、仔细、严谨、勤奋地工作，保质保量地完成图书编辑任务，努力做到严防死守，万无一失。为此，特制定图书初审编辑工作要则如下：

一、严把政治关。政治是灵魂，是方向，是出版工作的生命线。图书编辑要坚持正确的政治方向、政治立场、政治观点，时刻保持清醒的政治头脑，确保负责编辑的图书，内容健康，积极向上，不出政治差错，坚持出好书，出放心书。

二、严把政策关。政策和策略是党的生命，也是出版工作的关节点、关键点。图书编辑要严格遵守党和国家的方针政策，以国家现行的出版法规为依据，以传承中华优秀文化，教育和鼓舞人民群众同心同德共圆中国梦为落脚点，确保负责编辑的图书，符合党和国家对精神文化产品的要求，适应人民群众日益增长的文化需求。

三、严把内容关。出版领域思想活跃，百花齐放，异彩纷呈，但也有红线和禁区。凡是涉及民族、宗教、军事、外交等方面的图书，务必从严把关，不出任何差错。对于涉及党和国家领导人及其后代的生平、传记，外事外交（含外国政要）以及中共党史中的重大历史事件，古今中外重要历史人物，等等，都要按照国家有关法规条例和中央文件精神编辑处理。

四、严把文字关。对于重要的时间、地名、人物、事件、典故、数据、引文等，要认真核对，做到准确无误。同时要保证书稿文通字顺，语言精练，标点符号正确，没有语法修辞上的差错。

五、严把图片插图质量关。书稿中的图片、插图，包括文字说明，要内容健康，准确无误，质量上乘，力求图文并茂，内容与形式完美统一。凡与图书内容无关联的、重复的要建议作者和产品经理删除，在尊重作者和产品经理意见的前提下做到少而精。图书中的图表，尤其是地图，务必准确无误，牵涉到国界线、重要岛屿，特别是涉及台、港、澳的图表，尤要仔细审核，防止出错。那些模糊不清、缺乏美感、印刷质量较差的图表和图片，要予以删除，或建议重做。

六、严把装帧设计关。图书封面、书脊、版权页等，要按出版惯例和出版法规办事，追求美观大方，具有诗情画意。凡游离于内文的、不美的、血腥的、恐怖的画面，要提出建议，不予采用。

书稿中的序言、跋、后记、边边角角，也要注意检查，全面把关，防止出现政治观点问题，出现不应有的差错。

总之，图书初审编辑要树立强烈的责任意识、精品意识，睁大眼睛，严防死守，对书稿全面负责，全面把关，不放过任何一个疑点，不让任何带有"故障"的书稿出手。

几点具体要求：

一、时间安排。图书初审编辑实行每周五天工作制，应按时上下班。原则上每人每天编辑书稿 70 页，每页按 700 字计，每月工作量约为 108 万字。书稿多、催稿急时，需加班加点，连续作战，甚至双休日也要占用，对此要有思想准备，待不忙时再补假补休。

二、爱岗敬业，勤奋学习。编辑要有高水平，打铁还得自身硬。图书初审编辑要加强政治、政策学习，不断更新知识结构，提高政治、政策、理论、文字素养。编辑中遇到的问题，不能不懂装懂，要不耻下问，虚心学习。要勤于向同事、领导、专家、书本、网络请教，直到学懂弄通为止。阅读编辑书稿时，要认真做好初审笔记，把发现的问题记录在案，疑难问题可在每周部门例会上"会诊"，以不断提高编辑水平。在编辑中发现的带有普遍性、倾向性和规律性的问题，每隔一段时间（比如一个月或一个季度），应把重点问题整理出来，打印上报领导或反馈给相关产品经理，使之成为单位的集体财富，也可作为员工培训资料。

三、严守秘密，恪守职业道德。要严守单位的商业秘密，不得把自己编辑的书稿的内容向任何单位和个人泄露，避免引起版权纠纷，避免造成单位的经济损失和名誉损失。

四、在保证完成编辑工作任务的前提下，如有精力和兴趣，也可利用假日著书立说，努力为单位创造"双效益"贡献力量。

图书复审编辑工作要则

为保障多出书，快出书，出好书，出精品书，不出差书、坏书，图书复审编辑要本着出版责任重、"出版无小事"的精神，以高度的责任感和使命感，兢兢业业，恪尽职守，又好又快、保质保量地完成各类图书审读任务，努力做到严防死守，万无一失，确保出版安全，为提高出版单位的知名度、美誉度，使利益最大化，做出应有的贡献。

一、把好政治关。坚持正确的政治方向、政治立场、政治观点，保证本单位出版的图书与党和国家保持高度一致，不出任何政治方面的差错。

二、把好政策关。严格遵循党和国家的方针政策，确保单位出版的各类图书导向正确，内容健康，充满正能量。严格遵守党和国家的出版法规。坚持正确的出版导向，弘扬社会主义主旋律，在涉黄涉暴涉毒等书稿方面，严格把关，确保质量。

三、把好内容关。产品为王，质量至上。经过复审的书稿绝对不碰"高压线"，不闯"禁区"，不踩"红线"。凡涉及民族、宗教等问题的图书，涉及党和国家领导人及其后代的生平、传记，以及外事外交（外国政要），军事机密，中共党史中的重大历史事件，古今中外重要历史人物，等等，都要高度细心谨慎，从严审读把关，严格按照中央文件精神和出版法规办事，确保不出差错。

四、把好文字关。对于书稿中重要的时间、地名、人物、事件、典故、数据、引文等等，要认真核对，做到准确无误。所审书稿要做到体例规范，文从字顺，标点符号正确，没有衍文和错漏。

五、把好图片插图关。一要画面清晰，内容健康。二要形式新颖，图文并茂，内容与形式高度统一。凡与文稿内容无关联的、重复的要删除。三要图表标示准确无误。地图和图表，尤其是国别地图和经济指数图表，要严谨规范，准确无误。牵涉到国界线、重要岛屿，特别是有关台湾地区的地图，更要严格把关，严防出错。文稿中的其他插图亦要精当。有的图片、图表，模糊不清，滥竽充数，缺乏美感，要退回重做。

六、把好装帧设计关。图书封面、书脊、腰封、版权页等，要美观大方，亲切自然，具有诗情画意。游离于内文的、不美的、恐怖的、故弄玄虚的，不能采用。

对文稿目录、序言、跋、后记、边边角角，都要认真检查，全面把关。防止出现政治观点错误和文字虚夸问题。

总之，书稿复审是"三审三校"的关键环节，务必全面把关，全面监督，睁大眼睛，严防死守，不放过任何一个疑点，不让任何"带病"的书稿下厂付印。

几点具体要求：

（1）重申牢记复审要则，要带着"敌情观念"对敏感书稿逐章逐句逐字审读，严把政治关、政策关，杜绝出现重大政治性差错。属于重大敏感和自己拿不准的问题，要做好审读记录拿到部门例会上"会诊"解决。

（2）复审中发现完全重复的文字、图片，一律删除。

（3）认真核对、写好复审意见。复审意见要详略得当，准确中肯。意见中不容许出现错别字，否则月度考核时扣分。对于可评为好书或差书的书稿，要写得更详尽些，为月底评选做准备。

（4）分工协作，科学安排，原则上每人每天复审书稿80页，每页以700字计，每月复审字数约为123万字，且要保质保量，差错率在万分之一以下。如遇重要书稿，采取交叉审读，以确保审读质量。

（5）业余时间加强自身学习，不断"充电"，努力提高综合素养，把自己锤炼成复合型人才，既是某个领域的专家，又是知识面广博的杂家。

（6）发扬"团结、和谐、谦虚、好学、严谨、认真"十二字精神，勤恳踏实工作，争取新的进步。

第六编
标点符号用法

标点符号用法

（中华人民共和国国家质量监督检验检疫总局、中国国家标准化管理委员会 2011 年 12 月 30 日发布，2012 年 6 月 1 日实施）

前言

本标准按照 GB/T1.1—2009 给出的规则起草。

本标准代替 GB/T15834—1995，与 GB/T15834—1995 相比，主要变化如下：

——根据我国国家标准编写规则（GB/T1.1—2009），对本标准的编排和表述做了全面修改；

——更换了大部分示例，使之更简短、通俗、规范；

——增加了对术语"标点符号"和"语段"的定义（2.1/2.5）；

——对术语"复句"和"分句"的定义做了修改（2.3/2.4）；

——对句末点号（句号、问号、叹号）的定义做了修改，更强调句末点号与句子语气之间的关系（4.1.1/4.2.1/4.3.1）；

——对逗号的基本用法做了补充（4.4.3）；

——增加了不同形式括号用法的示例（4.9.3）；

——省略号的形式统一为六连点"……"，但在特定情况下允许连用（4.11）；

——取消了连接号中原有的二字线，将连接号形式规范为短横线"－"、一字线"—"和浪纹线"～"，并对三者的功能做了归并与划分（4.13）；

——明确了书名号的使用范围（4.15/A.13）；

——增加了分隔号的用法说明（4.17）；

——"标点符号的位置"一章的标题改为"标点符号的位置和书写形式",并增加了使用中文输入软件处理标点符号时的相关规范(第5章);

——增加了"附录":附录 A 为规范性附录,主要说明标点符号不能怎样使用和对标点符号用法加以补充说明,以解决目前使用混乱或争议较大的问题。附录 B 为资料性附录,对功能有交叉的标点符号的用法做了区分,并对标点符号误用高发环境下的规范用法做了说明。

本标准由教育部语言文字信息管理司提出并归口。

本标准主要起草单位:北京大学。

本标准主要起草人:沈阳、刘妍、于泳波、翁姗姗。

本标准所代替标准的历次版本发布情况为:

——GB/T15834—1995。

1 范围

本标准规定了现代汉语标点符号的用法。

本标准适用于汉语的书面语(包括汉语和外语混合排版时的汉语部分)。

2 术语和定义

下列术语和定义适用于本文件。

2.1 标点符号 punctuation

辅助文字记录语言的符号,是书面语的有机组成部分,用来表示语句的停顿、语气以及标示某些成分(主要是词语)的特定性质和作用。

注:数学符号、货币符号、校勘符号、辞书符号、注音符号等特殊领域的专门符号不属于标点符号。

2.2 句子 sentence

前后都有较大停顿、带有一定的语气和语调、表达相对完整意义的语言单位。

2.3 复句 complex sentence

由两个或多个在意义上有密切关系的分句组成的语言单位,包括简单复句（内部只有一层语义关系）和多重复句（内部包含多层语义关系）。

2.4 分句 clause

复句内两个或多个前后有停顿、表达相对完整意义、不带有句末语气和语调、有的前面可添加关联词语的语言单位。

2.5 语段 expression

指语言片段，是对各种语言单位（如词、短语、句子、复句等）不做特别区分时的统称。

3 标点符号的种类

3.1 点号

点号的作用是点断，主要表示停顿和语气。分为句末点号和句内点号。

3.1.1 句末点号

用于句末的点号，表示句末停顿和句子的语气。包括句号、问号、叹号。

3.1.2 句内点号

用于句内的点号，表示句内各种不同性质的停顿。包括逗号、顿号、分号、冒号。

3.2 标号

标号的作用是标明，主要标示某些成分（主要是词语）的特定性质和作用。包括引号、括号、破折号、省略号、着重号、连接号、间隔号、书名号、专名号、分隔号。

4 标点符号的定义、形式和用法

4.1 句号

4.1.1 定义

句末点号的一种，主要表示句子的陈述语气。

4.1.2 形式

句号的形式是"。"。

4.1.3 基本用法

4.1.3.1 用于句子末尾，表示陈述语气。使用句号主要根据语段前后有较大停顿、带有陈述语气和语调，并不取决于句子的长短。

示例1：北京是中华人民共和国的首都。

示例2：（甲：咱们走着去吧？）乙：好。

4.1.3.2 有时也可表示较缓和的祈使语气和感叹语气。

示例1：请您稍等一下。

示例2：我不由地感到，这些普通劳动者也同样是很值得尊敬的。

4.2 问号

4.2.1 定义

句末点号的一种，主要表示句子的疑问语气。

4.2.2 形式

问号的形式是"？"。

4.2.3 基本用法

4.2.3.1 用于句子末尾，表示疑问语气（包括反问、设问等疑问类型）。使用问号主要根据语段前后有较大停顿、带有疑问语气和语调，并不取决于句子的长短。

示例1：你怎么还不回家去呢？

示例2：难道这些普通的战士不值得歌颂吗？

示例3：（一个外国人，不远万里来到中国，帮助中国的抗日战争。）这是什么精神？这是国际主义的精神。

4.2.3.2 选择问句中，通常只在最后一个选项的末尾用问号，各个选项之间一般用逗号隔开。当选项较短且选项之间几乎没有停顿时，选项之间可不用逗号。当选项较多或较长，或有意突出每个选项的独立性时，也可每个选项之后都用问号。

示例1：诗中记述的这场战争究竟是真实的历史描述，还是诗人的虚构？

示例2：这是巧合还是有意安排？

示例 3：要一个什么样的结尾：现实主义的？传统的？大团圆的？荒诞的？民族形式的？有象征意义的？

示例 4：（他看着我的作品称赞了我。）但到底是称赞我什么：是有几处画得好？还是什么都敢画？抑或只是一种对于失败者的无可奈何的安慰？我不得而知。

示例 5：这一切都是由客观的条件造成的？还是由行为的惯性造成的？

4.2.3.3　在多个问句连用或表达疑问语气加重时，可叠用问号。通常应先单用，再叠用，最多叠用三个问号。在没有异常强烈的情感表达需要时不宜叠用问号。

示例：这就是你的做法吗？你这个总经理是怎么当的？？你怎么竟敢这样欺骗消费者？？？

4.2.3.4　问号也有标号的用法，即用于句内，表示存疑或不详。

示例 1：马致远（1250？—1321），大都人，元代戏曲家、散曲家。

示例 2：钟嵘（？—518），颍川长社人，南朝梁代文学批评家。

示例 3：出现这样的文字错误，说明作者（编者？校者？）很不认真。

4.3　叹号

4.3.1　定义

句末点号的一种，主要表示句子的感叹语气。

4.3.2　形式

叹号的形式是"！"。

4.3.3　基本用法

4.3.3.1　用于句子末尾，主要表示感叹语气，有时也可表示强烈的祈使语气、反问语气等。使用叹号主要根据语段前后有较大停顿、带有感叹语气和语调或带有强烈的祈使、反问语气和语调，并不取决于句子的长短。

示例 1：才一年不见，这孩子都长这么高啦！

示例 2：你给我住嘴！

示例 3：谁知道他今天是怎么搞的！

4.3.3.2　用于拟声词后，表示声音短促或突然。

示例1：咔嚓！一道闪电划破了夜空。

示例2：咚！咚咚！突然传来一阵急促的敲门声。

4.3.3.3　表示声音巨大或声音不断加大时，可叠用叹号；表达强烈语气时，也可叠用叹号，最多叠用三个叹号。在没有异常强烈的情感表达需要时不宜叠用叹号。

示例1：轰！！在这天崩地塌的声音中，女娲猛然醒来。

示例2：我要揭露！我要控诉！！我要以死抗争！！！

4.3.3.4　当句子包含疑问、感叹两种语气且都比较强烈时（如带有强烈感情的反问句和带有惊愕语气的疑问句），可在问号后再加叹号（问号、叹号各一）。

示例1：这么点困难就能把我们吓倒吗?！

示例2：他连这些最起码的常识都不懂，还敢说自己是高科技人才?！

4.4　逗号

4.4.1　定义

句内点号的一种，表示句子或语段内部的一般性停顿。

4.4.2　形式

逗号的形式是"，"。

4.4.3　基本用法

4.4.3.1　复句内各分句之间的停顿，除了有时用分号（见4.6.3.1），一般都用逗号。

示例1：不是人们的意识决定人们的存在，而是人们的社会存在决定人们的意识。

示例2：学历史使人更明智，学文学使人更聪慧，学数学使人更精细，学考古使人更深沉。

示例3：要是不相信我们的理论能反映现实，要是不相信我们的世界有内在和谐，那就不可能有科学。

4.4.3.2　用于下列各种语法位置：

a）较长的主语之后。

示例 1：苏州园林建筑各种门窗的精美设计和雕镂功夫，都令人叹为观止。

b）句首的状语之后。

示例 2：在苍茫的大海上，狂风卷集着乌云。

c）较长的宾语之前。

示例 3：有的考古工作者认为，南方古猿生存于上新世至更新世的初期和中期。

d）带句内语气词的主语（或其他成分）之后，或带句内语气词的并列成分之间。

示例 4：他呢，倒是很乐观地、全神贯注地干起来了。

示例 5：（那是个没有月亮的夜晚。）可是整个村子——白房顶啦，白树木啦，雪堆啦，全看得见。

e）较长的主语中间、谓语中间和宾语中间。

示例 6：母亲沉痛的诉说，以及亲眼见到的事实，都启发了我幼年时期追求真理的思想。

示例 7：那姑娘头戴一顶草帽，身穿一条绿色的裙子，腰间还系着一根橙色的腰带。

示例 8：必须懂得，对于文化传统，既不能不分青红皂白统统抛弃，也不能不管精华糟粕全盘继承。

f）前置的谓语之后或后置的状语、定语之前。

示例 9：真美啊，这条蜿蜒的林间小路。

示例 10：她吃力地站了起来，慢慢地。

示例 11：我只是一个人，孤孤单单的。

4.4.3.3　用于下列各种停顿处：

a）复指成分或插说成分前后。

示例 1：老张，就是原来的办公室主任，上星期已经调走了。

示例 2：车，不用说，当然是头等。

b）语气缓和的感叹语、称谓语和呼唤语之后。

示例 3：哎哟，这儿，快给我揉揉。

示例 4：大娘，您到哪儿去啊？

示例 5：喂，你是哪个单位的？

c）某些序次语（"第"字头、"其"字头及"首先"类序次语）之后。

示例 6：为什么许多人都有长不大的感觉呢？原因有三：第一，父母总认为自己比孩子成熟；第二，父母总要以自己的标准来衡量孩子；第三，父母出于爱心而总不想让孩子在成长的过程中走弯路。

示例 7：《玄秘塔碑》所以成为书法的范本，不外乎以下几方面的因素：其一，具有楷书点画、构体的典范性；其二，承上启下，成为唐楷的极致；其三，字如其人，爱人及字，柳公权高尚的书品、人品为后人所崇仰。

示例 8：下面从三个方面讲讲语言的污染问题：首先，是特殊语言环境中的语言污染问题；其次，是滥用缩略语引起的语言污染问题；再次，是空话和废话引起的语言污染问题。

4.5 顿号

4.5.1 定义

句内点号的一种，表示语段中并列词语之间或某些序次语之后的停顿。

4.5.2 形式

顿号的形式是"、"。

4.5.3 基本用法

4.5.3.1 用于并列词语之间。

示例 1：这里有自由、民主、平等、开放的风气和氛围。

示例 2：造型科学、技艺精湛、气韵生动，是盛唐石雕的特色。

4.5.3.2 用于需要停顿的重复词语之间。

示例：他几次三番、几次三番地辩解着。

4.5.3.3 用于某些序次语（不带括号的汉字数字或"天干地支"类序次语）之后。

示例 1：我准备讲两个问题：一、逻辑学是什么？二、怎样学好逻辑学？

示例 2：风格的具体内容主要有以下四点：甲、题材；乙、用字；丙、表达；丁、色彩。

4.5.3.4　相邻或相近两数字连用表示概数通常不用顿号。若相邻两数字连用为缩略形式，宜用顿号。

示例 1：飞机在 6000 米高空水平飞行时，只能看到两侧八九公里和前方一二十公里范围内的地面。

示例 2：这种凶猛的动物常常三五成群地外出觅食和活动。

示例 3：农业是国民经济的基础，也是二、三产业的基础。

4.5.3.5　标有引号的并列成分之间、标有书名号的并列成分之间通常不用顿号。若有其他成分插在并列的引号之间或并列的书名号之间（如引语或书名号之后还有括注），宜用顿号。

示例 1："日""月"构成"明"字。

示例 2：店里挂着"顾客就是上帝""质量就是生命"等横幅。

示例 3：《红楼梦》《三国演义》《西游记》《水浒传》，是我国长篇小说的四大名著。

示例 4：李白的"白发三千丈"（《秋浦歌》）、"朝如青丝暮成雪"（《将进酒》）都是脍炙人口的诗句。

示例 5：办公室里订有《人民日报》（海外版）、《光明日报》和《时代周刊》等报刊。

4.6　分号

4.6.1　定义

句内点号的一种，表示复句内部并列关系分句之间的停顿，以及非并列关系的多重复句中第一层分句之间的停顿。

4.6.2　形式

分号的形式是"；"。

4.6.3　基本用法

4.6.3.1　表示复句内部并列关系的分句（尤其当分句内部还有逗号时）之间的停顿。

示例1：语言文字的学习，就理解方面说，是得到一种知识；就运用方面说，是养成一种习惯。

示例2：内容有分量，尽管文章短小，也是有分量的；内容没有分量，即使写得再长也没有用。

4.6.3.2 表示非并列关系的多重复句中第一层分句（主要是选择、转折等关系）之间的停顿。

示例1：人还没看见，已经先听见歌声了；或者人已经转过山头望不见了，歌声还余音袅袅。

示例2：尽管人民革命的力量在开始时总是弱小的，所以总是受压的；但是由于革命的力量代表历史发展的方向，因此本质上又是不可战胜的。

示例3：不管一个人如何伟大，也总是生活在一定的环境和条件下；因此，个人的见解总难免带有某种局限性。

示例4：昨天夜里下了一场雨，以为可以凉快些；谁知没有凉快下来，反而更热了。

4.6.3.3 用于分项列举的各项之间。

示例：特聘教授的岗位职责为：一、讲授本学科的主干基础课程；二、主持本学科的重大科研项目；三、领导本学科的学术队伍建设；四、带领本学科赶超或保持世界先进水平。

4.7 冒号

4.7.1 定义

句内点号的一种，表示语段中提示下文或总结上文的停顿。

4.7.2 形式

冒号的形式是"："。

4.7.3 基本用法

4.7.3.1 用于总说性或提示性词语（如"说""例如""证明"等）之后，表示提示下文。

示例1：北京紫禁城有四座城门：午门、神武门、东华门和西华门。

示例2：她高兴地说："咱们去好好庆祝一下吧！"

示例 3：小王笑着点了点头："我就是这么想的。"

示例 4：这一事实证明：人能创造环境，环境同样也能创造人。

4.7.3.2　表示总结上文。

示例：张华上了大学，李萍进了技校，我当了工人：我们都有美好的前途。

4.7.3.3　用在需要说明的词语之后，表示注释和说明。

示例 1：（本市将举办首届大型书市。）主办单位：市文化局；承办单位：市图书进出口公司；时间：8 月 15 日—20 日；地点：市体育馆观众休息厅。

示例 2：（做阅读理解题有两个办法。）办法之一：先读题干，再读原文，带着问题有针对性地读课文。办法之二：直接读原文，读完再做题，减少先入为主的干扰。

4.7.3.4　用于书信、讲话稿中称谓语或称呼语之后。

示例 1：广平先生：……

示例 2：同志们、朋友们：……

4.7.3.5　一个句子内部一般不应套用冒号。在列举式或条文式表述中，如不得不套用冒号时，宜另起段落来显示各个层次。

示例：第十条　遗产按照下列顺序继承：

第一顺序：配偶、子女、父母。

第二顺序：兄弟姐妹、祖父母、外祖父母。

4.8　引号

4.8.1　定义

标号的一种，标示语段中直接引用的内容或需要特别指出的成分。

4.8.2　形式

引号的形式有双引号""""和单引号"''"两种。左侧的为前引号，右侧的为后引号。

4.8.3　基本用法

4.8.3.1　标示语段中直接引用的内容。

示例：李白诗中就有"白发三千丈"这样极尽夸张的语句。

4.8.3.2 标示需要着重论述或强调的内容。

示例：这里所谓的"文"，并不是指文字，而是指文采。

4.8.3.3 标示语段中具有特殊含义而需要特别指出的成分，如别称、简称、反语等。

示例 1：电视被称作"第九艺术"。

示例 2：人类学上常把古人化石统称为尼安德特人，简称"尼人"。

示例 3：有几个"慈祥"的老板把捡来的菜叶用盐浸浸就算作工友的菜肴。

4.8.3.4 当引号中还需要使用引号时，外面一层用双引号，里面一层用单引号。

示例：他问："老师，'七月流火'是什么意思？"

4.8.3.5 独立成段的引文如果只有一段，段首和段尾都用引号；不止一段时，每段开头仅用前引号，只在最后一段末尾用后引号。

示例：我曾在报纸上看到有人这样谈幸福：

"幸福是知道自己喜欢什么和不喜欢什么。……

"幸福是知道自己擅长什么和不擅长什么。……

"幸福是在正确的时间做了正确的选择。……"

4.8.3.6 在书写带月、日的事件、节日或其他特定意义的短语（含简称）时，通常只标引其中的月和日；需要突出和强调该事件或节日本身时，也可连同事件或节日一起标引。

示例 1："5·12"汶川大地震

示例 2："五四"以来的话剧，是我国戏剧中的新形式。

示例 3：纪念"五四运动"90 周年

4.9　括号

4.9.1　定义

标号的一种，标示语段中的注释内容、补充说明或其他特定意义的语句。

4.9.2 形式

括号的主要形式是圆括号"（ ）"，其他形式还有方括号"[ ]"、六角括号"〔 〕"和方头括号"【 】"等。

4.9.3 基本用法

4.9.3.1 标示下列各种情况，均用圆括号：

a）标示注释内容或补充说明。

示例1：我校拥有特级教师（含已退休的）17人。

示例2：我们不但善于破坏一个旧世界，我们还将善于建设一个新世界！（热烈鼓掌）

b）标示订正或补加的文字。

示例3：信纸上用稚嫩的字体写着："阿夷（姨），你好！"。

示例4：该建筑公司负责的建设工程全部达到优良工程（的标准）。

c）标示序次语。

示例5：语言有三个要素：（1）声音；（2）结构；（3）意义。

示例6：思想有三个条件：（一）事理；（二）心理；（三）伦理。

d）标示引语的出处。

示例7：他说得好："未画之前，不立一格；既画之后，不留一格。"（《板桥集·题画》）

e）标示汉语拼音注音。

示例8："的（de）"这个字在现代汉语中最常用。

4.9.3.2 标示作者国籍或所属朝代时，可用方括号或六角括号。

示例1：[英]赫胥黎《进化论与伦理学》

示例2：〔唐〕杜甫著

4.9.3.3 报刊标示电讯、报道的开头，可用方头括号。

示例：【新华社南京消息】

4.9.3.4 标示公文发文字号中的发文年份时，可用六角括号。

示例：国发〔2011〕3号文件

4.9.3.5 标示被注释的词语时，可用六角括号或方头括号。

示例 1:〔奇观〕奇伟的景象。

示例 2:【爱因斯坦】物理学家。生于德国,1933 年因受纳粹政权迫害,移居美国。

4.9.3.6 除科技书刊中的数学、逻辑公式外,所有括号(特别是同一形式的括号)应尽量避免套用。必须套用括号时,宜采用不同的括号形式配合使用。

示例:〔茸(róng)毛〕很细很细的毛。

4.10 破折号

4.10.1 定义

标号的一种,标示语段中某些成分的注释、补充说明或语音、意义的变化。

4.10.2 形式

破折号的形式是"——"。

4.10.3 基本用法

4.10.3.1 标示注释内容或补充说明(也可用括号,见 4.9.3.1;二者的区别另见 B.1.7)。

示例 1:一个矮小而结实的日本中年人——内山老板走了过来。

示例 2:我一直坚持读书,想借此唤起弟妹对生活的希望——无论环境多么困难。

4.10.3.2 标示插入语(也可用逗号,见 4.4.3.3)。

示例:这简直就是——说得不客气点——无耻的勾当!

4.10.3.3 标示总结上文或提示下文(也可用冒号,见 4.7.3.1、4.7.3.2)。

示例 1:坚强,纯洁,严于律己,客观公正——这一切都难得地集中在一个人身上。

示例 2:画家开始娓娓道来——

数年前的一个寒冬,……

4.10.3.4 标示话题的转换。

示例:"好香的干菜,——听到风声了吗?"赵七爷低声说道。

4.10.3.5 标示声音的延长。

示例："嘎——"传过来一声水禽被惊动的鸣叫。

4.10.3.6 标示话语的中断或间隔。

示例 1："班长他牺——"小马话没说完就大哭起来。

示例 2："亲爱的妈妈,你不知道我多爱您。——还有你,我的孩子!"

4.10.3.7 标示引出对话。

示例:——你长大后想成为科学家吗?

　　　——当然想了!

4.10.3.8 标示事项列举分承。

示例:根据研究对象的不同,环境物理学分为以下五个分支学科:

　　　——环境声学;

　　　——环境光学;

　　　——环境热学;

　　　——环境电磁学;

　　　——环境空气动力学。

4.10.3.9 用于副标题之前。

示例:飞向太平洋

　　　——我国新型号运载火箭发射目击记

4.10.3.10 用于引文、注文后,标示作者、出处或注释者。

示例 1:先天下之忧而忧,后天下之乐而乐。

——范仲淹

示例 2:乐浪海中有倭人,分为百余国。

——《汉书》

示例 3:很多人写好信后把信笺折成方胜形,我看大可不必。(方胜,指古代妇女戴的方形首饰,用彩绸等制作,由两个斜方部分叠合而成。——编者注)

4.11 省略号

4.11.1 定义

标号的一种，标示语段中某些内容的省略及意义的断续等。

4.11.2 形式

省略号的形式是"……"。

4.11.3 基本用法

4.11.3.1 标示引文的省略。

示例：我们齐声朗诵起来："……俱往矣，数风流人物，还看今朝。"

4.11.3.2 标示列举或重复词语的省略。

示例 1：对政治的敏感，对生活的敏感，对性格的敏感，……这都是作家必须要有的素质。

示例 2：他气得连声说："好，好……算我没说。"

4.11.3.3 标示语意未尽。

示例 1：在人迹罕至的深山密林里，假如突然看见一缕炊烟，……

示例 2：你这样干，未免太……！

4.11.3.4 标示说话时断断续续。

示例：她磕磕巴巴地说："可是……太太……我不知道……你一定是认错了。"

4.11.3.5 标示对话中的沉默不语。

示例："还没结婚吧？"

"……"他飞红了脸，更加忸怩起来。

4.11.3.6 标示特定的成分虚缺。

示例：只要……就……

4.11.3.7 在标示诗行、段落的省略时，可连用两个省略号（即相当于十二连点）。

示例 1：从隔壁房间传来缓缓而抑扬顿挫的吟咏声——

床前明月光，疑是地上霜。

…………

示例 2：该刊根据工作质量、上稿数量、参与程度等方面的表现，评选出了高校十佳记者站。还根据发稿数量、提供新闻线索情况以及对刊物的关注度等，评选出了十佳通讯员。

············

4.12 着重号

4.12.1 定义

标号的一种，标示语段中某些重要的或需要指明的文字。

4.12.2 形式

着重号的形式是"."标注在相应文字的下方。

4.12.3 基本用法

4.12.3.1 标示语段中重要的文字。

示例 1：诗人需要表现，而不是证明。

示例 2：下面对本文的理解，不正确的一项是：……

4.12.3.2 标示语段中需要指明的文字。

示例：下边加点的字，除了在词中的读法外，还有哪些读法？

着急　子弹　强调

4.13 连接号

4.13.1 定义

标号的一种，标示某些相关联成分之间的连接。

4.13.2 形式

连接号的形式有短横线"-"、一字线"—"和浪纹线"~"三种。

4.13.3 基本用法

4.13.3.1 标示下列各种情况，均用短横线：

a）化合物的名称或表格、插图的编号。

示例 1：3-戊酮为无色液体，对眼及皮肤有强烈刺激性。

示例 2：参见下页表 2-8、表 2-9。

b）连接号码，包括门牌号码、电话号码，以及用阿拉伯数字表示年月日等。

示例 3：安宁里东路 26 号院 3-2-11 室

示例 4：联系电话：010-88842603

示例 5：2011-02-15

c）在复合名词中起连接作用。

示例 6：吐鲁番 – 哈密盆地

d）某些产品的名称和型号。

示例 7：WZ–10 直升机具有复杂天气和夜间作战的能力。

e）汉语拼音、外来语内部的分合。

示例 8：shuōshuō–xiàoxiào（说说笑笑）

示例 9：盎格鲁 – 撒克逊人

示例 10：让 – 雅克·卢梭（"让 – 雅克"为双名）

示例 11：皮埃尔·孟戴斯 – 弗朗斯（"孟戴斯 – 弗朗斯"为复姓）

4.13.3.2 标示下列各种情况，一般用一字线，有时也可用浪纹线：

a）标示相关项目（如时间、地域等）的起止。

示例 1：沈括（1031—1095），宋朝人。

示例 2：2011 年 2 月 3 日—10 日

示例 3：北京—上海特别旅客快车

b）标示数值范围（由阿拉伯数字或汉字数字构成）的起止。

示例 4：25 ~ 30g

示例 5：第五~八课

4.14 间隔号

4.14.1 定义

标号的一种，标示某些相关联成分之间的分界。

4.14.2 形式

间隔号的形式是"·"。

4.14.3 基本用法

4.14.3.1 标示外国人名或少数民族人名内部的分界。

示例 1：克里丝蒂娜·罗塞蒂

示例2：阿依古丽·买买提

4.14.3.2　标示书名与篇（章、卷）名之间的分界。

示例：《淮南子·本经训》

4.14.3.3　标示词牌、曲牌、诗体名等和题名之间的分界。

示例1：《沁园春·雪》

示例2：《天净沙·秋思》

示例3：《七律·冬云》

4.14.3.4　用在构成标题或栏目名称的并列词语之间。

示例：《天·地·人》

4.14.3.5　以月、日为标志的事件或节日，用汉字数字表示时，只在一、十一和十二月后用间隔号；当直接用阿拉伯数字表示时，月、日之间均用间隔号（半角字符）。

示例1："九一八"事变　"五四"运动

示例2："一·二八"事变　"一二·九"运动

示例3："3·15"消费者权益日"9·11"恐怖袭击事件

4.15　书名号

4.15.1　定义

标号的一种，标示语段中出现的各种作品的名称。

4.15.2　形式

书名号的形式有双书名号"《》"和单书名号"〈〉"两种。

4.15.3　基本用法

4.15.3.1　标示书名、卷名、篇名、刊物名、报纸名、文件名等。

示例1：《红楼梦》（书名）

示例2：《史记·项羽本纪》（卷名）

示例3：《论雷峰塔的倒掉》（篇名）

示例4：《每周关注》（刊物名）

示例5：《人民日报》（报纸名）

示例6：《全国农村工作会议纪要》（文件名）

4.15.3.2 标示电影、电视、音乐、诗歌、雕塑等各类用文字、声音、图像等表现的作品的名称。

示例1:《渔光曲》(电影名)

示例2:《追梦录》(电视剧名)

示例3:《勿忘我》(歌曲名)

示例4:《沁园春·雪》(诗词名)

示例5:《东方欲晓》(雕塑名)

示例6:《光与影》(电视节目名)

示例7:《社会广角镜》(栏目名)

示例8:《庄子研究文献数据库》(光盘名)

示例9:《植物生理学系列挂图》(图片名)

4.15.3.3 标示全中文或中文在名称中占主导地位的软件名。

示例:科研人员正在研制《电脑卫士》杀毒软件。

4.15.3.4 标示作品名的简称。

示例:我读了《念青唐古拉山脉纪行》一文(以下简称《念》),收获很大。

4.15.3.5 当书名号中还需要书名号时,里面一层用单书名号,外面一层用双书名号。

示例:《教育部关于提请审议〈高等教育自学考试试行办法〉的报告》

4.16 专名号

4.16.1 定义

标号的一种,标示古籍和某些文史类著作中出现的特定类专有名词。

4.16.2 形式

专名号的形式是一条直线,标注在相应文字的下方。

4.16.3 基本用法

4.16.3.1 标示古籍、古籍引文或某些文史类著作中出现的专有名词,主要包括人名、地名、国名、民族名、朝代名、年号、宗教名、官署名、组织名等。

示例1：<u>孙坚</u>人马被<u>刘表</u>率军围得水泄不通。（人名）

示例2：于是聚集<u>冀</u>、<u>青</u>、<u>幽</u>、<u>并</u>四州兵马七十多万准备决一死战。（地名）

示例3：当时<u>乌孙</u>及西域各国都向<u>汉</u>派遣了使节。（国名、朝代名）

示例4：从<u>咸宁</u>二年到<u>太康</u>十年，<u>匈奴</u>、<u>鲜卑</u>、<u>乌桓</u>等族人徙居塞内。（年号、民族名）

4.16.3.2　现代汉语文本中的上述专有名词，以及古籍和现代文本中的单位名、官职名、事件名、会议名、书名等不应使用专名号。必须使用标号标示时，宜使用其他相应标号（如引号、书名号等）。

4.17　分隔号

4.17.1　定义

标号的一种，标示诗行、节拍及某些相关文字的分隔。

4.17.2　形式

分隔号的形式是"／"。

4.17.3　基本用法

4.17.3.1　诗歌接排时分隔诗行（也可使用逗号和分号，见4.4.3.1／4.6.3.1）。

示例：春眠不觉晓／处处闻啼鸟／夜来风雨声／花落知多少。

4.17.3.2　标示诗文中的音节节拍。

示例：横眉／冷对／千夫指，俯首／甘为／孺子牛。

4.17.3.3　分隔供选择或可转换的两项，表示"或"。

示例：动词短语中除了作为主体成分的述语动词之外，还包括述语动词所带的宾语和／或补语。

4.17.3.4　分隔组成一对的两项，表示"和"。

示例1：13/14次特别快车

示例2：羽毛球女双决赛中国组合杜婧／于洋两局完胜韩国名将李孝贞／李敬元。

4.17.3.5　分隔层级或类别。

示例：我国的行政区划分为：省（直辖市、自治区）／省辖市（地级市）/县（县级市、区、自治州）/乡（镇）/村（居委会）。

5　标点符号的位置和书写形式

5.1　横排文稿标点符号的位置和书写形式

5.1.1　句号、逗号、顿号、分号、冒号均置于相应文字之后，占一个字位置，居左下，不出现在一行之首。

5.1.2　问号、叹号均置于相应文字之后，占一个字位置，居左，不出现在一行之首。两个问号（或叹号）叠用时，占一个字位置；三个问号（或叹号）叠用时，占两个字位置；问号和叹号连用时，占一个字位置。

5.1.3　引号、括号、书名号中的两部分标在相应项目的两端，各占一个字位置。其中前一半不出现在一行之末，后一半不出现在一行之首。

5.1.4　破折号标在相应项目之间，占两个字位置，上下居中，不能中间断开分处上行之末和下行之首。

5.1.5　省略号占两个字位置，两个省略号连用时占四个字位置并须单独占一行。省略号不能中间断开分处上行之末和下行之首。

5.1.6　连接号中的短横线比汉字"一"略短，占半个字位置；一字线比汉字"一"略长，占一个字位置；浪纹线占一个字位置。连接号上下居中，不出现在一行之首。

5.1.7　间隔号标在需要隔开的项目之间，占半个字位置，上下居中，不出现在一行之首。

5.1.8　着重号和专名号标在相应文字的下边。

5.1.9　分隔号占半个字位置，不出现在一行之首或一行之末。

5.1.10　标点符号排在一行末尾时，若为全角字符则应占半角字符的宽度（即半个字位置），以使视觉效果更美观。

5.1.11　在实际编辑出版工作中，为排版美观、方便阅读等需要，或为避免某一小节最后一个汉字转行或出现在另外一页开头等情况（浪费版面及视觉效果差），可适当压缩标点符号所占用的空间。

5.2 竖排文稿标点符号的位置和书写形式

5.2.1 句号、问号、叹号、逗号、顿号、分号和冒号均置于相应文字之下偏右。

5.2.2 破折号、省略号、连接号、间隔号和分隔号置于相应文字之下居中，上下方向排列。

5.2.3 引号改用双引号"﹁""﹂"和单引号"﹁""﹂"，括号改用"︵""︶"，标在相应项目的上下。

5.2.4 竖排文稿中使用浪线式书名号"︳"，标在相应文字的左侧。

5.2.5 重号标在相应文字的右侧，专名号标在相应文字的左侧。

5.2.6 横排文稿中关于某些标点不能居行首或行末的要求，同样适用于竖排文稿。

附录 A（规范性附录） 标点符号用法的补充规则

A.1 句号用法补充规则

图或表的短语式说明文字，中间可用逗号，但末尾不用句号。即使有时说明文字较长，前面的语段已出现句号，最后结尾处仍不用句号。

示例1：行进中的学生方队

示例2：经过治理，本市市容市貌焕然一新。这是某区街道一景

A.2 问号用法补充规则

使用问号应以句子表示疑问语气为依据，而并不根据句子中包含有疑问词。当含有疑问词的语段充当某种句子成分，而句子并不表示疑问语气时，句末不用问号。

示例1：他们的行为举止、审美趣味，甚至读什么书，坐什么车，都在

媒体掌握之中。

示例 2：谁也不见，什么也不吃，哪儿也不去。

示例 3：我也不知道他究竟躲到什么地方去了。

A.3 逗号用法补充规则

用顿号表示较长、较多或较复杂的并列成分之间的停顿时，最后一个成分前可用"以及（及）"进行连接，"以及（及）"之前应用逗号。

示例：压力过大、工作时间过长、作息不规律，以及忽视营养均衡等，均会导致健康状况的下降。

A.4 顿号用法补充规则

A.4.1 表示含有顺序关系的并列各项间的停顿，用顿号，不用逗号。下例解释"对于"一词用法，"人""事物""行为"之间有顺序关系（即人和人、人和事物、人和行为、事物和事物、事物和行为、行为和行为等六种对待关系），各项之间应用顿号。

示例：〔对于〕表示人，事物，行为之间的相互对待关系。（误）

〔对于〕表示人、事物、行为之间的相互对待关系。（正）

A.4.2 用阿拉伯数字表示年月日的简写形式时，用短横线连接号，不用顿号。

示例：2010、03、02（误）

2010–03–02（正）

A.5 分号用法补充规则

分项列举的各项有一项或多项已包含句号时，各项的末尾不能再用分号。

示例：本市先后建立起三大农业生产体系：一是建立甘蔗生产服务体系。成立糖业服务公司，主要给农民提供机耕等服务；二是建立蚕桑生产服务体系。……；三是建立热作服务体系。……。（误）

本市先后建立起三大农业生产体系：一是建立甘蔗生产服务体系。成

立糖业服务公司，主要给农民提供机耕等服务。二是建立蚕桑生产服务体系。……。三是建立热作服务体系。……。（正）

A.6　冒号用法补充规则

A.6.1　冒号用在提示性话语之后引起下文。表面上类似但实际不是提示性话语的，其后用逗号。

示例1：郦道元《水经注》记载："沼西际山枕水，有唐叔虞祠。"（提示性话语）

示例2：据《苏州府志》载，苏州城内大小园林约有 150 多座，可算名副其实的园林之城。（非提示性话语）

A.6.2　冒号提示范围无论大小（一句话、几句话甚至几段话），都应与提示性话语保持一致（即在该范围的末尾要用句号点断）。应避免冒号涵盖范围过窄或过宽。

示例：艾滋病有三个传播途径：血液传播，性传播和母婴传播，日常接触是不会传播艾滋病的。（误）

艾滋病有三个传播途径：血液传播，性传播和母婴传播。日常接触是不会传播艾滋病的。（正）

A.6.3　冒号应用在有停顿处，无停顿处不应用冒号。

示例1：他头也不抬，冷冷地问："你叫什么名字？"（有停顿）

示例2：这事你得拿主意，光说"不知道"怎么行？（无停顿）

A.7　引号用法补充规则

"丛刊""文库""系列""书系"等作为系列著作的选题名，宜用引号标引。当"丛刊"等为选题名的一部分时，放在引号之内，反之则放在引号之外。

示例1："汉译世界学术名著丛书"

示例2："中国哲学典籍文库"

示例3："20 世纪心理学通览"丛书

A.8 括号用法补充规则

括号可分为句内括号和句外括号。句内括号用于注释句子里的某些词语，即本身就是句子的一部分，应紧跟在被注释的词语之后。句外括号则用于注释句子、句群或段落，即本身结构独立，不属于前面的句子、句群或段落，应位于所注释语段的句末点号之后。

示例：标点符号是辅助文字记录语言的符号，是书面语的有机组成部分，用来表示语句的停顿、语气以及标示某些成分（主要是词语）的特定性质和作用。（数学符号、货币符号、校勘符号等特殊领域的专门符号不属于标点符号。）

A.9 省略号用法补充规则

A.9.1 不能用多于两个省略号（多于 12 点）连在一起表示省略。省略号须与多点连续的连珠号相区别（后者主要是用于表示目录中标题和页码对应和连接的专门符号）。

A.9.2 省略号和"等""等等""什么的"等词语不能同时使用。在需要读出来的地方用"等""等等""什么的"等词语，不用省略号。

示例：含有铁质的食物有猪肝、大豆、油菜、菠菜……等。（误）

含有铁质的食物有猪肝、大豆、油菜、菠菜等。（正）

A.10 着重号用法补充规则

不应使用文字下加直线或波浪线等形式表示着重。文字下加直线为专名号形式（4.16）；文字下加浪纹线是特殊书名号（A.13.6）。着重号的形式统一为相应项目下加小圆点。

示例：下面对本文的理解，不正确的一项是（误）

下面对本文的理解，不正确的一项是（正）

A.11 连接号用法补充规则

浪纹线连接号用于标示数值范围时,在不引起歧义的情况下,前一数值附加符号或计量单位可省略。

示例:5公斤～100公斤(正)

5～100公斤(正)

A.12 间隔号用法补充规则

当并列短语构成的标题中已用间隔号隔开时,不应再用"和"类连词。

示例:《水星·火星和金星》(误)

《水星·火星·金星》(正)

A.13 书名号用法补充规则

A.13.1 不能视为作品的课程、课题、奖品奖状、商标、证照、组织机构、会议、活动等名称,不应用书名号。下面均为书名号误用的示例:

示例1:下学期本中心将开设《现代企业财务管理》《市场营销》两门课程。

示例2:明天将召开《关于"两保两挂"的多视觉理论思考》课题立项会。

示例3:本市将向70岁以上(含70岁)老年人颁发《敬老证》。

示例4:本校共获得《最佳印象》《自我审美》《卡拉OK》等六个奖杯。

示例5:《闪光》牌电池经久耐用。

示例6:《文史杂志社》编辑力量比较雄厚。

示例7:本市将召开《全国食用天然色素应用研讨会》。

示例8:本报将于今年暑假举行《墨宝杯》书法大赛。

A.13.2 有的名称应根据指称意义的不同确定是否用书名号。如文艺晚会指一项活动时,不用书名号;而特指一种节目名称时,可用书名号。再如展览作为一种文化传播的组织形式时,不用书名号;特定情况下将某项展览作为一种创作的作品时，可用书名号。

示例 1：2008 年重阳联欢晚会受到观众的称赞和好评。

示例 2：本台将重播《2008 年重阳联欢晚会》。

示例 3："雪域明珠——中国西藏文化展"今天隆重开幕。

示例 4：《大地飞歌艺术展》是一部大型现代艺术作品。

A.13.3　书名后面表示该作品所属类别的普通名词不标在书名号内。

示例：《我们》杂志

A.13.4　书名有时带有括注。如果括注是书名、篇名等的一部分，应放在书名号之内，反之则应放在书名号之外。

示例 1：《琵琶行（并序）》

示例 2：《中华人民共和国民事诉讼法（试行）》

示例 3：《新政治协商会议筹备会组织条例（草案）》

示例 4：《百科知识》（彩图本）

示例 5：《人民日报》（海外版）

A.13.5　书名、篇名末尾如有叹号或问号，应放在书名号之内。

示例 1：《日记何罪！》

示例 2：《如何做到同工又同酬？》

A.13.6　在古籍或某些文史类著作中，为与专名号配合，书名号也可改用浪线式"﹏"，标注在书名下方。这可以看作是特殊的专名号或特殊的书名号。

A.14　分隔号用法补充规则

分隔号又称正斜线号，须与反斜线号"＼"相区别（后者主要是用于编写计算机程序的专门符号）。使用分隔号时，紧贴着分隔号的前后通常不用点号。

附录 B（资料性附录） 标点符号若干用法的说明

B.1 易混标点符号用法比较

B.1.1 逗号、顿号表示并列词语之间停顿的区别

逗号和顿号都表示停顿，但逗号表示的停顿长，顿号表示的停顿短。并列词语之间的停顿一般用顿号，但当并列词语较长或其后有语气词时，为了表示稍长一点的停顿，也可用逗号。

示例1：我喜欢吃的水果有苹果、桃子、香蕉和菠萝。

示例2：我们需要了解全局和局部的统一，必然和偶然的统一，本质和现象的统一。

示例3：看游记最难弄清位置和方向，前啊，后啊，左啊，右啊，看了半天，还是不明白。

B.1.2 逗号、顿号在表列举省略的"等""等等"之类词语前的使用

并列成分之间用顿号，末尾的并列成分之后用"等""等等"之类词语时，"等"类词前不用顿号或其他点号；并列成分之间用逗号，末尾的并列成分之后用"等"类词时，"等"类词前应用逗号。

示例1：现代生物学、物理学、化学、数学等基础科学的发展，带动了医学科学的进步。

示例2：写文章前要想好：文章主题是什么，用哪些材料，哪些详写，哪些略写，等等。

B.1.3 逗号、分号表示分句间停顿的区别

当复句的表述不复杂、层次不多，相连的分句语气比较紧凑、分句内部也没有使用逗号表示停顿时，分句间的停顿多用逗号。当用逗号不易分清多重复句内部的层次（如分句内部已有逗号），而用句号又可能割裂前后关系的地方，应用分号表示停顿。

示例 1：她拿起钥匙，开了箱上的锁，又开了首饰盒上的锁，往老地方放

示例 2：纵比，即以一事物的各个发展阶段作比；横比，则以此事物与彼事物相比。

B.1.4　顿号、逗号、分号在标示层次关系时的区别

句内点号中，顿号表示的停顿最短、层次最低，通常只能表示并列词语之间的停顿；分号表示的停顿最长、层次最高，可以用来表示复句的第一层分句之间的停顿；逗号介于两者之间，既可表示并列词语之间的停顿，也可表示复句中分句之间的停顿。若分句内部已用逗号，分句之间就应用分号（见 B.1.3 示例 2）。用分号隔开的几个并列分句不能由逗号统领或总结。

示例 1：有的学会烤烟，自己做挺讲究的纸烟和雪茄；有的学会蔬菜加工，做的番茄酱能吃到冬天；有的学会蔬菜腌渍、窖藏，使秋菜接上春菜。

示例 2：动物吃植物的方式多种多样，有的是把整个植物吃掉，如原生动物；有的是把植物的大部分吃掉，如鼠类；有的是吃掉植物的要害部位，如鸟类吃掉植物的嫩芽。（误）

动物吃植物的方式多种多样：有的是把整个植物吃掉，如原生动物；有的是把植物的大部分吃掉，如鼠类；有的是吃掉植物的要害部位，如鸟类吃掉植物的嫩芽。（正）

B.1.5　冒号、逗号用于"说""道"之类词语后的区别

位于引文之前的"说""道"后用冒号。位于引文之后的"说""道"分两种情况：处于句末时，其后用句号；"说""道"后还有其他成分时，其后用逗号。插在话语中间的"说""道"类词语后只能用逗号表示停顿。

示例 1：他说："晚上就来家里吃饭吧。"

示例 2："我真的很期待。"他说。

示例 3："我有件事忘了说……"他说，表情有点为难。

示例 4："现在请皇上脱下衣服，"两个骗子说，"好让我们为您换上新衣。"

B.1.6　不同点号表示停顿长短的排序

各种点号都表示说话时的停顿。句号、问号、叹号都表示句子完结，停顿最长。分号用于复句的分句之间，停顿长度介于句末点号和逗号之间，而短于冒号。逗号表示一句话中间的停顿，又短于分号。顿号用于并列词语之间，停顿最短。通常情况下，各种点号表示的停顿由长到短为：句号＝问号＝叹号＞冒号（指涵盖范围为一句话的冒号）＞分号＞逗号＞顿号。

B.1.7　破折号与括号表示注释或补充说明时的区别

破折号用于表示比较重要的解释说明，这种补充是正文的一部分，可与前后文连读；而括号表示比较一般的解释说明，只是注释而非正文，可不与前后文连读。

示例1：在今年——农历虎年，必须取得比去年更大的成绩。

示例2：哈雷在牛顿思想的启发下，终于认出了他所关注的彗星（该星后人称为哈雷彗里）。

B.1.8　书名号、引号在"题为……""以……为题"格式中的使用

"题为……""以……为题"中的"题"，如果是诗文、图书、报告或其他作品可作为篇名、书名看待时，可用书名号；如果是写作、科研、辩论、谈话的主题，非特定作品的标题，应用引号。即"题为……""以……为题"中的"题"应根据其类别分别按书名号和引号的用法处理。

示例1：有篇题为《柳宗元的诗》的文章，全文才2000字，引文不实却达11处之多。

示例2：今天一个以"地球·人口·资源·环境"为题的大型宣传活动在此间举行。

示例3:《我的老师》写于1956年9月，是作者应《教师报》之约而写的。

示例4:"我的老师"这类题目，同学们也许都写过。

B.2 两个标点符号连用的说明

B.2.1 行文中表示引用的引号内外的标点用法

当引文完整且独立使用，或虽不独立使用但带有问号或叹号时，引号内句末点号应保留。除此之外，引号内不用句末点号。当引文处于句子停顿处（包括句子末尾）且引号内未使用点号时，引号外应使用点号；当引文位于非停顿处或者引号内已使用句末点号时，引号外不用点号。

示例1："沉舟侧畔千帆过，病树前头万木春。"他最喜欢这两句诗。

示例2：书价上涨令许多读者难以接受，有些人甚至发出"还买得起书吗？"的疑问。

示例3：他以"条件还不成熟，准备还不充分"为由，否决了我们的提议。

示例4：你这样"明日复明日"地要拖到什么时候？

示例5：司马迁为了完成《史记》的写作，使之"藏之名山"，忍受了人间最大的侮辱。

示例6：在施工中要始终坚持"把质量当生命"。

示例7："言之无文，行而不远"这句话，说明了文采的重要。

示例8：俗话说："墙头一根草，风吹两边倒。"用这句话来形容此辈再恰当不过。

B.2.2 行文中括号内外的标点用法

括号内行文末尾需要时可用问号、叹号和省略号。除此之外，句内括号行文末尾通常不用标点符号。句外括号行文末尾是否用句号由括号内的语段结构决定：若语段较长、内容复杂，应用句号。句内括号外是否用点号取决于括号所处位置：若句内括号处于句子停顿处，应用点号。句外括号外通常不用点号。

示例1：如果不采取（但应如何采取呢？）十分具体的控制措施，事态将进一步扩大。

示例2：3分钟过去了（仅仅才3分钟！），从眼前穿梭而过的出租车竟达 32 辆！

示例 3：她介绍时用了一连串比喻（有的状如树枝，有的貌似星海……），非常形象。

示例 4：科技协作合同（包括科研、试制、成果推广等）根据上级主管部门或有关部门的计划签订。

示例 5：应把夏朝看作原始公社向奴隶制国家过渡时期。（龙山文化遗址里，也有俯身葬。俯身者很可能就是奴隶。）

示例 6：问：你对你不喜欢的上司是什么态度？

答：感情上疏远，组织上服从。（掌声，笑声）

示例 7：古汉语（特别是上古汉语），对于我来说，有着常人无法想象的吸引力。

示例 8：由于这种推断尚未经过实践的考验，我们只能把它作为假设（或假说）提出来。

示例 9：人际交往过程就是使用语词传达意义的过程。（严格说，这里的"语词"应为语词指号。）

B.2.3　破折号前后的标点用法

破折号之前通常不用点号；但根据句子结构和行文需要，有时也可分别使用句内点号或句末点号。破折号之后通常不会紧跟着使用其他点号；但当破折号表示语音的停顿或延长时，根据语气表达的需要，其后可紧接问号或叹号。

示例 1：小妹说："我现在工作得挺好，老板对我不错，工资也挺高。——我能抽支烟吗？"（表示话题的转折）

示例 2：我不是自然主义者，我主张文学高于现实，能够稍稍居高临下地去看现实，因为文学的任务不仅在于反映现实。光描写现存的事物还不够，还必须记住我们所希望的和可能产生的事物。必须使现象典型化。应该把微小而有代表性的事物写成重大的和典型的事物。——这就是文学的任务。（表示对前几句话的总结）

示例 3："是他——？"石一川简直不敢相信自己的耳朵。

示例 4："我终于考上大学啦！我终于考上啦——！"金石开兴奋得快要晕过去了。

B.2.4 省略号前后的标点用法

省略号之前通常不用点号。以下两种情况例外：省略号前的句子表示强烈语气、句末使用问号或叹号时；省略号前不用点号就无法标示停顿或表明结构关系时。省略号之后通常也不用点号，但当句末表达强烈的语气或感情时，可在省略号后用问号或叹号；当省略号后还有别的话、省略的文字和后面的话不连续且有停顿时，应在省略号后用点号；当表示特定格式的成分虚缺时，省略号后可用点号。

示例 1：想起这些，我就觉得一辈子都对不起你。你对梁家的好，我感激不尽！……

示例 2：他进来了，……一身军装，一张朴实的脸，站在我们面前显得很高大，很年轻。

示例 3：这，这是……？

示例 4：动物界的规矩比人类还多，野骆驼、野猪、黄羊……，直至塔里木兔、跳鼠，都是各行其路，决不混淆。

示例 5：大火被渐渐扑灭，但一片片油污又旋即出现在遇难船旁……。清污船迅速赶来，并施放围栏以控制油污。

示例 6：如果……，那么……。

B.3 序次语之后的标点用法

B.3.1 "第""其"字头序次语，或"首先""其次""最后"等做序次语时，后用逗号（见 4.4.3.3）。

B.3.2 不带括号的汉字数字或"天干地支"做序次语时，后用顿号（见 4.5.3.2）。

B.3.3 不带括号的阿拉伯数字、拉丁字母或罗马数字做序次语时，后面用下脚点（该符号属于外文的标点符号）。

示例 1：总之，语言的社会功能有三点：1.传递信息，交流思想；2.确定关系，调节关系；3.组织生活，组织生产。

示例2：本课一共讲解三个要点：A.生理停顿；B.逻辑停顿；C.语法停顿。

B.3.4　加括号的序次语后面不用任何点号。

示例1：受教育者应履行以下义务：（一）遵守法律、法规；（二）努力学习，完成规定的学习任务；（三）遵守所在学校或其他教育机构的制度。

示例2：科学家很重视下面几种才能：（1）想象力；（2）直觉的理解力；（3）数学能力。

B.3.5　阿拉伯数字与下脚点结合表示章节关系的序次语末尾不用任何点号。

示例：3 停顿

　　　3.1 生理停顿

　　　3.2 逻辑停顿

B.3.6　用于章节、条款的序次语后宜用空格表示停顿。

示例：第一课 春天来了

B.3.7　序次简单、叙述性较强的序次语后不用标点符号。

示例：语言的社会功能共有三点：一是传递信息；二是确定关系；三是组织生活。

B.3.8　同类数字形式的序次语，带括号的通常位于不带括号的下一层。通常第一层是带有顿号的汉字数字；第二层是带括号的汉字数字；第三层是带下脚点的阿拉伯数字；第四层是带括号的阿拉伯数字；再往下可以是带圈的阿拉伯数字或小写拉丁字母。一般可根据文章特点选择从某一层序次语开始行文，选定之后应顺着序次语的层次向下行文，但使用层次较低的序次语之后不宜反过来再使用层次更高的序次语。

示例：一、……

　　　（一）……1.……

　　　（1）……

　　　①／a.……

B.4　文章标题的标点用法

文章标题的末尾通常不用标点符号，但有时根据需要可用问号、叹号或省略号。

示例 1：看看电脑会有多聪明，让它下盘围棋吧

示例 2：猛龙过江：本店特色名菜

示例 3：严防"电脑黄毒"危害少年

示例 4：回家的感觉真好

　　　　　　　　——访大赛归来的本市运动员

示例 5：里海是湖，还是海？

示例 6：人体也是污染源！

示例 7：和平协议签署之后……

第七编
图书出版相关政策法规

中华人民共和国著作权法

中华人民共和国著作权实施条例

出版管理条例

图书质量管理规定

图书质量保障体系

图书出版管理规定

关于重申对出版反映党和国家领导人工作和生活情况图书加强管理
的紧急通知

关于认定淫秽及色情出版物的暂行规定

关于部分应取缔出版物认定标准的暂行规定

图书、期刊、音像制品、电子出版物重大选题备案办法

使用文字作品支付报酬办法

图书编校质量差错判定和计算方法

中华人民共和国著作权法

（1990 年 9 月 7 日第七届全国人民代表大会常务委员会第十五次会议通过，根据 2001 年 10 月 27 日第九届全国人民代表大会常务委员会第二十四次会议《关于修改〈中华人民共和国著作权法〉的决定》第一次修正，根据 2010 年 2 月 26 日第十一届全国人民代表大会常务委员会第十三次会议《关于修改〈中华人民共和国著作权法〉的决定》第二次修正，根据 2020 年 11 月 11 日第十三届全国人民代表大会常务委员会第二十三次会议《关于修改〈中华人民共和国著作权法〉的决定》第三次修正。）

第一章 总 则

第一条 为保护文学、艺术和科学作品作者的著作权，以及与著作权有关的权益，鼓励有益于社会主义精神文明、物质文明建设的作品的创作和传播，促进社会主义文化和科学事业的发展与繁荣，根据宪法制定本法。

第二条 中国公民、法人或者非法人组织的作品，不论是否发表，依照本法享有著作权。

外国人、无国籍人的作品根据其作者所属国或者经常居住地国同中国签订的协议或者共同参加的国际条约享有的著作权，受本法保护。

外国人、无国籍人的作品首先在中国境内出版的，依照本法享有著作权。

未与中国签订协议或者共同参加国际条约的国家的作者以及无国籍人的作品首次在中国参加的国际条约的成员国出版的，或者在成员国和非成员国同时出版的，受本法保护。

第三条 本法所称的作品，是指文学、艺术和科学领域内具有独创性并能以一定形式表现的智力成果，包括：

（一）文字作品；

（二）口述作品；

（三）音乐、戏剧、曲艺、舞蹈、杂技艺术作品；

（四）美术、建筑作品；

（五）摄影作品；

（六）视听作品；

（七）工程设计图、产品设计图、地图、示意图等图形作品和模型作品；

（八）计算机软件；

（九）符合作品特征的其他智力成果。

第四条 著作权人和与著作权有关的权利人行使权利，不得违反宪法和法律，不得损害公共利益。国家对作品的出版、传播依法进行监督管理。

第五条 本法不适用于：

（一）法律、法规，国家机关的决议、决定、命令和其他具有立法、行政、司法性质的文件，及其官方正式译文；

（二）单纯事实消息；

（三）历法、通用数表、通用表格和公式。

第六条 民间文学艺术作品的著作权保护办法由国务院另行规定。

第七条 国家著作权主管部门负责全国的著作权管理工作；县级以上地方主管著作权的部门负责本行政区域的著作权管理工作。

第八条 著作权人和与著作权有关的权利人可以授权著作权集体管理组织行使著作权或者与著作权有关的权利。依法设立的著作权集体管理组织是非营利法人，被授权后可以以自己的名义为著作权人和与著作权有关的权利人主张权利，并可以作为当事人进行涉及著作权或者与著作权有关的权利的诉讼、仲裁、调解活动。

著作权集体管理组织根据授权向使用者收取使用费。使用费的收取标准由著作权集体管理组织和使用者代表协商确定，协商不成的，可以向国家著作权主管部门申请裁决，对裁决不服的，可以向人民法院提起诉讼；当事人也可以直接向人民法院提起诉讼。

著作权集体管理组织应当将使用费的收取和转付、管理费的提取和使用、使用费的未分配部分等总体情况定期向社会公布，并应当建立权利信息查询系统，供权利人和使用者查询。国家著作权主管部门应当依法对著作权集体管理组织进行监督、管理。

著作权集体管理组织的设立方式、权利义务、使用费的收取和分配，以及对其监督和管理等由国务院另行规定。

第二章　著作权

第一节　著作权人及其权利

第九条　著作权人包括：

（一）作者；

（二）其他依照本法享有著作权的自然人、法人或者非法人组织。

第十条　著作权包括下列人身权和财产权：

（一）发表权，即决定作品是否公之于众的权利；

（二）署名权，即表明作者身份，在作品上署名的权利；

（三）修改权，即修改或者授权他人修改作品的权利；

（四）保护作品完整权，即保护作品不受歪曲、篡改的权利；

（五）复制权，即以印刷、复印、拓印、录音、录像、翻录、翻拍、数字化等方式将作品制作一份或者多份的权利；

（六）发行权，即以出售或者赠与方式向公众提供作品的原件或者复制件的权利；

（七）出租权，即有偿许可他人临时使用视听作品、计算机软件的原件或者复制件的权利，计算机软件不是出租的主要标的的除外；

（八）展览权，即公开陈列美术作品、摄影作品的原件或者复制件的权利；

（九）表演权，即公开表演作品，以及用各种手段公开播送作品的表演的权利；

（十）放映权，即通过放映机、幻灯机等技术设备公开再现美术、摄影、视听作品等的权利；

（十一）广播权，即以有线或者无线方式公开传播或者转播作品，以及通过扩音器或者其他传送符号、声音、图像的类似工具向公众传播广播的作品的权利，但不包括本款第十二项规定的权利；

（十二）信息网络传播权，即以有线或者无线方式向公众提供，使公众可以在其选定的时间和地点获得作品的权利；

（十三）摄制权，即以摄制视听作品的方法将作品固定在载体上的权利；

（十四）改编权，即改变作品，创作出具有独创性的新作品的权利；

（十五）翻译权，即将作品从一种语言文字转换成另一种语言文字的权利；

（十六）汇编权，即将作品或者作品的片段通过选择或者编排，汇集成新作品的权利；

（十七）应当由著作权人享有的其他权利。

著作权人可以许可他人行使前款第五项至第十七项规定的权利，并依照约定或者本法有关规定获得报酬。

著作权人可以全部或者部分转让本条第一款第五项至第十七项规定的权利，并依照约定或者本法有关规定获得报酬。

第二节　著作权归属

第十一条　著作权属于作者，本法另有规定的除外。

创作作品的自然人是作者。

由法人或者非法人组织主持，代表法人或者非法人组织意志创作，并由法人或者非法人组织承担责任的作品，法人或者非法人组织视为作者。

第十二条　在作品上署名的自然人、法人或者非法人组织为作者，且该作品上存在相应权利，但有相反证明的除外。

作者等著作权人可以向国家著作权主管部门认定的登记机构办理作品登记。

与著作权有关的权利参照适用前两款规定。

第十三条 改编、翻译、注释、整理已有作品而产生的作品，其著作权由改编、翻译、注释、整理人享有，但行使著作权时不得侵犯原作品的著作权。

第十四条 两人以上合作创作的作品，著作权由合作作者共同享有。没有参加创作的人，不能成为合作作者。

合作作品的著作权由合作作者通过协商一致行使；不能协商一致，又无正当理由的，任何一方不得阻止他方行使除转让、许可他人专有使用、出质以外的其他权利，但是所得收益应当合理分配给所有合作作者。

合作作品可以分割使用的，作者对各自创作的部分可以单独享有著作权，但行使著作权时不得侵犯合作作品整体的著作权。

第十五条 汇编若干作品、作品的片段或者不构成作品的数据或者其他材料，对其内容的选择或者编排体现独创性的作品，为汇编作品，其著作权由汇编人享有，但行使著作权时，不得侵犯原作品的著作权。

第十六条 使用改编、翻译、注释、整理、汇编已有作品而产生的作品进行出版、演出和制作录音录像制品，应当取得该作品的著作权人和原作品的著作权人许可，并支付报酬。

第十七条 视听作品中的电影作品、电视剧作品的著作权由制作者享有，但编剧、导演、摄影、作词、作曲等作者享有署名权，并有权按照与制作者签订的合同获得报酬。

前款规定以外的视听作品的著作权归属由当事人约定；没有约定或者约定不明确的，由制作者享有，但作者享有署名权和获得报酬的权利。

视听作品中的剧本、音乐等可以单独使用的作品的作者有权单独行使其著作权。

第十八条 自然人为完成法人或者非法人组织工作任务所创作的作品是

职务作品，除本条第二款的规定以外，著作权由作者享有，但法人或者非法人组织有权在其业务范围内优先使用。作品完成两年内，未经单位同意，作者不得许可第三人以与单位使用的相同方式使用该作品。

有下列情形之一的职务作品，作者享有署名权，著作权的其他权利由法人或者非法人组织享有，法人或者非法人组织可以给予作者奖励：

（一）主要是利用法人或者非法人组织的物质技术条件创作，并由法人或者非法人组织承担责任的工程设计图、产品设计图、地图、示意图、计算机软件等职务作品；

（二）报社、期刊社、通讯社、广播电台、电视台的工作人员创作的职务作品；

（三）法律、行政法规规定或者合同约定著作权由法人或者非法人组织享有的职务作品。

第十九条　受委托创作的作品，著作权的归属由委托人和受托人通过合同约定。合同未作明确约定或者没有订立合同的，著作权属于受托人。

第二十条　作品原件所有权的转移，不改变作品著作权的归属，但美术、摄影作品原件的展览权由原件所有人享有。

作者将未发表的美术、摄影作品的原件所有权转让给他人，受让人展览该原件不构成对作者发表权的侵犯。

第二十一条　著作权属于自然人的，自然人死亡后，其本法第十条第一款第五项至第十七项规定的权利在本法规定的保护期内，依法转移。

著作权属于法人或者非法人组织的，法人或者非法人组织变更、终止后，其本法第十条第一款第五项至第十七项规定的权利在本法规定的保护期内，由承受其权利义务的法人或者非法人组织享有；没有承受其权利义务的法人或者非法人组织的，由国家享有。

第三节　权利的保护期

第二十二条　作者的署名权、修改权、保护作品完整权的保护期不受限制。

第二十三条　自然人的作品，其发表权、本法第十条第一款第五项至第十七项规定的权利的保护期为作者终生及其死亡后五十年，截止于作者死亡后第五十年的 12 月 31 日；如果是合作作品，截止于最后死亡的作者死亡后第五十年的 12 月 31 日。

法人或者非法人组织的作品、著作权（署名权除外）由法人或者非法人组织享有的职务作品，其发表权的保护期为五十年，截止于作品创作完成后第五十年的 12 月 31 日；本法第十条第一款第五项至第十七项规定的权利的保护期为五十年，截止于作品首次发表后第五十年的 12 月 31 日，但作品自创作完成后五十年内未发表的，本法不再保护。

视听作品，其发表权的保护期为五十年，截止于作品创作完成后第五十年的 12 月 31 日；本法第十条第一款第五项至第十七项规定的权利的保护期为五十年，截止于作品首次发表后第五十年的 12 月 31 日，但作品自创作完成后五十年内未发表的，本法不再保护。

第四节　权利的限制

第二十四条　在下列情况下使用作品，可以不经著作权人许可，不向其支付报酬，但应当指明作者姓名或者名称、作品名称，并且不得影响该作品的正常使用，也不得不合理地损害著作权人的合法权益：

（一）为个人学习、研究或者欣赏，使用他人已经发表的作品；

（二）为介绍、评论某一作品或者说明某一问题，在作品中适当引用他人已经发表的作品；

（三）为报道新闻，在报纸、期刊、广播电台、电视台等媒体中不可避免地再现或者引用已经发表的作品；

（四）报纸、期刊、广播电台、电视台等媒体刊登或者播放其他报纸、期刊、广播电台、电视台等媒体已经发表的关于政治、经济、宗教问题的时事性文章，但著作权人声明不许刊登、播放的除外；

（五）报纸、期刊、广播电台、电视台等媒体刊登或者播放在公众集会上发表的讲话，但作者声明不许刊登、播放的除外；

（六）为学校课堂教学或者科学研究，翻译、改编、汇编、播放或者少量复制已经发表的作品，供教学或者科研人员使用，但不得出版发行；

（七）国家机关为执行公务在合理范围内使用已经发表的作品；

（八）图书馆、档案馆、纪念馆、博物馆、美术馆、文化馆等为陈列或者保存版本的需要，复制本馆收藏的作品；

（九）免费表演已经发表的作品，该表演未向公众收取费用，也未向表演者支付报酬，且不以营利为目的；

（十）对设置或者陈列在公共场所的艺术作品进行临摹、绘画、摄影、录像；

（十一）将中国公民、法人或者非法人组织已经发表的以国家通用语言文字创作的作品翻译成少数民族语言文字作品在国内出版发行；

（十二）以阅读障碍者能够感知的无障碍方式向其提供已经发表的作品；

（十三）法律、行政法规规定的其他情形。

前款规定适用于对与著作权有关的权利的限制。

第二十五条 为实施义务教育和国家教育规划而编写出版教科书，可以不经著作权人许可，在教科书中汇编已经发表的作品片段或者短小的文字作品、音乐作品或者单幅的美术作品、摄影作品、图形作品，但应当按照规定向著作权人支付报酬，指明作者姓名或者名称、作品名称，并且不得侵犯著作权人依照本法享有的其他权利。

前款规定适用于对与著作权有关的权利的限制。

第三章 著作权许可使用和转让合同

第二十六条 使用他人作品应当同著作权人订立许可使用合同，本法规定可以不经许可的除外。

许可使用合同包括下列主要内容：

（一）许可使用的权利种类；

（二）许可使用的权利是专有使用权或者非专有使用权；

（三）许可使用的地域范围、期间；

（四）付酬标准和办法；

（五）违约责任；

（六）双方认为需要约定的其他内容。

第二十七条 转让本法第十条第一款第五项至第十七项规定的权利，应当订立书面合同。

权利转让合同包括下列主要内容：

（一）作品的名称；

（二）转让的权利种类、地域范围；

（三）转让价金；

（四）交付转让价金的日期和方式；

（五）违约责任；

（六）双方认为需要约定的其他内容。

第二十八条 以著作权中的财产权出质的，由出质人和质权人依法办理出质登记。

第二十九条 许可使用合同和转让合同中著作权人未明确许可、转让的权利，未经著作权人同意，另一方当事人不得行使。

第三十条 使用作品的付酬标准可以由当事人约定，也可以按照国家著作权主管部门会同有关部门制定的付酬标准支付报酬。当事人约定不明确的，按照国家著作权主管部门会同有关部门制定的付酬标准支付报酬。

第三十一条 出版者、表演者、录音录像制作者、广播电台、电视台等依照本法有关规定使用他人作品的，不得侵犯作者的署名权、修改权、保护作品完整权和获得报酬的权利。

第四章 与著作权有关的权利

第一节 图书、报刊的出版

第三十二条 图书出版者出版图书应当和著作权人订立出版合同，并支付报酬。

第三十三条 图书出版者对著作权人交付出版的作品，按照合同约定享有的专有出版权受法律保护，他人不得出版该作品。

第三十四条 著作权人应当按照合同约定期限交付作品。图书出版者应当按照合同约定的出版质量、期限出版图书。

图书出版者不按照合同约定期限出版，应当依照本法第六十一条的规定承担民事责任。

图书出版者重印、再版作品的，应当通知著作权人，并支付报酬。图书脱销后，图书出版者拒绝重印、再版的，著作权人有权终止合同。

第三十五条 著作权人向报社、期刊社投稿的，自稿件发出之日起十五日内未收到报社通知决定刊登的，或者自稿件发出之日起三十日内未收到期刊社通知决定刊登的，可以将同一作品向其他报社、期刊社投稿。双方另有约定的除外。

作品刊登后，除著作权人声明不得转载、摘编的外，其他报刊可以转载或者作为文摘、资料刊登，但应当按照规定向著作权人支付报酬。

第三十六条 图书出版者经作者许可，可以对作品修改、删节。

报社、期刊社可以对作品作文字性修改、删节。对内容的修改，应当经作者许可。

第三十七条 出版者有权许可或者禁止他人使用其出版的图书、期刊的版式设计。

前款规定的权利的保护期为十年，截止于使用该版式设计的图书、期刊首次出版后第十年的 12 月 31 日。

第二节 表 演

第三十八条 使用他人作品演出，表演者应当取得著作权人许可，并支付报酬。演出组织者组织演出，由该组织者取得著作权人许可，并支付报酬。

第三十九条 表演者对其表演享有下列权利：

（一）表明表演者身份；

（二）保护表演形象不受歪曲；

（三）许可他人从现场直播和公开传送其现场表演，并获得报酬；

（四）许可他人录音录像，并获得报酬；

（五）许可他人复制、发行、出租录有其表演的录音录像制品，并获得报酬；

（六）许可他人通过信息网络向公众传播其表演，并获得报酬。

被许可人以前款第三项至第六项规定的方式使用作品，还应当取得著作权人许可，并支付报酬。

第四十条 演员为完成本演出单位的演出任务进行的表演为职务表演，演员享有表明身份和保护表演形象不受歪曲的权利，其他权利归属由当事人约定。当事人没有约定或者约定不明确的，职务表演的权利由演出单位享有。

职务表演的权利由演员享有的，演出单位可以在其业务范围内免费使用该表演。

第四十一条 本法第三十九条第一款第一项、第二项规定的权利的保护期不受限制。

本法第三十九条第一款第三项至第六项规定的权利的保护期为五十年，截止于该表演发生后第五十年的 12 月 31 日。

第三节　录音录像

第四十二条 录音录像制作者使用他人作品制作录音录像制品，应当取得著作权人许可，并支付报酬。

录音制作者使用他人已经合法录制为录音制品的音乐作品制作录音制品，可以不经著作权人许可，但应当按照规定支付报酬；著作权人声明不许使用的不得使用。

第四十三条 录音录像制作者制作录音录像制品，应当同表演者订立合同，并支付报酬。

第四十四条　录音录像制作者对其制作的录音录像制品，享有许可他人复制、发行、出租、通过信息网络向公众传播并获得报酬的权利；权利的保护期为五十年，截止于该制品首次制作完成后第五十年的 12 月 31 日。

被许可人复制、发行、通过信息网络向公众传播录音录像制品，应当同时取得著作权人、表演者许可，并支付报酬；被许可人出租录音录像制品，还应当取得表演者许可，并支付报酬。

第四十五条　将录音制品用于有线或者无线公开传播，或者通过传送声音的技术设备向公众公开播送的，应当向录音制作者支付报酬。

第四节　广播电台、电视台播放

第四十六条　广播电台、电视台播放他人未发表的作品，应当取得著作权人许可，并支付报酬。

广播电台、电视台播放他人已发表的作品，可以不经著作权人许可，但应当按照规定支付报酬。

第四十七条　广播电台、电视台有权禁止未经其许可的下列行为：

（一）将其播放的广播、电视以有线或者无线方式转播；

（二）将其播放的广播、电视录制以及复制；

（三）将其播放的广播、电视通过信息网络向公众传播。

广播电台、电视台行使前款规定的权利，不得影响、限制或者侵害他人行使著作权或者与著作权有关的权利。

本条第一款规定的权利的保护期为五十年，截止于该广播、电视首次播放后第五十年的 12 月 31 日。

第四十八条　电视台播放他人的视听作品、录像制品，应当取得视听作品著作权人或者录像制作者许可，并支付报酬；播放他人的录像制品，还应当取得著作权人许可，并支付报酬。

第五章　著作权和与著作权有关的权利的保护

第四十九条　为保护著作权和与著作权有关的权利，权利人可以采取技术措施。

未经权利人许可，任何组织或者个人不得故意避开或者破坏技术措施，不得以避开或者破坏技术措施为目的制造、进口或者向公众提供有关装置或者部件，不得故意为他人避开或者破坏技术措施提供技术服务。但是，法律、行政法规规定可以避开的情形除外。

本法所称的技术措施，是指用于防止、限制未经权利人许可浏览、欣赏作品、表演、录音录像制品或者通过信息网络向公众提供作品、表演、录音录像制品的有效技术、装置或者部件。

第五十条 下列情形可以避开技术措施，但不得向他人提供避开技术措施的技术、装置或者部件，不得侵犯权利人依法享有的其他权利：

（一）为学校课堂教学或者科学研究，提供少量已经发表的作品，供教学或者科研人员使用，而该作品无法通过正常途径获取；

（二）不以营利为目的，以阅读障碍者能够感知的无障碍方式向其提供已经发表的作品，而该作品无法通过正常途径获取；

（三）国家机关依照行政、监察、司法程序执行公务；

（四）对计算机及其系统或者网络的安全性能进行测试；

（五）进行加密研究或者计算机软件反向工程研究。

前款规定适用于对与著作权有关的权利的限制。

第五十一条 未经权利人许可，不得进行下列行为：

（一）故意删除或者改变作品、版式设计、表演、录音录像制品或者广播、电视上的权利管理信息，但由于技术上的原因无法避免的除外；

（二）知道或者应当知道作品、版式设计、表演、录音录像制品或者广播、电视上的权利管理信息未经许可被删除或者改变，仍然向公众提供。

第五十二条 有下列侵权行为的，应当根据情况，承担停止侵害、消除影响、赔礼道歉、赔偿损失等民事责任：

（一）未经著作权人许可，发表其作品的；

（二）未经合作作者许可，将与他人合作创作的作品当作自己单独创作的作品发表的；

（三）没有参加创作，为谋取个人名利，在他人作品上署名的；

（四）歪曲、篡改他人作品的；

（五）剽窃他人作品的；

（六）未经著作权人许可，以展览、摄制视听作品的方法使用作品，或者以改编、翻译、注释等方式使用作品的，本法另有规定的除外；

（七）使用他人作品，应当支付报酬而未支付的；

（八）未经视听作品、计算机软件、录音录像制品的著作权人、表演者或者录音录像制作者许可，出租其作品或者录音录像制品的原件或者复制件的，本法另有规定的除外；

（九）未经出版者许可，使用其出版的图书、期刊的版式设计的；

（十）未经表演者许可，从现场直播或者公开传送其现场表演，或者录制其表演的；

（十一）其他侵犯著作权以及与著作权有关的权利的行为。

第五十三条 有下列侵权行为的，应当根据情况，承担本法第五十二条规定的民事责任；侵权行为同时损害公共利益的，由主管著作权的部门责令停止侵权行为，予以警告，没收违法所得，没收、无害化销毁处理侵权复制品以及主要用于制作侵权复制品的材料、工具、设备等，违法经营额五万元以上的，可以并处违法经营额一倍以上五倍以下的罚款；没有违法经营额、违法经营额难以计算或者不足五万元的，可以并处二十五万元以下的罚款；构成犯罪的，依法追究刑事责任：

（一）未经著作权人许可，复制、发行、表演、放映、广播、汇编、通过信息网络向公众传播其作品的，本法另有规定的除外；

（二）出版他人享有专有出版权的图书的；

（三）未经表演者许可，复制、发行录有其表演的录音录像制品，或者通过信息网络向公众传播其表演的，本法另有规定的除外；

（四）未经录音录像制作者许可，复制、发行、通过信息网络向公众传播其制作的录音录像制品的，本法另有规定的除外；

（五）未经许可，播放、复制或者通过信息网络向公众传播广播、电视的，本法另有规定的除外；

（六）未经著作权人或者与著作权有关的权利人许可，故意避开或者破坏技术措施的，故意制造、进口或者向他人提供主要用于避开、破坏技术措施的装置或者部件的，或者故意为他人避开或者破坏技术措施提供技术服务的，法律、行政法规另有规定的除外；

（七）未经著作权人或者与著作权有关的权利人许可，故意删除或者改变作品、版式设计、表演、录音录像制品或者广播、电视上的权利管理信息的，知道或者应当知道作品、版式设计、表演、录音录像制品或者广播、电视上的权利管理信息未经许可被删除或者改变，仍然向公众提供的，法律、行政法规另有规定的除外；

（八）制作、出售假冒他人署名的作品的。

第五十四条 侵犯著作权或者与著作权有关的权利的，侵权人应当按照权利人因此受到的实际损失或者侵权人的违法所得给予赔偿；权利人的实际损失或者侵权人的违法所得难以计算的，可以参照该权利使用费给予赔偿。对故意侵犯著作权或者与著作权有关的权利，情节严重的，可以在按照上述方法确定数额的一倍以上五倍以下给予赔偿。

权利人的实际损失、侵权人的违法所得、权利使用费难以计算的，由人民法院根据侵权行为的情节，判决给予五百元以上五百万元以下的赔偿。

赔偿数额还应当包括权利人为制止侵权行为所支付的合理开支。

人民法院为确定赔偿数额，在权利人已经尽了必要举证责任，而与侵权行为相关的账簿、资料等主要由侵权人掌握的，可以责令侵权人提供与侵权行为相关的账簿、资料等；侵权人不提供，或者提供虚假的账簿、资料等的，人民法院可以参考权利人的主张和提供的证据确定赔偿数额。

人民法院审理著作权纠纷案件，应权利人请求，对侵权复制品，除特殊情况外，责令销毁；对主要用于制造侵权复制品的材料、工具、设备等，责令销毁，且不予补偿；或者在特殊情况下，责令禁止前述材料、工具、设备等进入商业渠道，且不予补偿。

第五十五条 主管著作权的部门对涉嫌侵犯著作权和与著作权有关的权

利的行为进行查处时，可以询问有关当事人，调查与涉嫌违法行为有关的情况；对当事人涉嫌违法行为的场所和物品实施现场检查；查阅、复制与涉嫌违法行为有关的合同、发票、账簿以及其他有关资料；对于涉嫌违法行为的场所和物品，可以查封或者扣押。

主管著作权的部门依法行使前款规定的职权时，当事人应当予以协助、配合，不得拒绝、阻挠。

第五十六条 著作权人或者与著作权有关的权利人有证据证明他人正在实施或者即将实施侵犯其权利、妨碍其实现权利的行为，如不及时制止将会使其合法权益受到难以弥补的损害的，可以在起诉前依法向人民法院申请采取财产保全、责令作出一定行为或者禁止作出一定行为等措施。

第五十七条 为制止侵权行为，在证据可能灭失或者以后难以取得的情况下，著作权人或者与著作权有关的权利人可以在起诉前依法向人民法院申请保全证据。

第五十八条 人民法院审理案件，对于侵犯著作权或者与著作权有关的权利的，可以没收违法所得、侵权复制品以及进行违法活动的财物。

第五十九条 复制品的出版者、制作者不能证明其出版、制作有合法授权的，复制品的发行者或者视听作品、计算机软件、录音录像制品的复制品的出租者不能证明其发行、出租的复制品有合法来源的，应当承担法律责任。

在诉讼程序中，被诉侵权人主张其不承担侵权责任的，应当提供证据证明已经取得权利人的许可，或者具有本法规定的不经权利人许可而可以使用的情形。

第六十条 著作权纠纷可以调解，也可以根据当事人达成的书面仲裁协议或者著作权合同中的仲裁条款，向仲裁机构申请仲裁。

当事人没有书面仲裁协议，也没有在著作权合同中订立仲裁条款的，可以直接向人民法院起诉。

第六十一条 当事人因不履行合同义务或者履行合同义务不符合约定而承担民事责任，以及当事人行使诉讼权利、申请保全等，适用有关法律的规定。

第六章　附　则

第六十二条　本法所称的著作权即版权。

第六十三条　本法第二条所称的出版，指作品的复制、发行。

第六十四条　计算机软件、信息网络传播权的保护办法由国务院另行规定。

第六十五条　摄影作品，其发表权、本法第十条第一款第五项至第十七项规定的权利的保护期在 2021 年 6 月 1 日前已经届满，但依据本法第二十三条第一款的规定仍在保护期内的，不再保护。

第六十六条　本法规定的著作权人和出版者、表演者、录音录像制作者、广播电台、电视台的权利，在本法施行之日尚未超过本法规定的保护期的，依照本法予以保护。

本法施行前发生的侵权或者违约行为，依照侵权或者违约行为发生时的有关规定处理。

第六十七条　本法自 1991 年 6 月 1 日起施行。

中华人民共和国著作权法实施条例

（2002 年 8 月 2 日中华人民共和国国务院令第 359 号公布；根据 2011 年 1 月 8 日《国务院关于废止和修改部分行政法规的决定》第一次修订；根据 2013 年 1 月 30 日《国务院关于修改〈中华人民共和国著作权法实施条例〉的决定》第二次修订）

第一条　根据《中华人民共和国著作权法》（以下简称著作权法），制定本条例。

第二条　著作权法所称作品，是指文学、艺术和科学领域内具有独创性并能以某种有形形式复制的智力成果。

第三条　著作权法所称创作，是指直接产生文学、艺术和科学作品的智力活动。

为他人创作进行组织工作，提供咨询意见、物质条件，或者进行其他辅助工作，均不视为创作。

第四条　著作权法和本条例中下列作品的含义：

（一）文字作品，是指小说、诗词、散文、论文等以文字形式表现的作品；

（二）口述作品，是指即兴的演说、授课、法庭辩论等以口头语言形式表现的作品；

（三）音乐作品，是指歌曲、交响乐等能够演唱或者演奏的带词或者不带词的作品；

（四）戏剧作品，是指话剧、歌剧、地方戏等供舞台演出的作品；

（五）曲艺作品，是指相声、快书、大鼓、评书等以说唱为主要形式表演的作品；

（六）舞蹈作品，是指通过连续的动作、姿势、表情等表现思想情感的作品；

（七）杂技艺术作品，是指杂技、魔术、马戏等通过形体动作和技巧表现的作品；

（八）美术作品，是指绘画、书法、雕塑等以线条、色彩或者其他方式构成的有审美意义的平面或者立体的造型艺术作品；

（九）建筑作品，是指以建筑物或者构筑物形式表现的有审美意义的作品；

（十）摄影作品，是指借助器械在感光材料或者其他介质上记录客观物体形象的艺术作品；

（十一）电影作品和以类似摄制电影的方法创作的作品，是指摄制在一定介质上，由一系列有伴音或者无伴音的画面组成，并且借助适当装置放映或者以其他方式传播的作品；

（十二）图形作品，是指为施工、生产绘制的工程设计图、产品设计图，以及反映地理现象、说明事物原理或者结构的地图、示意图等作品；

（十三）模型作品，是指为展示、试验或者观测等用途，根据物体的形状和结构，按照一定比例制成的立体作品。

第五条 著作权法和本条例中下列用语的含义：

（一）时事新闻，是指通过报纸、期刊、广播电台、电视台等媒体报道的单纯事实消息；

（二）录音制品，是指任何对表演的声音和其他声音的录制品；

（三）录像制品，是指电影作品和以类似摄制电影的方法创作的作品以外的任何有伴音或者无伴音的连续相关形象、图像的录制品；

（四）录音制作者，是指录音制品的首次制作人；

（五）录像制作者，是指录像制品的首次制作人；

（六）表演者，是指演员、演出单位或者其他表演文学、艺术作品的人。

第六条 著作权自作品创作完成之日起产生。

第七条 著作权法第二条第三款规定的首先在中国境内出版的外国人、无国籍人的作品，其著作权自首次出版之日起受保护。

第八条 外国人、无国籍人的作品在中国境外首先出版后，30日内在中国境内出版的，视为该作品同时在中国境内出版。

第九条 合作作品不可以分割使用的，其著作权由各合作作者共同享有，通过协商一致行使；不能协商一致，又无正当理由的，任何一方不得阻止他方行使除转让以外的其他权利，但是所得收益应当合理分配给所有合作作者。

第十条 著作权人许可他人将其作品摄制成电影作品和以类似摄制电影的方法创作的作品的，视为已同意对其作品进行必要的改动，但是这种改动不得歪曲篡改原作品。

第十一条 著作权法第十六条第一款关于职务作品的规定中的"工作任务"，是指公民在该法人或者该组织中应当履行的职责。

著作权法第十六条第二款关于职务作品的规定中的"物质技术条件"，

是指该法人或者该组织为公民完成创作专门提供的资金、设备或者资料。

第十二条　职务作品完成两年内，经单位同意，作者许可第三人以与单位使用的相同方式使用作品所获报酬，由作者与单位按约定的比例分配。

作品完成两年的期限，自作者向单位交付作品之日起计算。

第十三条　作者身份不明的作品，由作品原件的所有人行使除署名权以外的著作权。作者身份确定后，由作者或者其继承人行使著作权。

第十四条　合作作者之一死亡后，其对合作作品享有的著作权法第十条第一款第五项至第十七项规定的权利无人继承又无人受遗赠的，由其他合作作者享有。

第十五条　作者死亡后，其著作权中的署名权、修改权和保护作品完整权由作者的继承人或者受遗赠人保护。

著作权无人继承又无人受遗赠的，其署名权、修改权和保护作品完整权由著作权行政管理部门保护。

第十六条　国家享有著作权的作品的使用，由国务院著作权行政管理部门管理。

第十七条　作者生前未发表的作品，如果作者未明确表示不发表，作者死亡后 50 年内，其发表权可由继承人或者受遗赠人行使；没有继承人又无人受遗赠的，由作品原件的所有人行使。

第十八条　作者身份不明的作品，其著作权法第十条第一款第五项至第十七项规定的权利的保护期截止于作品首次发表后第 50 年的 12 月 31 日。作者身份确定后，适用著作权法第二十一条的规定。

第十九条　使用他人作品的，应当指明作者姓名、作品名称；但是，当事人另有约定或者由于作品使用方式的特性无法指明的除外。

第二十条　著作权法所称已经发表的作品，是指著作权人自行或者许可他人公之于众的作品。

第二十一条　依照著作权法有关规定，使用可以不经著作权人许可的已经发表的作品的，不得影响该作品的正常使用，也不得不合理地损害著作权人的合法利益。

第二十二条　依照著作权法第二十二条、第三十三条第二款、第四十条第三款的规定使用作品的付酬标准，由国务院著作权行政管理部门会同国务院价格主管部门制定、公布。

第二十三条　使用他人作品应当同著作权人订立许可使用合同，许可使用的权利是专有使用权的，应当采取书面形式，但是报社、期刊社刊登作品除外。

第二十四条　著作权法第二十四条规定的专有使用权的内容由合同约定，合同没有约定或者约定不明的，视为被许可人有权排除包括著作权人在内的任何人以同样的方式使用作品；除合同另有约定外，被许可人许可第三人行使同一权利，必须取得著作权人的许可。

第二十五条　与著作权人订立专有许可使用合同、转让合同的，可以向著作权行政管理部门备案。

第二十六条　著作权法和本条例所称与著作权有关的权益，是指出版者对其出版的图书和期刊的版式设计享有的权利，表演者对其表演享有的权利，录音录像制作者对其制作的录音录像制品享有的权利，广播电台、电视台对其播放的广播、电视节目享有的权利。

第二十七条　出版者、表演者、录音录像制作者、广播电台、电视台行使权利，不得损害被使用作品和原作品著作权人的权利。

第二十八条　图书出版合同中约定图书出版者享有专有出版权但没有明确其具体内容的，视为图书出版者享有在合同有效期限内和在合同约定的地域范围内以同种文字的原版、修订版出版图书的专有权利。

第二十九条　著作权人寄给图书出版者的两份订单在 6 个月内未能得到履行，视为著作权法第三十二条所称图书脱销。

第三十条　著作权人依照著作权法第三十三条第二款声明不得转载、摘编其作品的，应当在报纸、期刊刊登该作品时附带声明。

第三十一条　著作权人依照著作权法第四十条第三款声明不得对其作品制作录音制品的，应当在该作品合法录制为录音制品时声明。

第三十二条　依照著作权法第二十三条、第三十三条第二款、第四十条第三款的规定，使用他人作品的，应当自使用该作品之日起 2 个月内向著作权人支付报酬。

第三十三条　外国人、无国籍人在中国境内的表演，受著作权法保护。

外国人、无国籍人根据中国参加的国际条约对其表演享有的权利，受著作权法保护。

第三十四条　外国人、无国籍人在中国境内制作、发行的录音制品，受著作权法保护。

外国人、无国籍人根据中国参加的国际条约对其制作、发行的录音制品享有的权利，受著作权法保护。

第三十五条　外国的广播电台、电视台根据中国参加的国际条约对其播放的广播、电视节目享有的权利，受著作权法保护。

第三十六条　有著作权法第四十八条所列侵权行为，同时损害社会公共利益，非法经营额 5 万元以上的，著作权行政管理部门可处非法经营额 1 倍以上 5 倍以下的罚款；没有非法经营额或者非法经营额 5 万元以下的，著作权行政管理部门根据情节轻重，可处 25 万元以下的罚款。

第三十七条　有著作权法第四十八条所列侵权行为，同时损害社会公共利益的，由地方人民政府著作权行政管理部门负责查处。

国务院著作权行政管理部门可以查处在全国有重大影响的侵权行为。

第三十八条　本条例自 2002 年 9 月 15 日起施行。1991 年 5 月 24 日国务院批准、1991 年 5 月 30 日国家版权局发布的《中华人民共和国著作权法实施条例》同时废止。

出版管理条例

（2001 年 12 月 25 日中华人民共和国国务院令第 343 号公布；根据 2011 年 3 月 19 日《国务院关于修改〈出版管理条例〉的决定》第一次修订；根据 2013

年 7 月 18 日《国务院关于废止和修改部分行政法规的决定》第二次修订；根据 2014 年 7 月 29 日《国务院关于修改部分行政法规的决定》第三次修订；根据 2016 年 2 月 6 日《国务院关于修改部分行政法规的决定》第四次修订；2020 年 12 月 11 日，中华人民共和国国务院令（第 732 号）《国务院关于修改和废止部分行政法规的决定》第十七明确：将《出版管理条例》第三十九条中的"中外合资经营企业、中外合作经营企业、外资企业"修改为"外商投资企业"。）

第一章　总　则

第一条　为了加强对出版活动的管理，发展和繁荣有中国特色社会主义出版产业和出版事业，保障公民依法行使出版自由的权利，促进社会主义精神文明和物质文明建设，根据宪法，制定本条例。

第二条　在中华人民共和国境内从事出版活动，适用本条例。

本条例所称出版活动，包括出版物的出版、印刷或者复制、进口、发行。

本条例所称出版物，是指报纸、期刊、图书、音像制品、电子出版物等。

第三条　出版活动必须坚持为人民服务、为社会主义服务的方向，坚持以马克思列宁主义、毛泽东思想、邓小平理论和"三个代表"重要思想为指导，贯彻落实科学发展观，传播和积累有益于提高民族素质、有益于经济发展和社会进步的科学技术和文化知识，弘扬民族优秀文化，促进国际文化交流，丰富和提高人民的精神生活。

第四条　从事出版活动，应当将社会效益放在首位，实现社会效益与经济效益相结合。

第五条　公民依法行使出版自由的权利，各级人民政府应当予以保障。

公民在行使出版自由的权利的时候，必须遵守宪法和法律，不得反对宪法确定的基本原则，不得损害国家的、社会的、集体的利益和其他公民的合法的自由和权利。

第六条 国务院出版行政主管部门负责全国的出版活动的监督管理工作。国务院其他有关部门按照国务院规定的职责分工，负责有关的出版活动的监督管理工作。

县级以上地方各级人民政府负责出版管理的部门（以下简称出版行政主管部门）负责本行政区域内出版活动的监督管理工作。县级以上地方各级人民政府其他有关部门在各自的职责范围内，负责有关的出版活动的监督管理工作。

第七条 出版行政主管部门根据已经取得的违法嫌疑证据或者举报，对涉嫌违法从事出版物出版、印刷或者复制、进口、发行等活动的行为进行查处时，可以检查与涉嫌违法活动有关的物品和经营场所；对有证据证明是与违法活动有关的物品，可以查封或者扣押。

第八条 出版行业的社会团体按照其章程，在出版行政主管部门的指导下，实行自律管理。

第二章 出版单位的设立与管理

第九条 报纸、期刊、图书、音像制品和电子出版物等应当由出版单位出版。

本条例所称出版单位，包括报社、期刊社、图书出版社、音像出版社和电子出版物出版社等。

法人出版报纸、期刊，不设立报社、期刊社的，其设立的报纸编辑部、期刊编辑部视为出版单位。

第十条 国务院出版行政主管部门制定全国出版单位总量、结构、布局的规划，指导、协调出版产业和出版事业发展。

第十一条 设立出版单位，应当具备下列条件：

（一）有出版单位的名称、章程；

（二）有符合国务院出版行政主管部门认定的主办单位及其主管机关；

（三）有确定的业务范围；

（四）有30万元以上的注册资本和固定的工作场所；

（五）有适应业务范围需要的组织机构和符合国家规定的资格条件的编辑出版专业人员；

（六）法律、行政法规规定的其他条件。

审批设立出版单位，除依照前款所列条件外，还应当符合国家关于出版单位总量、结构、布局的规划。

第十二条　设立出版单位，由其主办单位向所在地省、自治区、直辖市人民政府出版行政主管部门提出申请；省、自治区、直辖市人民政府出版行政主管部门审核同意后，报国务院出版行政主管部门审批。设立的出版单位为事业单位的，还应当办理机构编制审批手续。

第十三条　设立出版单位的申请书应当载明下列事项：

（一）出版单位的名称、地址；

（二）出版单位的主办单位及其主管机关的名称、地址；

（三）出版单位的法定代表人或者主要负责人的姓名、住址、资格证明文件；

（四）出版单位的资金来源及数额。

设立报社、期刊社或者报纸编辑部、期刊编辑部的，申请书还应当载明报纸或者期刊的名称、刊期、开版或者开本、印刷场所。

申请书应当附具出版单位的章程和设立出版单位的主办单位及其主管机关的有关证明材料。

第十四条　国务院出版行政主管部门应当自受理设立出版单位的申请之日起 60 日内，作出批准或者不批准的决定，并由省、自治区、直辖市人民政府出版行政主管部门书面通知主办单位；不批准的，应当说明理由。

第十五条　设立出版单位的主办单位应当自收到批准决定之日起 60 日内，向所在地省、自治区、直辖市人民政府出版行政主管部门登记，领取出版许可证。登记事项由国务院出版行政主管部门规定。

出版单位领取出版许可证后，属于事业单位法人的，持出版许可证向事业单位登记管理机关登记，依法领取事业单位法人证书；属于企业法人的，持出版许可证向工商行政管理部门登记，依法领取营业执照。

第十六条　报社、期刊社、图书出版社、音像出版社和电子出版物出版社等应当具备法人条件，经核准登记后，取得法人资格，以其全部法人财产独立承担民事责任。

依照本条例第九条第三款的规定，视为出版单位的报纸编辑部、期刊编辑部不具有法人资格，其民事责任由其主办单位承担。

第十七条　出版单位变更名称、主办单位或者其主管机关、业务范围、资本结构，合并或者分立，设立分支机构，出版新的报纸、期刊，或者报纸、期刊变更名称的，应当依照本条例第十二条、第十三条的规定办理审批手续。出版单位属于事业单位法人的，还应当持批准文件到事业单位登记管理机关办理相应的登记手续；属于企业法人的，还应当持批准文件到工商行政管理部门办理相应的登记手续。

出版单位除前款所列变更事项外的其他事项的变更，应当经主办单位及其主管机关审查同意，向所在地省、自治区、直辖市人民政府出版行政主管部门申请变更登记，并报国务院出版行政主管部门备案。出版单位属于事业单位法人的，还应当持批准文件到事业单位登记管理机关办理变更登记；属于企业法人的，还应当持批准文件到工商行政管理部门办理变更登记。

第十八条　出版单位中止出版活动的，应当向所在地省、自治区、直辖市人民政府出版行政主管部门备案并说明理由和期限；出版单位中止出版活动不得超过180日。

出版单位终止出版活动的，由主办单位提出申请并经主管机关同意后，由主办单位向所在地省、自治区、直辖市人民政府出版行政主管部门办理注销登记，并报国务院出版行政主管部门备案。出版单位属于事业单位法人的，还应当持批准文件到事业单位登记管理机关办理注销登记；属于企业法人的，还应当持批准文件到工商行政管理部门办理注销登记。

第十九条　图书出版社、音像出版社和电子出版物出版社自登记之日起满180日未从事出版活动的，报社、期刊社自登记之日起满90日未出版报纸、期刊的，由原登记的出版行政主管部门注销登记，并报国务院出版行政主管部门备案。

因不可抗力或者其他正当理由发生前款所列情形的，出版单位可以向原登记的出版行政主管部门申请延期。

第二十条　图书出版社、音像出版社和电子出版物出版社的年度出版计划及涉及国家安全、社会安定等方面的重大选题，应当经所在地省、自治区、直辖市人民政府出版行政主管部门审核后报国务院出版行政主管部门备案；涉及重大选题，未在出版前报备案的出版物，不得出版。具体办法由国务院出版行政主管部门制定。

期刊社的重大选题，应当依照前款规定办理备案手续。

第二十一条　出版单位不得向任何单位或者个人出售或者以其他形式转让本单位的名称、书号、刊号或者版号、版面，并不得出租本单位的名称、刊号。

出版单位及其从业人员不得利用出版活动谋取其他不正当利益。

第二十二条　出版单位应当按照国家有关规定向国家图书馆、中国版本图书馆和国务院出版行政主管部门免费送交样本。

第三章　出版物的出版

第二十三条　公民可以依照本条例规定，在出版物上自由表达自己对国家事务、经济和文化事业、社会事务的见解和意愿，自由发表自己从事科学研究、文学艺术创作和其他文化活动的成果。

合法出版物受法律保护，任何组织和个人不得非法干扰、阻止、破坏出版物的出版。

第二十四条　出版单位实行编辑责任制度，保障出版物刊载的内容符合本条例的规定。

第二十五条　任何出版物不得含有下列内容：

（一）反对宪法确定的基本原则的；

（二）危害国家统一、主权和领土完整的；

（三）泄露国家秘密、危害国家安全或者损害国家荣誉和利益的；

（四）煽动民族仇恨、民族歧视，破坏民族团结，或者侵害民族风俗、习惯的；

（五）宣扬邪教、迷信的；

（六）扰乱社会秩序，破坏社会稳定的；

（七）宣扬淫秽、赌博、暴力或者教唆犯罪的；

（八）侮辱或者诽谤他人，侵害他人合法权益的；

（九）危害社会公德或者民族优秀文化传统的；

（十）有法律、行政法规和国家规定禁止的其他内容的。

第二十六条　以未成年人为对象的出版物不得含有诱发未成年人模仿违反社会公德的行为和违法犯罪的行为的内容，不得含有恐怖、残酷等妨害未成年人身心健康的内容。

第二十七条　出版物的内容不真实或者不公正，致使公民、法人或者其他组织的合法权益受到侵害的，其出版单位应当公开更正，消除影响，并依法承担其他民事责任。

报纸、期刊发表的作品内容不真实或者不公正，致使公民、法人或者其他组织的合法权益受到侵害的，当事人有权要求有关出版单位更正或者答辩，有关出版单位应当在其近期出版的报纸、期刊上予以发表；拒绝发表的，当事人可以向人民法院提起诉讼。

第二十八条　出版物必须按照国家的有关规定载明作者、出版者、印刷者或者复制者、发行者的名称、地址，书号、刊号或者版号，在版编目数据，出版日期、刊期以及其他有关事项。

出版物的规格、开本、版式、装帧、校对等必须符合国家标准和规范要求，保证出版物的质量。

出版物使用语言文字必须符合国家法律规定和有关标准、规范。

第二十九条　任何单位和个人不得伪造、假冒出版单位名称或者报纸、期刊名称出版出版物。

第三十条　中学小学教科书由国务院教育行政主管部门审定；其出版、发行单位应当具有适应教科书出版、发行业务需要的资金、组织机构和人员等条件，并取得国务院出版行政主管部门批准的教科书出版、发行资质。纳入政府采购范围的中学小学教科书，其发行单位按照《中华人民共和国政府采购法》的有关规定确定。其他任何单位或者个人不得从事中学小学教科书的出版、发行业务。

第四章 出版物的印刷或者复制和发行

第三十一条 从事出版物印刷或者复制业务的单位，应当向所在地省、自治区、直辖市人民政府出版行政主管部门提出申请，经审核许可，并依照国家有关规定到工商行政管理部门办理相关手续后，方可从事出版物的印刷或者复制。

未经许可并办理相关手续的，不得印刷报纸、期刊、图书，不得复制音像制品、电子出版物。

第三十二条 出版单位不得委托未取得出版物印刷或者复制许可的单位印刷或者复制出版物。

出版单位委托印刷或者复制单位印刷或者复制出版物的，必须提供符合国家规定的印刷或者复制出版物的有关证明，并依法与印刷或者复制单位签订合同。

印刷或者复制单位不得接受非出版单位和个人的委托印刷报纸、期刊、图书或者复制音像制品、电子出版物，不得擅自印刷、发行报纸、期刊、图书或者复制、发行音像制品、电子出版物。

第三十三条 印刷或者复制单位经所在地省、自治区、直辖市人民政府出版行政主管部门批准，可以承接境外出版物的印刷或者复制业务；但是，印刷或者复制的境外出版物必须全部运输出境，不得在境内发行。

境外委托印刷或者复制的出版物的内容，应当经省、自治区、直辖市人民政府出版行政主管部门审核。委托人应当持有著作权人授权书，并向著作权行政管理部门登记。

第三十四条 印刷或者复制单位应当自完成出版物的印刷或者复制之日起 2 年内，留存一份承接的出版物样本备查。

第三十五条 单位从事出版物批发业务的，须经省、自治区、直辖市人民政府出版行政主管部门审核许可，取得《出版物经营许可证》。

单位和个体工商户从事出版物零售业务的，须经县级人民政府出版行政主管部门审核许可，取得《出版物经营许可证》。

第三十六条 通过互联网等信息网络从事出版物发行业务的单位或者个体工商户，应当依照本条例规定取得《出版物经营许可证》。

提供网络交易平台服务的经营者应当对申请通过网络交易平台从事出版物发行业务的单位或者个体工商户的经营主体身份进行审查，验证其《出版物经营许可证》。

第三十七条 从事出版物发行业务的单位和个体工商户变更《出版物经营许可证》登记事项，或者兼并、合并、分立的，应当依照本条例第三十五条的规定办理审批手续。

从事出版物发行业务的单位和个体工商户终止经营活动的，应当向原批准的出版行政主管部门备案。

第三十八条 出版单位可以发行本出版单位出版的出版物，不得发行其他出版单位出版的出版物。

第三十九条 国家允许设立从事图书、报纸、期刊、电子出版物发行业务的外商投资企业。

第四十条 印刷或者复制单位、发行单位或者个体工商户不得印刷或者复制、发行有下列情形之一的出版物：

（一）含有本条例第二十五条、第二十六条禁止内容的；

（二）非法进口的；

（三）伪造、假冒出版单位名称或者报纸、期刊名称的；

（四）未署出版单位名称的；

（五）中学小学教科书未经依法审定的；

（六）侵犯他人著作权的。

第五章　出版物的进口

第四十一条 出版物进口业务，由依照本条例设立的出版物进口经营单位经营；其他单位和个人不得从事出版物进口业务。

第四十二条 设立出版物进口经营单位，应当具备下列条件：

（一）有出版物进口经营单位的名称、章程；

（二）有符合国务院出版行政主管部门认定的主办单位及其主管机关；

（三）有确定的业务范围；

（四）具有进口出版物内容审查能力；

（五）有与出版物进口业务相适应的资金；

（六）有固定的经营场所；

（七）法律、行政法规和国家规定的其他条件。

第四十三条 设立出版物进口经营单位，应当向国务院出版行政主管部门提出申请，经审查批准，取得国务院出版行政主管部门核发的出版物进口经营许可证后，持证到工商行政管理部门依法领取营业执照。

设立出版物进口经营单位，还应当依照对外贸易法律、行政法规的规定办理相应手续。

第四十四条 出版物进口经营单位变更名称、业务范围、资本结构、主办单位或者其主管机关，合并或者分立，设立分支机构，应当依照本条例第四十二条、第四十三条的规定办理审批手续，并持批准文件到工商行政管理部门办理相应的登记手续。

第四十五条 出版物进口经营单位进口的出版物，不得含有本条例第二十五条、第二十六条禁止的内容。

出版物进口经营单位负责对其进口的出版物进行内容审查。省级以上人民政府出版行政主管部门可以对出版物进口经营单位进口的出版物直接进行内容审查。出版物进口经营单位无法判断其进口的出版物是否含有本条例第二十五条、第二十六条禁止内容的，可以请求省级以上人民政府出版行政主管部门进行内容审查。省级以上人民政府出版行政主管部门应出版物进口经营单位的请求，对其进口的出版物进行内容审查的，可以按照国务院价格主管部门批准的标准收取费用。

国务院出版行政主管部门可以禁止特定出版物的进口。

第四十六条　出版物进口经营单位应当在进口出版物前将拟进口的出版物目录报省级以上人民政府出版行政主管部门备案；省级以上人民政府出版行政主管部门发现有禁止进口的或者暂缓进口的出版物的，应当及时通知出版物进口经营单位并通报海关。对通报禁止进口或者暂缓进口的出版物，出版物进口经营单位不得进口，海关不得放行。

出版物进口备案的具体办法由国务院出版行政主管部门制定。

第四十七条　发行进口出版物的，必须从依法设立的出版物进口经营单位进货。

第四十八条　出版物进口经营单位在境内举办境外出版物展览，必须报经国务院出版行政主管部门批准。未经批准，任何单位和个人不得举办境外出版物展览。

依照前款规定展览的境外出版物需要销售的，应当按照国家有关规定办理相关手续。

第六章　监督与管理

第四十九条　出版行政主管部门应当加强对本行政区域内出版单位出版活动的日常监督管理；出版单位的主办单位及其主管机关对所属出版单位出版活动负有直接管理责任，并应当配合出版行政主管部门督促所属出版单位执行各项管理规定。

出版单位和出版物进口经营单位应当按照国务院出版行政主管部门的规定，将从事出版活动和出版物进口活动的情况向出版行政主管部门提出书面报告。

第五十条　出版行政主管部门履行下列职责：

（一）对出版物的出版、印刷、复制、发行、进口单位进行行业监管，实施准入和退出管理；

（二）对出版活动进行监管，对违反本条例的行为进行查处；

（三）对出版物内容和质量进行监管；

（四）根据国家有关规定对出版从业人员进行管理。

第五十一条 出版行政主管部门根据有关规定和标准，对出版物的内容、编校、印刷或者复制、装帧设计等方面质量实施监督检查。

第五十二条 国务院出版行政主管部门制定出版单位综合评估办法，对出版单位分类实施综合评估。

出版物的出版、印刷或者复制、发行和进口经营单位不再具备行政许可的法定条件的，由出版行政主管部门责令限期改正；逾期仍未改正的，由原发证机关撤销行政许可。

第五十三条 国家对在出版单位从事出版专业技术工作的人员实行职业资格制度；出版专业技术人员通过国家专业技术人员资格考试取得专业技术资格。具体办法由国务院人力资源社会保障主管部门、国务院出版行政主管部门共同制定。

第七章 保障与奖励

第五十四条 国家制定有关政策，保障、促进出版产业和出版事业的发展与繁荣。

第五十五条 国家支持、鼓励下列优秀的、重点的出版物的出版：

（一）对阐述、传播宪法确定的基本原则有重大作用的；

（二）对弘扬社会主义核心价值体系，在人民中进行爱国主义、集体主义、社会主义和民族团结教育以及弘扬社会公德、职业道德、家庭美德有重要意义的；

（三）对弘扬民族优秀文化，促进国际文化交流有重大作用的；

（四）对推进文化创新，及时反映国内外新的科学文化成果有重大贡献的；

（五）对服务农业、农村和农民，促进公共文化服务有重大作用的；

（六）其他具有重要思想价值、科学价值或者文化艺术价值的。

第五十六条 国家对教科书的出版发行，予以保障。

国家扶持少数民族语言文字出版物和盲文出版物的出版发行。

国家对在少数民族地区、边疆地区、经济不发达地区和在农村发行出版物，实行优惠政策。

第五十七条 报纸、期刊交由邮政企业发行的，邮政企业应当保证按照合同约定及时、准确发行。

承运出版物的运输企业，应当对出版物的运输提供方便。

第五十八条 对为发展、繁荣出版产业和出版事业作出重要贡献的单位和个人，按照国家有关规定给予奖励。

第五十九条 对非法干扰、阻止和破坏出版物出版、印刷或者复制、进口、发行的行为，县级以上各级人民政府出版行政主管部门及其他有关部门，应当及时采取措施，予以制止。

第八章　法律责任

第六十条 出版行政主管部门或者其他有关部门的工作人员，利用职务上的便利收受他人财物或者其他好处，批准不符合法定条件的申请人取得许可证、批准文件，或者不履行监督职责，或者发现违法行为不予查处，造成严重后果的，依法给予降级直至开除的处分；构成犯罪的，依照刑法关于受贿罪、滥用职权罪、玩忽职守罪或者其他罪的规定，依法追究刑事责任。

第六十一条 未经批准，擅自设立出版物的出版、印刷或者复制、进口单位，或者擅自从事出版物的出版、印刷或者复制、进口、发行业务，假冒出版单位名称或者伪造、假冒报纸、期刊名称出版出版物的，由出版行政主管部门、工商行政管理部门依照法定职权予以取缔；依照刑法关于非法经营罪的规定，依法追究刑事责任；尚不够刑事处罚的，没收出版物、违法所得和从事违法活动的专用工具、设备，违法经营额1万元以上的，并处违法经营额5倍以上10倍以下的罚款，违法经营额不足1万元的，可以处5万元以下的罚款；侵犯他人合法权益的，依法承担民事责任。

第六十二条 有下列行为之一，触犯刑律的，依照刑法有关规定，依法追究刑事责任；尚不够刑事处罚的，由出版行政主管部门责令限期停业整顿，没收出版物、违法所得，违法经营额1万元以上的，并处违法经营额5倍以上10倍以下的罚款；违法经营额不足1万元的，可以处5万元以下的罚款；情节严重的，由原发证机关吊销许可证：

（一）出版、进口含有本条例第二十五条、第二十六条禁止内容的出版物的；

（二）明知或者应知出版物含有本条例第二十五条、第二十六条禁止内容而印刷或者复制、发行的；

（三）明知或者应知他人出版含有本条例第二十五条、第二十六条禁止内容的出版物而向其出售或者以其他形式转让本出版单位的名称、书号、刊号、版号、版面，或者出租本单位的名称、刊号的。

第六十三条　有下列行为之一的，由出版行政主管部门责令停止违法行为，没收出版物、违法所得，违法经营额 1 万元以上的，并处违法经营额 5 倍以上 10 倍以下的罚款；违法经营额不足 1 万元的，可以处 5 万元以下的罚款；情节严重的，责令限期停业整顿或者由原发证机关吊销许可证：

（一）进口、印刷或者复制、发行国务院出版行政主管部门禁止进口的出版物的；

（二）印刷或者复制走私的境外出版物的；

（三）发行进口出版物未从本条例规定的出版物进口经营单位进货的。

第六十四条　走私出版物的，依照刑法关于走私罪的规定，依法追究刑事责任；尚不够刑事处罚的，由海关依照海关法的规定给予行政处罚。

第六十五条　有下列行为之一的，由出版行政主管部门没收出版物、违法所得，违法经营额 1 万元以上的，并处违法经营额 5 倍以上 10 倍以下的罚款；违法经营额不足 1 万元的，可以处 5 万元以下的罚款；情节严重的，责令限期停业整顿或者由原发证机关吊销许可证：

（一）出版单位委托未取得出版物印刷或者复制许可的单位印刷或者复制出版物的；

（二）印刷或者复制单位未取得印刷或者复制许可而印刷或者复制出版物的；

（三）印刷或者复制单位接受非出版单位和个人的委托印刷或者复制出版物的；

（四）印刷或者复制单位未履行法定手续印刷或者复制境外出版物的，印刷或者复制的境外出版物没有全部运输出境的；

（五）印刷或者复制单位、发行单位或者个体工商户印刷或者复制、发行未署出版单位名称的出版物的；

（六）印刷或者复制单位、发行单位或者个体工商户印刷或者复制、发行伪造、假冒出版单位名称或者报纸、期刊名称的出版物的；

（七）出版、印刷、发行单位出版、印刷、发行未经依法审定的中学小学教科书，或者非依照本条例规定确定的单位从事中学小学教科书的出版、发行业务的。

第六十六条　出版单位有下列行为之一的，由出版行政主管部门责令停止违法行为，给予警告，没收违法经营的出版物、违法所得，违法经营额 1 万元以上的，并处违法经营额 5 倍以上 10 倍以下的罚款；违法经营额不足 1 万元的，可以处 5 万元以下的罚款；情节严重的，责令限期停业整顿或者由原发证机关吊销许可证：

（一）出售或者以其他形式转让本出版单位的名称、书号、刊号、版号、版面，或者出租本单位的名称、刊号的；

（二）利用出版活动谋取其他不正当利益的。

第六十七条　有下列行为之一的，由出版行政主管部门责令改正，给予警告；情节严重的，责令限期停业整顿或者由原发证机关吊销许可证：

（一）出版单位变更名称、主办单位或者其主管机关、业务范围，合并或者分立，出版新的报纸、期刊，或者报纸、期刊改变名称，以及出版单位变更其他事项，未依照本条例的规定到出版行政主管部门办理审批、变更登记手续的；

（二）出版单位未将其年度出版计划和涉及国家安全、社会安定等方面的重大选题备案的；

（三）出版单位未依照本条例的规定送交出版物的样本的；

（四）印刷或者复制单位未依照本条例的规定留存备查的材料的；

（五）出版进口经营单位未将其进口的出版物目录报送备案的；

（六）出版单位擅自中止出版活动超过180日的；

（七）出版物发行单位、出版物进口经营单位未依照本条例的规定办理变更审批手续的；

（八）出版物质量不符合有关规定和标准的。

第六十八条 未经批准，举办境外出版物展览的，由出版行政主管部门责令停止违法行为，没收出版物、违法所得；情节严重的，责令限期停业整顿或者由原发证机关吊销许可证。

第六十九条 印刷或者复制、批发、零售、出租、散发含有本条例第二十五条、第二十六条禁止内容的出版物或者其他非法出版物的，当事人对非法出版物的来源作出说明、指认，经查证属实的，没收出版物、违法所得，可以减轻或者免除其他行政处罚。

第七十条 单位违反本条例被处以吊销许可证行政处罚的，其法定代表人或者主要负责人自许可证被吊销之日起10年内不得担任出版、印刷或者复制、进口、发行单位的法定代表人或者主要负责人。

出版从业人员违反本条例规定，情节严重的，由原发证机关吊销其资格证书。

第七十一条 依照本条例的规定实施罚款的行政处罚，应当依照有关法律、行政法规的规定，实行罚款决定与罚款收缴分离；收缴的罚款必须全部上缴国库。

第九章 附 则

第七十二条 行政法规对音像制品和电子出版物的出版、复制、进口、发行另有规定的，适用其规定。

接受境外机构或者个人赠送出版物的管理办法、订户订购境外出版物的管理办法、网络出版审批和管理办法，由国务院出版行政主管部门根据本条例的原则另行制定。

第七十三条 本条例自2002年2月1日起施行。1997年1月2日国务院发布的《出版管理条例》同时废止。

图书质量管理规定

（中华人民共和国新闻出版总署〔2004〕26号令，2005年3月1日起施行）

第一条　为建立健全图书质量管理机制，规范图书出版秩序，促进图书出版业的繁荣和发展，保护消费者的合法权益，根据《中华人民共和国产品质量法》和国务院《出版管理条例》，制定本规定。

第二条　本规定适用于依法设立的图书出版单位出版的图书的质量管理。

出版时间超过十年且无再版或者重印的图书，不适用本规定。

第三条　图书质量包括内容、编校、设计、印制四项，分为合格、不合格两个等级。

内容、编校、设计、印制四项均合格的图书，其质量属合格。内容、编校、设计、印制四项中有一项不合格的图书，其质量属不合格。

第四条　符合《出版管理条例》第二十六、二十七条规定的图书，其内容质量属合格。

不符合《出版管理条例》第二十六、二十七条规定的图书，其内容质量属不合格。

第五条　差错率不超过万分之一的图书，其编校质量属合格。

差错率超过万分之一的图书，其编校质量属不合格。

图书编校质量差错的判定以国家正式颁布的法律法规、国家标准和相关行业制定的行业标准为依据。图书编校质量差错率的计算按照本规定附件《图书编校质量差错率计算方法》执行。

第六条　图书的整体设计和封面（包括封一、封二、封三、封底、勒口、护封、封套、书脊）、扉页、插图等设计均符合国家有关技术标准和规定，其设计质量属合格。

图书的整体设计和封面（包括封一、封二、封三、封底、勒口、护封、封套、书脊）、扉页、插图等设计中有一项不符合国家有关技术标准和规定的，其设计质量属不合格。

第七条 符合中华人民共和国出版行业标准《印刷产品质量评价和分等导则》（CY/T2-1999）规定的图书，其印制质量属合格。

不符合中华人民共和国出版行业标准《印刷产品质量评价和分等导则》（CY/T2-1999）规定的图书，其印制质量属不合格。

第八条 新闻出版总署负责全国图书质量管理工作，依照本规定实施图书质量检查，并向社会及时公布检查结果。

第九条 各省、自治区、直辖市新闻出版行政部门负责本行政区域内的图书质量管理工作，依照本规定实施图书质量检查，并向社会及时公布检查结果。

第十条 图书出版单位的主办单位和主管机关应当履行其主办、主管职能，尽其责任，协助新闻出版行政部门实施图书质量管理，对不合格图书提出处理意见。

第十一条 图书出版单位应当设立图书质量管理机构，制定图书质量管理制度，保证图书质量合格。

第十二条 新闻出版行政部门对图书质量实施的检查包括：图书的正文、封面（包括封一、封二、封三、封底、勒口、护封、封套、书脊）、扉页、版权页、前言（或序）、后记（或跋）、目录、插图及其文字说明等。正文部分的抽查必须内容（或页码）连续且不少于10万字，全书字数不足10万字的必须检查全书。

第十三条 新闻出版行政部门实施图书质量检查，须将审读记录和检查结果书面通知出版单位。出版单位如有异议，可以在接到通知后15日内提出申辩意见，请求复检。对复检结论仍有异议的，可以向上一级新闻出版行政部门请求裁定。

第十四条 对在图书质量检查中被认定为成绩突出的出版单位和个人，新闻出版行政部门给予表扬或者奖励。

第十五条 对图书内容违反《出版管理条例》第二十六、二十七条规定的，根据《出版管理条例》第五十六条实施处罚。

第十六条　对出版编校质量不合格图书的出版单位，由省级以上新闻出版行政部门予以警告，可以根据情节并处 3 万元以下罚款。

第十七条　经检查属编校质量不合格的图书，差错率在万分之一以上万分之五以下的，出版单位必须自检查结果公布之日起 30 天内全部收回，改正重印后可以继续发行；差错率在万分之五以上的，出版单位必须自检查结果公布之日起 30 天内全部收回。

出版单位违反本规定继续发行编校质量不合格图书的，由省级以上新闻出版行政部门按照《中华人民共和国产品质量法》第五十条的规定处理。

第十八条　对于印制质量不合格的图书，出版单位必须及时予以收回、调换。

出版单位违反本规定继续发行印制质量不合格图书的，由省级以上新闻出版行政部门按照《产品质量法》第五十条的规定处理。

第十九条　一年内造成三种以上图书不合格或者连续两年造成图书不合格的直接责任者，由省、自治区、直辖市新闻出版行政部门注销其出版专业技术人员职业资格，三年之内不得从事出版编辑工作。

第二十条　本规定自 2005 年 3 月 1 日起实施。新闻出版署于 1997 年 3 月 3 日公布的《图书质量管理规定》同时停止执行。

附件：图书编校质量差错率计算方法

一、图书编校差错率

图书编校差错率，是指一本图书的编校差错数占全书总字数的比率，用万分比表示。实际鉴定时，可以依据抽查结果对全书进行认定。如检查的总字数为 10 万，检查后发现两个差错，则其差错率为 0.2/10000。

二、图书总字数的计算方法

图书总字数的计算方法，一律以该书的版面字数为准，即：总字数 = 每行字数 × 每面行数 × 总面数。

1. 除环衬等空白面不计字数外，凡连续编排页码的正文、目录、辅文等，不论是否排字，均按一面满版计算字数。分栏排版的图书，各栏之间的空白也计算版面字数。

2. 书眉（或中缝）和单排的页码、边码作为行数或每行字数计入正文，一并计算字数。

3. 索引、附录等字号有变化时，分别按实际版面计算字数。

4. 用小号字排版的脚注文字超过 5 行不足 10 行的，该面按正文满版字数加 15% 计算；超过 10 行的，该面按注文满版计算字数。对小号字排版的夹注文字，可采用折合行数的方法，比照脚注文字进行计算。

5. 封一、封二、封三、封底、护封、封套、扉页，除空白面不计以外，每面按正文满版字数的 50% 计算；版权页、书脊、有文字的勒口，各按正文的一面满版计算。

6. 正文中的插图、表格，按正文的版面字数计算；插图占一面的，按正文满版字数的 20% 计算字数。

7. 以图片为主的图书，有文字说明的版面，按满版字数的 50% 计算；没有文字说明的版面，按满版字数的 20% 计算。

8. 乐谱类图书、地图类图书，按满版字数全额计算。

9. 外文图书、少数民族文字图书，拼音图书的拼音部分，以对应字号的中文满版字数加 30% 计算。

三、图书编校差错的计算方法

1. 文字差错的计算标准

（1）封底、勒口、版权页、正文、目录、出版说明（或凡例）、前言（或序）、后记（或跋）、注释、索引、图表、附录、参考文献等中的一般性错字、别字、多字、漏字、倒字，每处计 1 个差错。前后颠倒字，可以用一个校对符号改正的，每处计 1 个差错。书眉（或中缝）中的差错，每处计 1 个差错；同样性质的差错重复出现，全书按一面差错基数加 1 倍计算。阿拉伯数字、罗马数字差错，无论几位数，都计 1 个差错。

（2）同一错字重复出现，每面计 1 个差错，全书最多计 4 个差错。每处多、漏 2~5 个字，计 2 个差错，5 个字以上计 4 个差错。

（3）封一、扉页上的文字差错，每处计 2 个差错；相关文字不一致，有一项计 1 个差错。

（4）知识性、逻辑性、语法性差错，每处计 2 个差错。

（5）外文、少数民族文字、国际音标，以一个单词为单位，无论其中几处有错，计 1 个差错。汉语拼音不符合《汉语拼音方案》和《汉语拼音正词法基本规则》（GB/T16159–1996）规定的，以一个对应的汉字或词组为单位，计 1 个差错。

（6）字母大小写和正斜体、黑白体误用，不同文种字母混用的（如把英文字母 N 错为俄文字母 И），字母与其他符号混用的（如把汉字的〇错为英文字母 O），每处计 0.5 个差错；同一差错在全书超过 3 处，计 1.5 个差错。

（7）简化字、繁体字混用，每处计 0.5 个差错；同一差错在全书超过 3 处，计 1.5 个差错。

（8）工具书的科技条目、科技类教材、学习辅导书和其他科技图书，使用计量单位不符合国家标准《量和单位》（GB3100~3102–1993）的中文名称的、使用科技术语不符合全国科学技术名词审定委员会公布的规范词的，每处计 1 个差错；同一差错多次出现，每面只计 1 个差错，同一错误全书最多计 3 个差错。

（9）阿拉伯数字与汉语数字用法不符合《出版物上数字用法的规定》（GB/T15835–1995）的，每处计 0.1 个差错。全书最多计 1 个差错。

2. 标点符号和其他符号差错的计算标准

（1）标点符号的一般错用、漏用、多用，每处计 0.1 个差错。

（2）小数点误为中圆点，或中圆点误为小数点的，以及冒号误为比号，或比号误为冒号的，每处计 0.1 个差错。专名线、着重点的错位、多、漏，每处计 0.1 个差错。

（3）破折号误为一字线、半字线，每处计 0.1 个差错。标点符号误在行首、行末的，每处计 0.1 个差错。

（4）外文复合词、外文单词按音节转行，漏排连接号的，每处计 0.1 个差错；同样差错在每面超过 3 个，计 0.3 个差错，全书最多计 1 个差错。

（5）法定计量单位符号、科学技术各学科中的科学符号、乐谱符号等差错，每处计 0.5 个差错；同样差错同一面内不重复计算，全书最多计 1.5 个差错。

（6）图序、表序、公式序等标注差错，每处计 0.1 个差错；全书超过 3 处，计 1 个差错。

3. 格式差错的计算标准

（1）影响文意、不合版式要求的另页、另面、另段、另行、接排、空行，需要空行、空格而未空的，每处计 0.1 个差错。

（2）字体错、字号错或字体、字号同时错，每处计 0.1 个差错；同一面内不重复计算，全书最多计 1 个差错。

（3）同一面上几个同级标题的位置、转行格式不统一且影响理解的，计 0.1 个差错；需要空格而未空格的，每处计 0.1 个差错。

（4）阿拉伯数字、外文缩写词转行的，外文单词未按音节转行的，每处计 0.1 个差错。

（5）图、表的位置错，每处计 1 个差错。图、表的内容与说明文字不符，每处计 2 个差错。

（6）书眉单双页位置互错，每处计 0.1 个差错，全书最多计 1 个差错。

（7）正文注码与注文注码不符，每处计 0.1 个差错。

图书质量保障体系

（中华人民共和国新闻出版总署〔1997〕8号令，1997年6月26日起施行）

第一章　总　则

第一条　依据国务院颁布的《出版管理条例》，建立和实施严格、有效、可操作的图书质量保障体系，是实现图书出版从扩大规模数量为主向提高质量效益为主的转变，提高图书出版整体水平，繁荣社会主义出版事业的重要措施。

第二条　建立和实施图书质量保障体系的指导思想：以马克思列宁主义、毛泽东思想和邓小平建设有中国特色社会主义理论为指导，坚持党的基本路线和基本方针，以建立适应社会主义市场经济体制，符合社会主义精神文明建设要求，体现出版工作自身规律的出版体制为目的，坚持为人民服务、为社会主义服务的方向，坚持百花齐放、百家争鸣的方针，坚持精神文明重在建设，繁荣出版重在质量的思想，把能否提高图书质量当作衡量出版工作是否健康发展、检验出版改革成功与否的重要标志。提高认识，强化管理，使出版事业朝着健康、有序、优质、高效的方向发展。

第三条　实施图书质量保障体系的基本原则：图书质量保障体系是一项系统工程，要有严密的组织，需要各出版社、出版社的主管部门、各级出版行政部门以及社会各界的共同参与，形成网络；要有科学、严格、有效的机制，根据图书生产、销售和管理的规律，分部门、分阶段、分层次组织实施，分清任务，明确责任，提高管理和运行水平；要有称职的队伍，各单位要制定计划，对各级、各类的出版从业人员，特别是从事编辑工作和出版行政管理工作人员，进行考核和培训，提高思想、政策、职业道德、专业技术水平。

第四条　加强图书出版法制建设。加强图书出版的法制建设，是图书质量保障体系正常、有效实施了根本保证。国务院颁布的《出版管理条例》是出版行业的重要法规，也是图书质量保障体系依法实施的保证。各级出版行政部门要依据《出版管理条例》，做到依法管理，对违反《出版管理条例》和《图书质量保障体系》的行为，要依据相应的法规和规定，坚决予以查处，以维护社会主义出版法规和规定的权威性和严肃性。各省、自治区、直辖市新闻出版局、出版社主管部门和出版社在认真执行《出版管理条例》和《图书质量保障体系》的同时，还可根据这些法规和规定，制定本地区、本部门和出版社内部的管理规定、制度，提高图书出版管理水平。

第二章　编辑出版责任机制

第一节　前期保障机制

第五条　坚持按专业分工出书制度。按专业分工出书对于发挥出版社的专业人才、资源优势和特点，为本行业、本部门、本地区服务，提高图书质量，形成出版特色，具有重要作用。各出版社必须严格按照新闻出版署核定的出书范围和有关规定执行。

第六条　加强选题策划工作。

（一）图书质量的提高，首先取决于选题的优化，优化的第一步要搞好选题的策划工作。

（二）策划是出版工作的重要环节，出版社的全体编辑人员应认真履行编辑职责，积极参与选题的策划工作。

（三）出版社编辑人员在策划选题时，要注意广泛收集、积累、研究与本社出书范围有关的信息，注意加强与有关学术、科研、教学、创作等部门和专家、学者的联系，倾听他们的意见，提高策划水平。

第七条　坚持选题论证制度。选题质量的低劣，直接影响图书质量，也影响出版社的整体出版水平。出版社要对选题进行多方面的考察，既要从微观上论证选题的可行性，又要从宏观上考虑各类选题的合理结构，为此要注意以下三点：

（一）选题论证应当坚持以马克思列宁主义、毛泽东思想，邓小平同志建设有中国特色社会主义理论为指导，坚持党的基本路线，贯彻"为人民服务、为社会主义服务、为全党全国工作大局服务"和"百花齐放、百家争鸣"的方针，始终以社会效益为最高准则，在此前提下，注意经济效益，力争做到"两个效益"的最佳结合。使选题论证结果符合质量第一的原则，符合控制总量、优化结构、提高质量、增进效益的总体要求。

（二）要加强调研工作，充分运用各方面的信息资源和群体的知识资源，进行深入的调查研究，研究有关的学术、学科发展状况，了解读者的需求，掌握图书市场的供求情况，使选题的确定建立在准确、可靠、科学的基础上。

（三）坚持民主和集中相结合的论证方法。召开选题论证会议，论证时，人人平等，各抒己见，重科学分析，有理有据，力争取得一致意见。在意见不一致的情况下，由社长或总编辑决定。

第二节　中期保障机制

第八条　坚持稿件三审责任制度。审稿是编辑工作的中心环节，是一种从出版专业角度，对书稿进行科学分析判断的理性活动。因此，在选题获得批准后，要做好编前准备工作，加强与作者的联系。稿件交来后，要切实做好初审、复审和终审工作，三个环节缺一不可。三审环节中，任何两个环节的审稿工作不能同时由一人担任。在三审过程中，始终要注意政治性和政策性问题，同时切实检查稿件的科学性、艺术性和知识性问题。

（一）初审，应由具有编辑职称或具备一定条件的助理编辑人员担任（一般为责任编辑），在审读全部稿件的基础上，主要负责从专业的角度对稿件的社会价值和文化学术价值进行审查，把好政治关、知识关、文字关。要写出初审报告，并对稿件提出取舍意见和修改建议。

（二）复审，应由具有正、副编审职称的编辑室主任一级的人员担任。复审应审读全部稿件，并对稿件质量及初审报告提出复审意见，作出总的评价，并解决初审中提出的问题。

（三）终审，应由具有正、副编审职称的社长、总编辑（副社长、副总编辑）或由社长、总编辑指定的具有正、副编审职称的人员担任（非社长、总编辑终审的书稿意见，要经过社长、总编辑审核），根据初、复审意见，主要负责对稿件的内容，包括思想政治倾向、学术质量、社会效果、是否符合党和国家的政策规定等方面做出评价。如果选题涉及国家安全、社会安定等方面内容，属于应当由主管部门转报国务院出版行政部门备案的重大选题、或初审和复审意见不一致的，终审者应通读稿件，在此基础上，对稿件能否采用作出决定。

第九条 坚持责任编辑制度。图书的责任编辑由出版社指定，一般由初审者担任。除负责初审工作外，还要负责稿件的编辑加工整理和付印样的通读工作，使稿件的内容更完善，体例更严谨，材料更准确，语言文字更通达，逻辑更严密，消除一般技术性差错，防止出现原则性错误；并负责对编辑、设计、排版、校对、印刷等出版环节的质量进行监督。为保证图书质量，也可根据稿件情况，适当增加责任编辑人数。

第十条 坚持责任设计编辑制度和设计方案三级审核制度。图书的整体设计，包括图书外部装帧设计和内文版式设计。设计质量是图书整体质量的重要组成部分。提高图书的整体设计质量，是提高图书质量的重要方面。出版社每出一种书，都要指定一名具有相应专业职称的编辑为责任设计编辑，主要负责提出图书的整体设计方案、具体设计或对委托他人设计的方案和设计的成品质量进行把关。图书的整体设计也要严格执行责任设计编辑；编辑室主任、社长或总编辑（副社长或副总编辑）三级审核制度。

第十一条 坚持责任校对制度和"三校一读"制度。

专业校对是出版流程中不可缺少的环节，直接影响图书的质量。出版社应配备足够的具有专业技术职称的专职校对人员，负责专业校对工作。出版社每出一种书，都要指定一名具有专业技术职称的专职校对人员为责任校对，负责校样的文字技术整理工作，监督检查各校次的质量，并负责付印样的通读工作。一般图书的专业校对应不低于三个校次，重点图书、工具书等，应相应增加校次。终校必须由本社有中级以上专业技术职称的专职校对人员担任。聘请的社外校对人员，必须具有相应的专业技术职称和丰富的校对经验。对采用现代排版技术的图书，还要通读付印软片或软片样。

第十二条 坚持印刷质量标准和《委托书》制度。出版社印制图书必须到有"书报刊印刷许可证"的印装厂印制。印装厂承接图书印制业务时，必须查验出版社开具的全国统一的由新闻出版署监制的《委托书》，否则，不得承印。印制时必须严格按照国家技术监督部门和出版行政部门制定的有关书刊印刷标准和书刊印刷产品质量监督管理规定执行。

第十三条 坚持图书书名页使用标准。图书书名页是图书正文之前载有完整书名信息的书页，包括主书名页和附书名页。主书名页应载有完整的书名、著作责任说明、版权说明、图书在版编目数据、版本记录等内容；附书名页应载有多卷书、丛书、翻译书等有关书名信息。图书书名页是图书不可缺少的部分，具有重要信息价值。出版社出版的图书必须严格按照国家的有关标准执行。

第十四条 坚持中国标准书号和图书条码使用标准。中国标准书号是目前国际通用的一种科学合理的图书编码系统。条码技术是国际上通行的一种主要的信息标识技术，图书使用条码技术，有利于图书信息在销售中的广泛、快捷地传播、使用。出版社必须严格按照国家标准和有关规定，正确使用中国标准书号和条码技术。

第三节 后期保障机制

第十五条 坚持图书成批装订前的样书检查制度。印装厂在每种书封面和内文印刷完毕、未成批装订前，必须先装订 10 本样书，送出版社查验。出版负责联系印制的业务人员、责任编辑、责任校对及主管社领导，应从总体上对装订样书的质量进行审核，如发现问题，立即通知印装厂，封存待装订的印成品并进行处理；如无问题，要正式具文通知印装厂开始装订。出版社应在接到样书后 3 日内通知印装厂。印装厂在未接到出版社的通知前，不得擅自将待装订的印成品装订出厂。

第十六条 坚持出书后的评审制度。出版社要成立图书质量评审委员会。评审委员会由具有高级职称的在职或离职的编辑以及社会上的专家学者组成，定期对本社新出版的图书的质量进行认真的审读、评议。出版社根据评议结果，奖优罚劣，并对质量有问题的图书，根据有关规定，进行相应处理。

第十七条　坚持图书征订广告审核制度。出版社法人代表应对本版图书的广告质量负全部责任。出版、发行单位为推销图书印制的征订单和广告，必须事先报出版社审核，经出版社法人指定的部门负责人和责任编辑审核同意并出具书面意见后，才可印制、散发。

第十八条　坚持图书样本缴送制度。出版社每新出一种图书，应在出书后一个月内，按规定分别向新闻出版署、中宣部出版局、中国版本图书馆、北京图书馆缴送样书一册（套）备查。

第十九条　坚持图书重版前审读制度。图书重版有利于扩大图书的社会效益和经济效益，因此，更需要对图书内容质量严格把关。出版社出版的新书首次重版前，必须组织具有高级职称的编辑人员（含具有高级职称的离退休者）对图书内容和质量重新进行审读，写出书面审读意见，由社长或总编辑核定。

第二十条　坚持稿件及图书质量资料归档制度。出版社应将稿件连同图书出版合同、稿件审读意见、稿费通知单、印刷委托书、排印单、样书等一起归档。同时还必须把图书出版过程中每一环节的质量情况以及读者和学术界对图书质量的意见，书评和各种奖励或处罚情况，采用表格形式记录在案并归档，便于对图书质量整体情况进行分析研究，提高图书出版质量的管理水平。

第二十一条　坚持出版社与作者和读者联系制度。出版社要保持同作者和读者长期、紧密的联系，依靠作者，并在可能的条件下为作者的创作、研究提供必要条件；同时，倾听作者和读者对图书质量的意见，及时改进工作。

第三章　出版管理宏观调控机制

第一节　预报机制

第二十二条　坚持年度选题计划审批和备案制度。各省、自治区、直辖市新闻出版局和出版社的主管部门负有对所辖、所属出版社选题计划的审批责任，必须按有关法规、规定严格把关；同时要送交本省（自治区、直辖市）党委宣传部门备案。经省（自治区、直辖市）新闻出版局和出版社主管部门批准的各出版社的选题计划，必须报新闻出版署备案。新闻出版署可对导向、总量、结构和趋势等问题提出指导性意见，对不符合国家法规、规定的选题进行调整或通知撤销。

第二十三条　坚持重大选题备案制度。对涉及政治、军事、安全、外交、宗教、民族等敏感问题的重大选题和其他需宏观调控的重大选题，必须按照国务院《出版管理条例》和国务院出版行政部门的有关规定履行备案手续。凡列入备案范围内的重大选题，出版社在出版之前，必须报新闻出版署备案，未申报备案或报来后未得到备案答复的，一律不得出版。重大选题备案的一般程序是：先由出版社写出申请报告和对稿件的审读意见（写明没有把握要请示的问题），连同稿件一并报主管部门；主管部门经审读稿件后如认为有出版价值，再正式向新闻出版署申报备案，申报时，应当填写备案登记表并提交下列材料：（一）备案的报告；（二）稿件；（三）出版社的上级主管部门的具体审读意见。上述备案材料不齐备时，新闻出版署负责备案的部门不予受理。新闻出版署受理备案之后，按照有着规定予以答复。

第二十四条　坚持对全国发排新书目的审核制度。《全国发排新书半月报》是国家出版行政部门及时了解出版信息，掌握出版动态的重要资料。各出版社要按时、认真报送发排新书目，以便于国家出版行政部门审核研究，对倾向性问题，及时发现，及时解决。

第二节　引导机制

第二十五条　坚持出版通气会制度。由中宣部和新闻出版署主持的出版通气会，定期召开，由有关部委、省委宣传部、省（自治区、直辖市）新闻出版局负责同志参加，主要贯彻中央和国务院的新精神，通报出版工作的新情况、新问题，及时对全国的出版工作提出指导意见。

第二十六条　坚持出版法规强化培训制度。针对出版工作中发生的值得注意的新问题，中宣部、新闻出版署召集有关出版社及其党政主管部门的负责人，举办强化培训班，学习出版法规，分析研究问题，制定整改措施。

第二十七条　坚持舆论引导制度。出版行政部门应充分发挥各种新闻传播媒体的宣传引导作用，围绕提高图书质量，通报政策、沟通信息、交流经验、评荐好书、批评坏书。

第二十八条　坚持制定和实施中长期出版规划制度，加强对制定年度选题计划的指导。制订规划的目的是抓导向、抓质量，促进图书出版整体质量的提高，推动出版事业长期、稳定地发展。新闻出版署主要做好国家五年重点图书出版规划、重要门类的选题出版规划以及国家重点出版工程的制定工作。各省、自治区、直辖市新闻出版局和出版社的主管部门也要根据地区、部门的特点和需要，制订好地方和部门出版规划。规划务求精当、突出重点、体现导向。搞好年度选题计划对于提高图书质量十分关键。新闻出版署一般于本年度末对下一年度制定选题计划的指导思想和重点内容提出原则意见。各省、自治区、直辖市新闻出版局和出版社主管部门可结合本地区、本部门实际提出具体实施意见。

第二十九条　坚持出版基金保障制度。在社会主义市场经济条件下，各省、自治区、直辖市新闻出版局和出版社的主管部门以及各出版社要创造条件，面向社会，多渠道筹集资金，建立多层次、多形式的出版基金，发挥经济政策的引导和调控作用，扶持优秀图书的出版。同时要制定科学、可行的基金管理和使用办法。

第三节　约束机制

第三十条　坚持出版社年检登记制度。出版社年检实行"一年一自检，两年一统检"，即每年出版社结合总结工作，自我检查；每两年由新闻出版署组织全国出版社统一检查。统一年检是在学习和总结的基础上，先由出版社进行自查，提出改进工作的措施，写出总结报告，经主管部门审核并提出意见后，报新闻出版署核验批准。经新闻出版署批准合格者，可以办理换证登记手续。不合格者，给予暂缓登记处分，停止其出版业务。暂缓登记期自发文之日起六个月。六个月内，经整改仍达不到年检登记基本条件者，取消其出版社登记资格及出版者前缀号。

第三十一条　坚持书号使用总量宏观调控制度。合理控制书号使用总量，有利于优化选题、调整结构、提高质量，保证重点图书、学术著作的出版，也有利于出版资源的合理配置。各省、自治区、直辖市新闻出版局、出版社主管部门和出版社必须严格执行新闻出版署制定的有关对书号使用总量进行宏观调控的规定。

第三十二条　坚持图书跨省印制审批制度。凡跨省印制的图书，由出版社持印制《委托书》到所在地省、自治区、直辖市新闻出版局办理出省印制手续，再到承印厂所在省（自治区、直辖市）新闻出版局办理进省印制手续。《委托书》必须由两省（自治区、直辖市）新闻出版局分别审核批准，否则承印厂不得承接。

第三十三条　坚持图书售前送审制度。加强对批发、零售样书的售前审核，是有效控制图书负面影响的重要手段之一。图书市场管理部门要严格按照有关规定加强对批发、零售样书的售前审核，不论是批发市场还是零售市场（摊点），凡进场（摊点）销售的图书必须报经当地图书市场管理部门审核，未经报审批准，不得批发、零售；擅自批发、进货销售者，应根据有关规定，给予行政处罚。同时，图书市场管理部门，要严格依法办事，提高工作效率。

第四节　监督机制

第三十四条　坚持随机抽样审读制度。各级出版行政部门要有重点、有目的、有针对性地组织有经验、有水平的审读人员，对所辖地区出版社出版的和市场上销售的图书内容进行随机抽样审读，对优秀图书要向读者大力推荐；对有问题的图书要及时处理并向上报告；对倾向性问题要及时向上汇报，向下打招呼。

第三十五条　坚持图书出版定期综合分析制度。各省、自治区、直辖市新闻出版局要对本地区各出版社出版的图书进行跟踪了解，每半年对已出版的图书做一次综合性分析（包括重点书审读情况，出书结构、特点、趋势、问题等），写出书面报告，报新闻出版署。

第三十六条　坚持图书编校、印装质量检查制度。编校、印装质量是图书整体质量的重要组成部分，对图书的社会效益和经济效益产生重要影响。坚持经常性地对图书编校、印装质量进行检查，有利于提高图书的整体质量。各出版社和主管部门要根据国家制定的图书质量管理规定，每年至少分别进行两次图书编校、印装质量检查。新闻出版署也将每年不定期对部分图书进行抽样检查。对不合格的图书或不合格图书的比例超过规定标准的出版社，按有关规定进行处罚。

第三十七条　坚持图书市场的动态监测制度。巩固和完善图书市场动态监测网络，有利于图书市场朝着健康、有序的方向发展，各地图书市场管理部门要密切配合，做到信息准确，反映灵敏，措施有力。

第五节　奖惩机制

第三十八条　坚持优秀图书奖励制度。奖励优秀图书，有利于调动广大出版工作者的积极性，有利于向广大读者推荐优秀图书，从而促进图书质量的提高。各级出版行政部门和出版社，应严格执行中央和国务院有关图书评奖的规定，并认真做好优秀图书评奖工作。特别是中央宣传部精神文明建设"五个一工程"和"一本好书奖"和新闻出版署主办的国家级政府奖"国家图书奖"及中国出版工作者协会组织的"中国图书奖"的评选工作。同时，各省、自治区、直辖市新闻出版局和有关部门也可根据有关规定开展地区和部门内的优秀图书评关活动，并使之制度化。

第三十九条　坚持优秀编辑出版人员表彰制度。编辑队伍是提高图书质量的主办军。新闻出版署、人事部每五年评选一次"出版系统先进集体、先进工作者（劳动模范）"；中国出版工作者协会每两年评选一次"百佳出版工作者"、每五年评选一次"韬奋奖"。各级出版行政部门要分层次、分门类定期做好编辑出版人员的表彰工作，充分调动编辑出版人员的积极性，鼓励他们不断提高自身的思想和业务水平。

第四十条　坚持优秀和良好出版社表彰制度。在全国出版社年检的基础上，评选出优秀出版社和良好出版社，予以表彰，对鼓励出版社坚持正确出版方向，提高图书质量，办出特色具有重要意义。每次全国统一年检结束后，评选出良好出版社，然后在良好出版社中，评选出优秀出版社。对受到表彰后出现问题的出版社，一经查实，立即取消其荣誉称号。

第四十一条　坚持对违规出版社和责任人的处罚制度。本着依法管理，有法必依，违法必究的原则，对出版违反国家法律、法规和出版行政管理规定的图书的出版社和责任人要严肃处理。各级出版行政部门要切实负起责任，除对违规图书根据定性作出处理外，对出版社则根据所犯错误的性质，依据有关法规和规定作出行政处罚，处罚包括：批评、警告、没收利润、罚款、停止某一编辑室业务、停止某一类图书出版权、全社停业整顿、吊销社号；对因渎职导致出版坏书、出版社被停业整顿或被吊销社号的，出版社有关责任人必须调离出版业务岗位，有关领导者不得再担任出版社领导职务，对构成犯罪的，要依法追究刑事责任。

第六节　责任机制

第四十二条　坚持分级管理责任制度。各级出版行政部门，肩负着党和政府赋予的重要管理职责，应尽职尽责，做好管理工作。一旦出现问题，涉及哪一级，就追究哪一级部门的领导责任。坚决杜绝那种日常管理不负责任，出了问题推卸责任的现象。

第四十三条 坚持主管、主办单位负责制。主管、主办单位对所属出版社负有直接领导责任，必须切实承担起管理的职责。要指定部门，并配备合格的管理人员，既要指导、监督所属出版社自觉按照党和国家的方针、政策、多出好书，同时也要为出版社出好书提供必要的条件。

第四十四条 坚持出版社业务人员持证上岗制度。出版行政部门应根据国家制定的有关出版从业人员（包括出版社负责人、编辑、校对等）资格认定标准和业绩考核办法，定期、分层次、分类别对出版社的业务人员进行资格认定和业绩考核，考核前先培训，合格者，持证上岗；不合格者，要下岗再培训，经再培训考核仍不合格者，调离业务岗位。

第四章 社会监督机制

第四十五条 坚持出版行业协会监督制度。出版行业协会是出版行政部门的有力补充。中国出版工作者协会、中国编辑学会、中国书刊发行业协会、中国印刷技术协会以及其他专业协会和各地相应的团体，都应根据各自的特点建立和完善行规行约，从保护会员合法权益和履行应尽义务的角度，在图书质量保障方面，做好自我约束和调研、咨询、协调、监督工作，形成网络。

第四十六条 坚持社会团体监督制度。各种群众团体、学术组织集中了社会各方面的人才，代表着社会上广大群众的利益，反映各阶层群众的呼声。出版行政部门、出版社主管部门和出版社要紧紧依靠他们，同他们建立固定的联系渠道，主动征求、随时听取他们对提高图书质量的意见、建议，不断改进工作。

第四十七条 坚持读者投诉反馈制度。广大读者既是对图书质量进行社会监督的主要力量，也是出版行政部门搞好宏观调控的社会基础。出版行政部门要充分重视和发挥读者的监督作用，认真对待读者对图书质量问题的投诉，本着实事求是、真诚负责的态度，对质量不合格的图书，要按有关规定坚决处理。出版社有义务解决读者投诉提出的问题并予以回复，使读者满意。

第四十八条 坚持社会舆论监督制度。出版行政部门和出版社对社会各界人士通过各种媒介对图书质量发表的意见要予以高度重视，充分发挥社会舆论的监督作用，也维护良好的出版秩序，依法进行出版行政管理具有重要意义。特别是在社会主义市场经济条件下，有利于抵制部门和地方保护主义对图书质量保障体系的干扰，防止出版行政部门在行使管理职权时，有法不依、滥用职权，甚至执法犯法。

第五章 附 则

第四十九条 本《体系》由新闻出版署制定并负责解释。各省、自治区、直辖市新闻出版局、出版社的主管部门和出版社可根据本《体系》的有关原则，制定本地区、本部门和本社的具体实施细则，并报新闻出版署备案。

第五十条 本《体系》自发布之日起生效。

图书出版管理规定

（中华人民共和国新闻出版总署〔2008〕36 号令，2008 年 5 月 1 日起实行）

第一章 总 则

第一条 为了规范图书出版，加强对图书出版的监督管理，促进图书出版的发展和繁荣，根据国务院《出版管理条例》及相关法律法规，制定本规定。

第二条 在中华人民共和国境内从事图书出版，适用本规定。

本规定所称图书，是指书籍、地图、年画、图片、画册，以及含有文字、图画内容的年历、月历、日历，以及由新闻出版总署认定的其他内容载体形式。

第三条 图书出版必须坚持为人民服务、为社会主义服务的方向，坚持马克思列宁主义、毛泽东思想、邓小平理论和"三个代表"重要思想，坚持科学发展观，坚持正确的舆论导向和出版方向，坚持把社会效益放在首位、社会效益和经济效益相统一的原则，传播和积累有益于提高民族素质、推动经济发展、促进社会和谐与进步的科学技术和文化知识，弘扬民族优秀文化，促进国际文化交流，丰富人民群众的精神文化生活。

第四条 新闻出版总署负责全国图书出版的监督管理工作，建立健全监督管理制度，制定并实施全国图书出版总量、结构、布局的规划。

省、自治区、直辖市新闻出版行政部门负责本行政区域内图书出版的监督管理工作。

第五条 图书出版单位依法从事图书的编辑、出版等活动。

图书出版单位合法的出版活动受法律保护，任何组织和个人不得非法干扰、阻止、破坏。

第六条 新闻出版总署对为发展、繁荣我国图书出版事业作出重要贡献的图书出版单位及个人给予奖励，并评选奖励优秀图书。

第七条 图书出版行业的社会团体按照其章程，在新闻出版行政部门的指导下，实行自律管理。

第二章　图书出版单位的设立

第八条 图书由依法设立的图书出版单位出版。设立图书出版单位须经新闻出版总署批准，取得图书出版许可证。

本规定所称图书出版单位，是指依照国家有关法规设立，经新闻出版总署批准并履行登记注册手续的图书出版法人实体。

第九条 设立图书出版单位，应当具备下列条件：

（一）有图书出版单位的名称、章程；

（二）有符合新闻出版总署认定条件的主办单位、主管单位；

（三）有确定的图书出版业务范围；

（四）有 30 万元以上的注册资本；

（五）有适应图书出版需要的组织机构和符合国家规定资格条件的编辑出版专业人员；

（六）有确定的法定代表人或者主要负责人，该法定代表人或者主要负责人必须是在境内长久居住的具有完全行为能力的中国公民；

（七）有与主办单位在同一省级行政区域的固定工作场所；

（八）法律、行政法规规定的其他条件。

设立图书出版单位，除前款所列条件外，还应当符合国家关于图书出版单位总量、结构、布局的规划。

第十条 中央在京单位设立图书出版单位，由主办单位提出申请，经主管单位审核同意后，由主办单位报新闻出版总署审批。

中国人民解放军和中国人民武装警察部队系统设立图书出版单位，由主办单位提出申请，经中国人民解放军总政治部宣传部新闻出版局审核同意后，报新闻出版总署审批。

其他单位设立图书出版单位，经主管单位审核同意后，由主办单位向所在地省、自治区、直辖市新闻出版行政部门提出申请，省、自治区、直辖市新闻出版行政部门审核同意后，报新闻出版总署审批。

第十一条 申请设立图书出版单位，须提交以下材料：

（一）按要求填写的设立图书出版单位申请表；

（二）主管单位、主办单位的有关资质证明材料；

（三）拟任图书出版单位法定代表人或者主要负责人简历、身份证明文件；

（四）编辑出版人员的出版专业职业资格证书；

（五）注册资本数额、来源及性质证明；

（六）图书出版单位的章程；

（七）工作场所使用证明；

（八）设立图书出版单位的可行性论证报告。

第十二条 新闻出版总署应当自收到设立图书出版单位申请之日起 90

日内，作出批准或者不批准的决定，并直接或者由省、自治区、直辖市新闻出版行政部门书面通知主办单位；不批准的，应当说明理由。

第十三条 申请设立图书出版单位的主办单位应当自收到新闻出版总署批准文件之日起60日内办理如下注册登记手续：

（一）持批准文件到所在地省、自治区、直辖市新闻出版行政部门领取图书出版单位登记表，经主管单位审核签章后，报所在地省、自治区、直辖市新闻出版行政部门；

（二）图书出版单位登记表一式五份，图书出版单位，主办单位，主管单位及省、自治区、直辖市新闻出版行政部门各存一份，另一份由省、自治区、直辖市新闻出版行政部门在收到之日起15日内，报送新闻出版总署备案；

（三）新闻出版总署对图书出版单位登记表审核后，在10日内通过中国标准书号中心分配其出版者号并通知省、自治区、直辖市新闻出版行政部门；

（四）省、自治区、直辖市新闻出版行政部门对图书出版单位登记表审核后，在10日内向主办单位发放图书出版许可证；

（五）图书出版单位持图书出版许可证到工商行政管理部门办理登记手续，依法领取营业执照。

第十四条 图书出版单位的主办单位自收到新闻出版总署批准文件之日起60日内未办理注册登记手续，批准文件自行失效，登记机关不再受理登记，图书出版单位的主办单位须将有关批准文件缴回新闻出版总署。

图书出版单位自登记之日起满180日未从事图书出版的，由原登记的新闻出版行政部门注销登记，收回图书出版许可证，并报新闻出版总署备案。

因不可抗力或者其他正当理由发生前款所列情形的，图书出版单位可以向原登记的新闻出版行政部门申请延期。

第十五条 图书出版单位应当具备法人条件，经核准登记后，取得法人资格，以其全部法人财产独立承担民事责任。

第十六条 图书出版单位变更名称、主办单位或者主管单位、业务范围，合并或者分立，改变资本结构，依照本规定第九条至第十三条的规定办理审批、登记手续。

图书出版单位除前款所列变更事项外的其他事项的变更，应当经其主办单位和主管单位审查同意后，向所在地省、自治区、直辖市新闻出版行政部门申请变更登记，由省、自治区、直辖市新闻出版行政部门报新闻出版总署备案。

第十七条　图书出版单位终止图书出版的，由主办单位提出申请并经主管单位同意后，由主办单位向所在地省、自治区、直辖市新闻出版行政部门办理注销登记，并由省、自治区、直辖市新闻出版行政部门报新闻出版总署备案。

第十八条　组建图书出版集团，参照本规定第十条办理。

第三章　图书的出版

第十九条　任何图书不得含有《出版管理条例》和其他有关法律、法规以及国家规定禁止的内容。

第二十条　图书出版实行编辑责任制度，保障图书内容符合国家法律规定。

第二十一条　出版辞书、地图、中小学教科书等类别的图书，实行资格准入制度，出版单位须按照新闻出版总署批准的业务范围出版。具体办法由新闻出版总署另行规定。

第二十二条　图书出版实行重大选题备案制度。涉及国家安全、社会安定等方面的重大选题，涉及重大革命题材和重大历史题材的选题，应当按照新闻出版总署有关选题备案管理的规定办理备案手续。未经备案的重大选题，不得出版。

第二十三条　图书出版实行年度出版计划备案制度。图书出版单位的年度出版计划，须经省、自治区、直辖市新闻出版行政部门审核后报新闻出版总署备案。

第二十四条　图书出版单位实行选题论证制度、图书稿件三审责任制度、责任编辑制度、责任校对制度、图书重版前审读制度、稿件及图书资料归档制度等管理制度，保障图书出版质量。

第二十五条 图书使用语言文字须符合国家语言文字法律规定。

图书出版质量须符合国家标准、行业标准和新闻出版总署关于图书出版质量的管理规定。

第二十六条 图书使用中国标准书号或者全国统一书号、图书条码以及图书在版编目数据须符合有关标准和规定。

第二十七条 图书出版单位不得向任何单位或者个人出售或者以其他形式转让本单位的名称、中国标准书号或者全国统一书号。

第二十八条 图书出版单位不得以一个中国标准书号或者全国统一书号出版多种图书，不得以中国标准书号或者全国统一书号出版期刊。中国标准书号使用管理办法由新闻出版总署另行规定。

第二十九条 图书出版单位租型出版图书、合作出版图书、出版自费图书须按照新闻出版总署的有关规定执行。

第三十条 图书出版单位与境外出版机构在境内开展合作出版，在合作出版的图书上双方共同署名，须经新闻出版总署批准。

第三十一条 图书出版单位须按照国家有关规定在其出版的图书上载明图书版本记录事项。

第三十二条 图书出版单位应当委托依法设立的出版物印刷单位印刷图书，并按照国家规定使用印刷委托书。

第三十三条 图书出版单位须遵守国家统计规定，依法向新闻出版行政部门报送统计资料。

第三十四条 图书出版单位在图书出版 30 日内，应当按照国家有关规定向国家图书馆、中国版本图书馆、新闻出版总署免费送交样书。

第四章　监督管理

第三十五条 图书出版的监督管理实行属地原则。

省、自治区、直辖市新闻出版行政部门依法对本行政区域内的图书出版进行监督管理，负责本行政区域内图书出版单位的审核登记、年度核验及其出版图书的审读、质量评估等管理工作。

第三十六条　图书出版管理实行审读制度、质量保障管理制度、出版单位分级管理制度、出版单位年度核验制度和出版从业人员职业资格管理制度。

第三十七条　新闻出版总署负责全国图书审读工作。省、自治区、直辖市新闻出版行政部门负责对本行政区域内出版的图书进行审读，并定期向新闻出版总署提交审读报告。

第三十八条　新闻出版行政部门可以根据新闻出版总署《图书质量管理规定》等规定，对图书质量进行检查，并予以奖惩。

第三十九条　新闻出版总署制定图书出版单位等级评估办法，对图书出版单位进行评估，并实行分级管理。

第四十条　图书出版单位实行年度核验制度，年度核验每两年进行一次。

年度核验按照以下程序进行：

（一）图书出版单位提出年度自查报告，填写由新闻出版总署统一印制的图书出版年度核验表，经图书出版单位的主办单位、主管单位审核盖章后，在规定时间内报所在地省、自治区、直辖市新闻出版行政部门；

（二）省、自治区、直辖市新闻出版行政部门在收到图书出版单位自查报告、图书出版年度核验表等年度核验材料30日内予以审核查验、出具审核意见，报送新闻出版总署；

（三）新闻出版总署在收到省、自治区、直辖市新闻出版行政部门报送的图书出版单位年度核验材料和审核意见60日内作出是否予以通过年度核验的批复；

（四）图书出版单位持新闻出版总署予以通过年度核验的批复文件、图书出版许可证副本等相关材料，到所在地省、自治区、直辖市新闻出版行政部门办理登记手续。

第四十一条　图书出版单位有下列情形之一的，暂缓年度核验：

（一）正在限期停业整顿的；

（二）经审核发现有违法情况应予处罚的；

（三）主管单位、主办单位未认真履行管理责任，导致图书出版管理混乱的；

（四）所报年度核验自查报告内容严重失实的；

（五）存在其他违法嫌疑需要进一步核查的。

暂缓年度核验的期限为 6 个月。在暂缓年度核验期间，图书出版单位除教科书、在印图书可继续出版外，其他图书出版一律停止。缓验期满，按照本规定重新办理年度核验手续。

第四十二条 图书出版单位有下列情形之一的，不予通过年度核验：

（一）出版导向严重违反管理规定并未及时纠正的；

（二）违法行为被查处后拒不改正或者在整改期满后没有明显效果的；

（三）图书出版质量长期达不到规定标准的；

（四）经营恶化已经资不抵债的；

（五）已经不具备本规定第九条规定条件的；

（六）暂缓登记期满，仍未符合年度核验基本条件的；

（七）不按规定参加年度核验，经催告仍未参加的；

（八）存在其他严重违法行为的。

对不予通过年度核验的图书出版单位，由新闻出版总署撤销图书出版许可证，所在地省、自治区、直辖市新闻出版行政部门注销登记。

第四十三条 年度核验结果，新闻出版总署和省、自治区、直辖市新闻出版行政部门可以向社会公布。

第四十四条 图书出版从业人员，应具备国家规定的出版职业资格条件。

第四十五条 图书出版单位的社长、总编辑须符合国家规定的任职资格和条件。

图书出版单位的社长、总编辑须参加新闻出版行政部门组织的岗位培训，取得岗位培训合格证书后才能上岗。

第五章 法律责任

第四十六条 图书出版单位违反本规定的，新闻出版总署或者省、自治区、直辖市新闻出版行政部门可以采取下列行政措施：

（一）下达警示通知书；

（二）通报批评；

（三）责令公开检讨；

（四）责令改正；

（五）核减中国标准书号数量；

（六）责令停止印制、发行图书；

（七）责令收回图书；

（八）责成主办单位、主管单位监督图书出版单位整改。

警示通知书由新闻出版总署制定统一格式，由新闻出版总署或者省、自治区、直辖市新闻出版行政部门下达给违法的图书出版单位，并抄送违法图书出版单位的主办单位及其主管单位。

本条所列行政措施可以并用。

第四十七条 未经批准，擅自设立图书出版单位，或者擅自从事图书出版业务，假冒、伪造图书出版单位名称出版图书的，依照《出版管理条例》第五十五条处罚。

第四十八条 图书出版单位出版含有《出版管理条例》和其他有关法律、法规以及国家规定禁止内容图书的，由新闻出版总署或者省、自治区、直辖市新闻出版行政部门依照《出版管理条例》第五十六条处罚。

第四十九条 图书出版单位违反本规定第二十七条的，由新闻出版总署或者省、自治区、直辖市新闻出版行政部门依照《出版管理条例》第六十条处罚。

第五十条 图书出版单位有下列行为之一的，由新闻出版总署或者省、自治区、直辖市新闻出版行政部门依照《出版管理条例》第六十一条处罚：

（一）变更名称、主办单位或者主管单位、业务范围，合并或分立，改变资本结构，未依法办理审批手续的；

（二）未按规定将其年度出版计划备案的；

（三）未按规定履行重大选题备案的；

（四）未按规定送交样书的。

第五十一条 图书出版单位有下列行为之一的，由新闻出版总署或者省、自治区、直辖市新闻出版行政部门给予警告，并处 3 万元以下罚款：

（一）未按规定使用中国标准书号或者全国统一书号、图书条码、图书在版编目数据的；

（二）图书出版单位违反本规定第二十八条的；

（三）图书出版单位擅自在境内与境外出版机构开展合作出版，在合作出版的图书上双方共同署名的；

（四）未按规定载明图书版本记录事项的；

（五）图书出版单位委托非依法设立的出版物印刷单位印刷图书的，或者未按照国家规定使用印刷委托书的。

第五十二条 图书出版单位租型出版图书、合作出版图书、出版自费图书，违反新闻出版总署有关规定的，由新闻出版总署或者省、自治区、直辖市新闻出版行政部门给予警告，并处 3 万元以下罚款。

第五十三条 图书出版单位出版质量不合格的图书，依据新闻出版总署《图书质量管理规定》处罚。

第五十四条 图书出版单位未依法向新闻出版行政部门报送统计资料的，依据新闻出版总署、国家统计局联合颁布的《新闻出版统计管理办法》处罚。

第五十五条 对图书出版单位作出行政处罚，新闻出版行政部门应告知其主办单位和主管单位，可以通过媒体向社会公布。

对图书出版单位作出行政处罚，新闻出版行政部门可以建议其主办单位或者主管单位对直接责任人和主要负责人予以行政处分或者调离岗位。

第六章　附　则

第五十六条　本规定自 2008 年 5 月 1 日起施行。

自本规定施行起，此前新闻出版行政部门对图书出版的其他规定，凡与本规定不一致的，以本规定为准。

关于重申对出版反映党和国家主要领导人工作和
生活情况图书加强管理的紧急通知

（新闻出版署　1997 年 1 月 24 日　新出图〔1997〕15 号）

出版反映党和国家主要领导人工作和生活情况的图书，是一项政治性很强的工作，必须十分慎重、严肃对待，必须严格执行中央和国家主管部门的有关规定。最近，个别出版社违反规定，未经专题报批，出版这类图书，在社会上造成不良影响。为严肃出版纪律，我署将于近期对已出版的反映党和国家主要领导人工作和生活情况的图书进行一次全面检查，凡违反规定的，严肃处理。现根据《关于对描写党和国家主要领导人的出版物加强管理的规定》（中宣发文〔1990〕5 号、〔90〕新出图字第 551 号）、《关于发表和出版有关党和国家主要领导人工作和生活情况作品的补充规定》（中宣发文〔1993〕5 号）、《关于出版反映党和国家主要领导人工作和生活情况的摄影画册的规定》（新出图〔1995〕215 号）等有关规定，经中央宣传部同意，重申如下：

一、反映现任或曾任党中央政治局常委，国家主席、副主席，国务院总理，中央军委主席，全国人大常务委员会委员长，全国政协主席工作和生活情况的图书必须专题报批。上述领导人的身边工作人员、战友和子女、亲属撰写的作品中有涉及党和国家主要领导人工作和生活情况的内容的，也必须专题报批。

二、反映党和国家主要领导人工作和生活情况的图书包括：专著、传记、回忆录、纪实文学、报告文学、摄影画册、图片以及有关作品的汇编集等。

三、反映党和国家主要领导人工作和生活情况的图书，只能由国家指定的出版社按专业分工范围出版，其他出版社一律不得安排出版。

四、出版反映党和国家主要领导人工作和生活情况的图书，必须严格执行专题申报、审批制度。中央和国家有关部委所属出版社，须将选题和稿件报主管部门审核并提出意见后，报送新闻出版署审批；地方出版社，须将选题和稿件报省、自治区、直辖市新闻出版局审核并提出意见，经省、自治区、直辖市党委宣传部同意后，报新闻出版署审批。新闻出版署在审批过程中，必要时可视不同情况，分别送中央宣传部、中央文献研究室、中央党史研究室和军事科学院等部门协助审核。凡出版反映健在的党和国家主要领导人工作和生活情况的图书，必须征得本人同意才能出版。

五、严禁用党和国家主要领导人的形象和声誉作广告或变相作广告。

六、凡宣传地方、行业、部门及企事业单位发展业绩的图书，内容涉及党和国家主要领导人的，不论是否正式出版、公开发行，均应按照有关规定申报、审批。

七、严禁采用买卖书号，或变相买卖书号、协作出版等方式出版反映党和国家主要领导人工作和生活情况的图书。严禁借出版反映党和国家主要领导人工作和生活情况的图书，向有关单位收取任何费用。

八、违反规定未经报批出版这类图书的，除对图书作出处理外，还将追究有关出版社负责人的责任。

九、出版社不出示新闻出版署的批准件，印刷单位不得承印这类图书，违者，从严处罚，并追究印刷单位负责人的责任。

十、出版社不出示新闻出版署的批准件，任何单位不得征订并批销这类图书，违者，从严处罚，并追究有关征订和批销单位负责人的责任。

十一、各省、自治区、直辖市新闻出版局接到本通知后应立即组织人员对所属出版社和本地图书市场出版和销售的这类图书进行一次全面检查，凡违反规定未经报批出版的，一律停售、封存；全国各出版社接到本通知后，应按照有关规定，立即进行一次自查，对违反规定未经报批出版的这类图书，主动停售、封存，并写出检查报告，经主管部门审核提出意见后，于1997年2月底前报新闻出版署作出处理。逾期不报者，从重处罚。

本通知由各省、自治区、直辖市新闻出版局转发所辖地区各有关单位和出版社。

关于认定淫秽及色情出版物的暂行规定

（新闻出版署　1988年12月27日　〔1988〕新出办字第1512号）

第一条　为了实施国务院《关于严禁淫秽物品的规定》和《关于重申严禁淫秽出版物的规定》，明确淫秽及色情出版物的认定标准，特制定本暂行规定。

第二条　淫秽出版物是指在整体上宣扬淫秽行为，具有下列内容之一，挑动人们的性欲，足以导致普通人腐化堕落，而又没有艺术价值或者科学价值的出版物：

（一）淫亵性地具体描写性行为、性交及其心理感受；

（二）公然宣扬色情淫荡形象；

（三）淫亵性地描述或者传授性技巧；

（四）具体描写乱伦、强奸或者其他性犯罪的手段、过程或者细节，足以诱发犯罪的；

（五）具体描写少年儿童的性行为；

（六）淫亵性地具体描写同性恋的性行为或者其他性变态行为，或者具体描写与性变态有关的暴力、虐待、侮辱行为；

（七）其他令普通人不能容忍的对性行为淫亵性描写。

第三条　色情出版物是指在整体上不是淫秽的，但其中一部分有第二条（一）至（七）项规定的内容，对普通人特别是未成年人的身心健康有毒害，而缺乏艺术价值或者科学价值的出版物。

第四条　夹杂淫秽、色情内容而具有艺术价值的文艺作品；表现人体美的美术作品；有关人体的解剖生理知识、生育知识、疾病防治和其他有关性知识、性道德、性社会学等自然科学和社会科学作品，不属于淫秽出版物、色情出版物的范围。

第五条　淫秽出版物、色情出版物由新闻出版署负责鉴定或者认定。新闻出版署组织有关部门的专家组成淫秽及色情出版物鉴定委员会，承担淫秽出版物、色情出版物的鉴定工作。

各省、自治区、直辖市新闻出版局组织有关部门的专家组成淫秽及色情出版物鉴定委员会，对本行政区域内发现的淫秽出版物、色情出版物提出鉴定或者认定意见报新闻出版署。

第六条　本规定所称的出版物包括书籍、报纸、杂志、图片、画册、挂历、音像制品和印刷宣传品。

本规定所称的普通人是指生理和精神正常的成年人。

第七条　本规定由新闻出版署负责解释。

第八条　本规定自公布之日起施行。

关于部分应取缔出版物认定标准的暂行规定

（新闻出版署　1989 年 11 月 3 日　〔1989〕新出政字第 1064 号）

中共中央办公厅、国务院办公厅于 1989 年 9 月 16 日发布的《关于整顿、清理书报刊和音像市场严厉打击犯罪活动的通知》明确规定："凡属于下列范围的书报刊和音像制品一律取缔：宣扬资产阶级自由化或其他内容反动的；有严重政治错误的；淫秽色情的；夹杂淫秽色情内容、低级庸俗、有害于青少年身心健康的；宣传封建迷信、凶杀暴力的；封面、插图、广告及其他宣传品存在上述问题的；非法出版的书报刊和音像制品。"据此，为使整顿、清理书报刊和音像市场工作顺利进行，现对部分应取缔的出版物的认定标准作如下具体规定：

一、"夹杂淫秽色情内容、低级庸俗、有害于青少年身心健康的"出版物（简称"夹杂淫秽内容的出版物"），是指尚不能定性为淫秽、色情出版物，但具有下列内容之一，低级庸俗，妨害社会公德，缺乏艺术价值或者科学价值，公开展示或阅读会对普通人特别是青少年身心健康产生危害，甚至诱发青少年犯罪的出版物：

1. 描写性行为、性心理，着力表现生殖器官，会使青少年产生不健康意识的；

2. 宣传性开放、性自由观念的；

3. 具体描写腐化堕落行为，足以导致青少年仿效的；

4. 具体描写诱奸、通奸、淫乱、卖淫的细节的；

5. 具体描写与性行为有关的疾病，如梅毒、淋病、艾滋病等，令普通人厌恶的；

6. 其他刊载的猥亵情节，令普通人厌恶或难以容忍的。

二、"宣扬封建迷信"的出版物，是指除符合国家规定出版的宗教出版物外，其他违反科学、违反理性，宣扬愚昧迷信的出版物：

1. 以看相、算命、看风水、占卜为主要内容的；

2. 宣扬求神问卜、驱鬼治病、算命相面以及其他传播迷信谣言、荒诞信息，足以蛊惑人心，扰乱公共秩序的。

三、宣扬"凶杀暴力"的出版物，是指以有害方式描述凶杀等犯罪活动或暴力行为，足以诱发犯罪，破坏社会治安的出版物：

1. 描写罪犯形象，足以引起青少年对罪犯同情或赞赏的；

2. 描述罪犯践踏法律的行为，唆使人们蔑视法律尊严的；

3. 描述犯罪方法或细节，会诱发或鼓动人们模仿犯罪行为的；

4. 描述离奇荒诞、有悖人性的残酷行为或暴力行为，令普通人感到恐怖、会对青少年造成心理伤害的；

5. 正面肯定抢劫、偷窃、诈骗等具有犯罪性质的行为的。

图书、期刊、音像制品、电子出版物重大选题备案办法

（国新出发〔2019〕35号）

第一条 为加强和改进出版物重大选题备案工作，根据中央有关精神和《出版管理条例》相关规定，制定本办法。

第二条 列入备案范围内的重大选题，图书、期刊、音像制品、电子出版物出版单位在出版之前，应当依照本办法报国家新闻出版署备案。未经备案批准的，不得出版发行。

第三条 本办法所称重大选题，指涉及国家安全、社会稳定等方面内容选题，具体包括：

（一）有关党和国家重要文件、文献选题。

（二）有关现任、曾任党和国家领导人讲话、著作、文章及其工作和生活情况的选题，有关现任党和国家主要领导人重要讲话学习读物类选题。

（三）涉及中国共产党历史、中华人民共和国历史上重大事件、重大决策过程、重要人物选题。

（四）涉及国防和军队建设及我军各个历史时期重大决策部署、重要战役战斗、重要工作、重要人物选题。

（五）集中介绍党政机构设置和领导干部情况选题。

（六）专门或集中反映、评价"文化大革命"等历史和重要事件、重要人物选题。

（七）专门反映国民党重要人物和其他上层统战对象的选题。

（八）涉及民族宗教问题选题。

（九）涉及中国国界地图选题。

（十）反映香港特别行政区、澳门特别行政区和台湾地区经济、政治、历史、文化、重要社会事务等选题。

（十一）涉及苏联、东欧等社会主义时期重大事件和主要领导人选题。

（十二）涉及外交方面重要工作选题。

有关重大选题范围，国家新闻出版署根据情况适时予以调整并另行公布。

第四条　编辑制作出版反映党和国家领导人生平、业绩、工作和生活经历的重大题材作品，实行统筹规划、归口审批，按照中央和国家有关文件要求办理立项手续。经批准立项的选题，出版前按规定履行重大选题备案程序。

第五条　图书、音像制品和电子出版物重大选题备案中有以下情况的，由相关单位出具选题审核意见报国家新闻出版署，国家新闻出版署根据审核意见直接核批。

（一）中央和国家机关有关部门组织编写的主要涉及本部门工作领域的选题，由本部门出具审核意见。

（二）中央统战部、中央党史和文献研究院、外交部、国家民委等部门所属出版单位出版的只涉及本部门工作领域的选题，由本部门出具审核意见。

（三）解放军和武警部队出版单位出版的只涉及军事军史内容的选题，由中央军委政治工作部出具审核意见。

（四）各地编写的只涉及本地区党史事件、人物和本地区民族问题的选题，不涉及敏感、复杂内容和全局工作的，由所在地省级出版管理部门组织审读把关，出具审核意见。

（五）涉及中国国界地图选题，不涉及其他应备案内容的，由出版单位在报备时出具国务院测绘地理信息行政主管部门的审核意见。

第六条　期刊重大选题备案中有以下情况的，按本条相关要求执行。

（一）期刊首发涉及本办法第三条第二、三、四项内容的文章，经期刊主管主办单位审核同意，报国家新闻出版署备案。转载或摘要刊发已正式出版的图书、期刊以及人民日报、新华社刊发播发的涉及上述内容的文章，经期刊主管单位审核同意后出版。

（二）中央各部门各单位主管的期刊刊发涉及重大选题备案范围的文

章，主要反映本领域工作，不涉及敏感、复杂内容的，经本部门审核同意后出版。

（三）中央党史和文献研究院、人民日报社、求是杂志社、新华社主管的期刊，刊发涉及重大选题备案范围的文章，经主管单位审核同意后出版。

（四）解放军和武警部队期刊刊发涉及重大选题备案范围的文章，经所在大单位或中央军委机关部门审核同意后出版。

（五）地方期刊刊发文章涉及本办法第五条第四项内容的文章，由所在地省级出版管理部门组织审读把关，审核同意后出版。

由期刊主管单位或有关部门审核同意出版的，审核意见应存档备查。

第七条　出版单位申报重大选题备案，应当通过所在地省级出版管理部门或主管单位进行。

（一）地方出版单位申报材料经主管主办单位审核同意后报所在地省级出版管理部门，非在京的中央各部门各单位出版单位申报材料经主办单位审核同意后报所在地省级出版管理部门，由所在地省级出版管理部门报国家新闻出版署。

（二）在京的中央各部门各单位出版单位申报材料经主管主办单位审核同意后，由主管单位报国家新闻出版署。

（三）解放军和武警部队出版单位申报材料经中央军委政治工作部审核同意后报国家新闻出版署。

第八条　申报重大选题备案时，应当如实、完整、规范填报并提交如下材料：

（一）省级出版管理部门或主管单位的备案申请报告。报告应当对申报备案的重大选题有明确审核意见。

（二）重大选题备案申报表。应当清楚填写涉及重大选题备案范围，需审核问题，需审核的具体章节、页码和待审核的人物、事件、文献、图片等内容。

（二）书稿、文章、图片或者样片、样盘、样带。书稿应当"齐清定"、经过编辑排版并装订成册，文字符合国家语言文字规范，引文注明出处。

（四）出版物"三审"意见复印件。

（五）备案需要的其他材料。包括有关部门同意立项的材料，送审照片（图片）样稿，相关部门保密审核意见等。

第九条　国家新闻出版署对申报备案的重大选题进行审核，必要时转请有关部门或组织专家协助审核。

第十条　国家新闻出版署自备案受理之日起 20 日内（不含有关部门或专家协助审核时间），对备案申请予以答复或提出意见。

第十一条　国家新闻出版署审核同意的备案批复文件，两年内有效；备案批复文件超出有效期及出版物修订再版的，应当重新履行备案程序。

第十二条　出版单位应当按照出版专业分工安排重大选题出版计划，对不具备相关出版资质和编辑能力的选题，不得报备和出版；应当严格履行出版物内容把关主体责任，坚持优化结构、提高质量，严格执行选题论证、"三审三校"制度，确保政治方向、出版导向、价值取向正确。

第十三条　各地出版管理部门和主管主办单位是落实重大选题备案制度的前置把关部门，应当严格落实属地管理和主管主办责任。主要职责是：负责审核所属出版单位申请备案选题的内容导向质量及出版单位出版资质，对不符合备案条件的不予受理，对思想倾向不好、内容平庸、题材重复、超业务范围等不具备出版要求的选题予以撤销；对由地方出版管理部门和主管单位审核把关的选题，组织相关单位认真做好内容审核和保密审查，提出具体审核意见；对审核部门提出的意见，督促出版单位认真修改并做好复核工作；对应履行重大选题备案程序但未按要求备案的出版单位进行处理、追责问责。

第十四条　出版单位违反本办法，未经备案出版涉及重大选题范围出版物的，由国家新闻出版署或省级出版管理部门责成其主管单位对出版单位的主要负责人员给予行政处分；停止出版、发行该出版物；违反《出版管理条例》和有关规定的，依照有关规定处罚。

第十五条　国家新闻出版署对重大选题备案执行情况开展年度检查和考核评估，视情况予以奖惩。

第十六条　本办法由国家新闻出版署负责解释。

第十七条　本办法自印发之日起施行。《图书、期刊、音像制品、电子出版物重大选题备案办法》（新出图〔1997〕860 号）同时废止。

使用文字作品支付报酬办法

（2014 年 9 月 23 日中华人民共和国国家版权局中华人民共和国
国家发展和改革委员会令第 11 号公布）

第一条　为保护文字作品著作权人的著作权，规范使用文字作品的行为，促进文字作品的创作与传播，根据《中华人民共和国著作权法》及相关行政法规，制定本办法。

第二条　除法律、行政法规另有规定外，使用文字作品支付报酬由当事人约定；当事人没有约定或者约定不明的，适用本办法。

第三条　以纸介质出版方式使用文字作品支付报酬可以选择版税、基本稿酬加印数稿酬或者一次性付酬等方式。

版税，是指使用者以图书定价 × 实际销售数或者印数 × 版税率的方式向著作权人支付的报酬。

基本稿酬，是指使用者按作品的字数，以千字为单位向著作权人支付的报酬。

印数稿酬，是指使用者根据图书的印数，以千册为单位按基本稿酬的一定比例向著作权人支付的报酬。

一次性付酬，是指使用者根据作品的质量、篇幅、作者的知名度、影响力以及使用方式、使用范围和授权期限等因素，一次性向著作权人支付的报酬。

第四条　版税率标准和计算方法：

（一）原创作品：3% ~ 10%

（二）演绎作品：1% ~ 7%

采用版税方式支付报酬的，著作权人可以与使用者在合同中约定，在交付作品时或者签订合同时由使用者向著作权人预付首次实际印数或者最低保底发行数的版税。

首次出版发行数不足千册的，按千册支付版税，但在下次结算版税时对已经支付版税部分不再重复支付。

第五条　基本稿酬标准和计算方法：

（一）原创作品：每千字 80 ~ 300 元，注释部分参照该标准执行。

（二）演绎作品：

1. 改编：每千字 20 ~ 100 元。

2. 汇编：每千字 10 ~ 20 元。

3. 翻译：每千字 50 ~ 200 元。

支付基本稿酬以千字为单位，不足千字部分按千字计算。

支付报酬的字数按实有正文计算，即以排印的版面每行字数乘全部实有的行数计算。占行题目或者末尾排不足一行的，按一行计算。

诗词每十行按一千字计算，作品不足十行的按十行计算。辞书类作品按双栏排版的版面折合的字数计算。

第六条　印数稿酬标准和计算方法：

每印一千册，按基本稿酬的 1% 支付。不足一千册的，按一千册计算。作品重印时只支付印数稿酬，不再支付基本稿酬。

采用基本稿酬加印数稿酬的付酬方式的，著作权人可以与使用者在合同中约定，在交付作品时由使用者支付基本稿酬的 30%~50%。除非合同另有约定，作品一经使用，使用者应当在 6 个月内付清全部报酬。作品重印的，应在重印后 6 个月内付清印数稿酬。

第七条　一次性付酬的，可以参照本办法第五条规定的基本稿酬标准及其计算方法。

第八条　使用演绎作品，除合同另有约定或者原作品已进入公有领域外，使用者还应当取得原作品著作权人的许可并支付报酬。

第九条 使用者未与著作权人签订书面合同，或者签订了书面合同但未约定付酬方式和标准，与著作权人发生争议的，应当按本办法第四条、第五条规定的付酬标准的上限分别计算报酬，以较高者向著作权人支付，并不得以出版物抵作报酬。

第十条 著作权人许可使用者通过转授权方式在境外出版作品，但对支付报酬没有约定或约定不明的，使用者应当将所得报酬扣除合理成本后的70%支付给著作权人。

第十一条 报刊刊载作品只适用一次性付酬方式。

第十二条 报刊刊载未发表的作品，除合同另有约定外，应当自刊载后1个月内按每千字不低于100元的标准向著作权人支付报酬。

报刊刊载未发表的作品，不足五百字的按千字作半计算；超过五百字不足千字的按千字计算。

第十三条 报刊依照《中华人民共和国著作权法》的相关规定转载、摘编其他报刊已发表的作品，应当自报刊出版之日起2个月内，按每千字100元的付酬标准向著作权人支付报酬，不足五百字的按千字作半计算，超过五百字不足千字的按千字计算。

报刊出版者未按前款规定向著作权人支付报酬的，应当将报酬连同邮资以及转载、摘编作品的有关情况送交中国文字著作权协会代为收转。中国文字著作权协会收到相关报酬后，应当按相关规定及时向著作权人转付，并编制报酬收转记录。

报刊出版者按前款规定将相关报酬转交给中国文字著作权协会后，对著作权人不再承担支付报酬的义务。

第十四条 以纸介质出版方式之外的其他方式使用文字作品，除合同另有约定外，使用者应当参照本办法规定的付酬标准和付酬方式付酬。

在数字或者网络环境下使用文字作品，除合同另有约定外，使用者可以参照本办法规定的付酬标准和付酬方式付酬。

第十五条 教科书法定许可使用文字作品适用《教科书法定许可使用作品支付报酬办法》。

第十六条 本办法由国家版权局会同国家发展和改革委员会负责解释。

第十七条 本办法自 2014 年 11 月 1 日起施行。国家版权局 1999 年 4 月 5 日发布的《出版文字作品报酬规定》同时废止。

图书编校质量差错判定和计算方法

（国家新闻出版署 2023 年 6 月 16 日发布，2023 年 8 月 1 日实施）

1 范围

本文件规定了图书编校质量检查工作中检查字数的计算方法、编校差错的判定和计错方法及编校差错率的计算方法。

本文件适用于图书编校质量的检查，非连续性内部资料性出版物参照使用，电子图书参考使用。

本文件不适用于地图图书和图书中地图图片部分的质量检查。

2 规范性引用文件

下列文件中的内容通过文中的规范性引用而构成本文件必不可少的条款。其中，注日期的引用文件，仅该日期对应的版本适用于本文件；不注日期的引用文件，其最新版本（包括所有的修改单）适用于本文件。

GB 3100 国际单位制及其应用

GB/T 3101 有关量、单位和符号的一般原则

GB/T 3102.1 空间和时间的量和单位

GB/T 3102.2 周期及其有关现象的量和单位

GB/T 3102.3 力学的量和单位

GB/T 3102.4 热学的量和单位

GB/T 3102.5 电学和磁学的量和单位

GB/T 3102.6 光及有关电磁辐射的量和单位

GB/T 3102.7 声学的量和单位

GB/T 3102.8 物理化学和分子物理学的量和单位

GB/T 3102.9 原子物理学和核物理学的量和单位

GB/T 3102.10 核反应和电离辐射的量和单位

GB/T 3102.11 物理科学和技术中使用的数学符号

GB/T 3102.12 特征数

GB/T 3102.13 固体物理学的量和单位

GB/T 15834 标点符号用法

GB/T 15835 出版物上数字用法

GB/T 16159 汉语拼音正词法基本规则

CY/T 119—2015 学术出版规范科学技术名词

3 术语和定义

下列术语和定义适用于本文件。

3.1 图书 book

用文字或图片、符号记录知识于纸张等载体，并具有相当篇幅的非连续性出版物。

[来源：CY/T 50—2008，2.57，有修改]

3.2 编校质量 editing and proofreading quality

文字、图片、符号、格式等方面呈现的编辑和校订满足要求的程度。

3.3 编校差错 editing and proofreading error

文字、图片、符号、格式等方面存在的不符合法律法规、国家标准、相关行业标准，或逻辑性、知识性等的错误。

3.4 编校差错率 editing and proofreading error rate

编校差错数占总字数的比率。

注：编校差错率是评价编校质量是否符合要求的指标，在实际操作中通常以抽查部分的编校差错率代表整体的编校差错率。

4　检查字数计算方法

4.1　通则

4.1.1　图书检查字数的计算，应以检查的版面字数为准，即：检查字数 = 每行字数 × 每面行数 × 检查面数。

4.1.2　封一、封二、封三、封四、护封、封套、腰封和扉页，除空白面不计外，每面应按正文满版字数的 50% 计算；书脊、有文字的勒口，应按正文满版字数计算。

4.1.3　版权页、前言、目录、后记等辅文，每面应按正文满版字数计算。空白面不计。

4.1.4　凡连续编排页码的正文，不论是否排字或排有插图、表格，均应按一面满版字数计算。

4.1.5　插页部分应按实际版面字数计算；不易直接计算的，应折合为正文开本面数，再按正文版面字数计算。

4.1.6　书眉（或中缝）和单排的页码、边码应各算一行（列）计入正文行（列）数，一并计算。

4.1.7　分栏排版的图书，各栏之间的空白也应计入版面字数。

4.1.8　参考文献、索引、附录等字号有变化时，应分别按实际版面字数计算。

4.1.9　用小号字排版的脚注文字，单面满 5 行不足 10 行的，该面应按正文满版字数加 15% 计算；满 10 行的，该面应按注文满版计算。

4.1.10　用小号字排版的夹注文字，应采用折合行数的方法，比照脚注文字进行计算。

4.1.11　外文图书、少数民族文字图书，图书的外文部分、少数民族文字部分和拼音部分，应以对应字号的汉字字数加 30% 计算。

4.2　图书辅文部分图片页和以图片为主的图书的字数计算

4.2.1　有文字说明的版面，应按满版字数的 50% 计算。

4.2.2　没有文字说明的版面，应按满版字数的 20% 计算。

4.2.3 无法计算版面字数的，可以一个印张 1 万字为基数，参照 4.2.1、4.2.2 计算。

4.3 曲谱类图书的字数计算

4.3.1 文字与曲谱混排图书，应按满版字数计算。

4.3.2 纯曲谱图书，每面曲谱行数在 11 行及以下的，可以一个印张 1.7 万字为基数计算字数；每面曲谱行数超过 11 行的，每多 1 ~ 5 行，可按一个印张增加 0.85 万字计算字数。

5 编校差错判定和计错方法

5.1 文字、图片差错

5.1.1 一本图书中，同一错别字重复出现，每面计 1 次，最多计 4 次；阿拉伯数字与汉字数字混用差错，每面计 1 次，最多计 10 次；除错别字和阿拉伯数字与汉字数字混用差错外，其他同一文字、图片差错重复出现，每面计 1 次，最多计 3 次。书眉（或中缝）中同一文字、图片差错重复出现，按一面上差错数加 1 倍计算。

5.1.2 封一、扉页上的文字、图片差错，以对应的计错数加 1 倍计算；相关文字不一致，有一项计 1 个差错。

5.1.3 文字、图片差错类型的判定和计错应符合表 1 的相关要求。

表 1　文字、图片差错类型的判定和计错方法

序号	类型	描述	计错方法
1–1	错字、别字	—	每处计 1 个差错
1–2	多字、漏字	—	每处多、漏 1 个字，计 1 个差错；2 ~ 5 个字，计 2 个差错；5 个字以上，计 4 个差错
1–3	颠倒字	—	可以用一个校对符号改正的，每处计 1 个差错
1–4	不规范使用汉字	1. 繁简字混用，且未作说明 2. 不规范使用异体字、异形词 3. 不规范使用旧字形	每处计 0.5 个差错

续表

序号	类型	描述	计错方法
1-5	词语差错	1. 错用词语或成语 2. 专有名词差错 3. 使用带有侮辱、低俗含义的网络词语 4. 不当使用谐音词 5. 不规范使用缩略语	每处计1个差错
1-6	计量单位中文名称差错	工具书的科技条目，科技类教材、教辅和其他科技图书，使用计量单位中文名称不符合 GB 3100、GB/T 3101、GB/T 3102.1~GB/T 3102.10、GB/T 3102.13 或相关行业标准	
1-7	科技名词差错	工具书、教材教辅、科技图书，使用科学术语不符合国家有关机构审定公布的规范词	
1-8	相关文字不一致	1. 目录页码或标题与正文不一致 2. 索引、检字表等页码或词条与正文不对应 3. 图表中个别文字或数值信息与正文不一致 4. 书眉内容与正文不对应	
1-9	不规范或不当表达引起的倾向性问题	1. 涉港澳台表达不规范 2. 涉民族、宗教表达不规范 3. 涉边疆地理表达不规范 4. 以未成年人为对象的图书中含有不利于未成年人健康成长的表述或图片	每处计2个差错
1-10	知识性差错	1. 事实性、科学性、概念性差错 2. 法律、法规引用差错，文件摘录差错 3. 公式、运算、答案差错 4. 题目表述有误，且影响做题	
1-11	逻辑性、语法性差错	1. 句式杂糅 2. 歧义、前后矛盾、不合事理 3. 语句不通、表意不明 4. 同一单元或同一份试卷中的试题完全重复 5. 答案无故缺失	每处计2个差错
1-12	图、表的内容与说明文字不符	1. 图、表所表达的主要内容与文字叙述内容不一致 2. 图注、表注与图表内容不一致	每处计2个差错
1-13	不当使用已废止的标准或陈旧资料	1. 不当使用已废止的法律法规、标准规范 2. 使用应该更新而未更新的数据 3. 使用旧名称，且没有相关说明	每处计1个差错，由于不当使用造成知识性错误的计2个差错
1-14	少数民族文字差错	1. 拼写、标调差错 2. 汉语音译转写错误	以一个字或单词为单位，无论其中几处有错，计1个差错
1-15	外文、国际音标差错	1. 拼写差错 2. 时态、单复数差错 3. 音符、重音差错	

序号	类型	描述	计错方法
1–16	汉语拼音拼写、标调错误	不符合《汉语拼音方案》或 GB/T 16159 的规定	以一个对应的汉字或词组为单位，计 1 个差错
1–17	阿拉伯数字、罗马数字差错	年代、日期、时间、数值、比例差错	无论几位数，都计 1 个差错
1–18	阿拉伯数字与汉字数字混用	不符合 GB/T 15835 的规定	每处计 0.1 个差错
1–19	字母形式误用，相似字母、符号混用差错	1. 不同文种字形相似的字母混用 2. 字母与相似符号混用 3. 字母大小写、正斜体、黑白体误用	每处计 0.5 个差错
1–20	非常用字母词首次出现，未加注中文译名	1. 非学术类图书中首次使用工具书未收录的字母词，未加注中文译名 2. 学术类图书不符合 CY/T 119–2015 中 4.4 的规定	

注：差错描述为判断差错类型提供参考，包括但不限于表 1 给出的描述。

5.2 符号差错

5.2.1　一本图书中，同一标点符号差错重复出现，最多计 10 次；注码、序号标注差错全书超过 3 处，计 1 个差错；同一单位符号、科学符号、曲谱符号等符号差错重复出现，每面计 1 次，最多计 3 次。

5.2.2　符号差错类型的判定和计错应符合表 2 的相关要求。

表 2　符号差错类型的判定和计错方法

序号	类型	描述	计错方法
2–1	标点符号差错	1. 标点符号用法不符合 GB/T 15834 的规定 2. 标点符号多用、漏用 3. 小数点与间隔号互错，冒号与比号互错	每处计 0.1 个差错
2–2	注码、序号标注差错	注码、图序、表序、公式序标注差错	
2–3	单位符号、科学符号等符号差错	法定计量单位符号、科学技术各学科中科学符号的用法不符合 GB 3100、GB/T 3101、GB/T 3102（所有部分）的要求或相关行业标准	每处计 0.5 个差错

序号	类型	描述	计错方法
2-4	曲谱符号差错	1. 速度、力度、表情符号差错 2. 演奏、演唱技术与方法的符号差错 3. 反复号、声部分并、歌词分并符号差错 4. 音高差错 5. 时值差错 6. 休止差错	每处计 0.5 个差错
注：差错描述为判断差错类型提供参考，包括但不限于表 2 给出的描述。			

5.3 格式差错

5.3.1 一本图书中，同一格式差错重复出现，最多计 10 次。

5.3.2 格式差错类型的判定和计错应符合表 3 的相关要求。

表 3 格式差错类型的判定和计错方法

序号	类型	描述	计错方法
3-1	空行、空格错误	1. 影响文意的不合版式要求的另页、另面、另段、另行、接排、空行，需要空行、空格而未空 2. 汉语拼音分连写错误，多空格或未空格	每处计 0.1 个差错
3-2	转行错误	1. 阿拉伯数字、汉语拼音、外文缩写断开转行 2. 外文单词未按音节转行	
3-3	编写体例差错	1. 字体错、字号错、文字颜色错，或字体、字号、颜色同时错 2. 参考文献、参考答案编写体例不一致 3. 多、漏表线 4. 曲谱中的谱表、连谱号、提示性符号的多、漏或错位 5. 编委会成员姓名顺序排错	
3-4	排版格式差错	1. 同一章节几个同级标题的位置、转行格式不统一 2. 文字编排格式不一致	
3-5	图、表、书眉、符号的位置差错	1. 书眉单双页位置互错 2. 曲谱符号的位置、顺序、方向错误 3. 行首、行末误用标点符号 4. 专名号、着重号错位	每处计 0.1 个差错
		5. 图、表位置与文字描述不一致	每处计 1 个差错
注：差错描述为判断差错类型提供参考，包括但不限于表 3 给出的描述。			

6 编校差错率计算方法

6.1 编校差错率计算公式：编校差错率 = 编校差错数 ÷ 总字数。

6.2 编校差错率用万分比表示。

参考文献

[1]CY/T 50—2008 出版术语

[2]第一届全国人民代表大会 汉语拼音方案

[3]中华人民共和国新闻出版总署〔2004〕26 号令 图书质量管理规定

[4]新出政发〔2010〕11 号 关于进一步规范出版物文字使用的通知

[5]国发（2013）23 号 国务院关于公布《通用规范汉字表》的通知

后　记

　　6年前，我与周杨在同一家民营书业工作，主要任务是审读书稿，严把政治质量关和编校文字关，确保图书出版达到"万无一失"的要求。

　　长年审读林林总总的书稿，发现形形色色的差错持续涌现，有的是严重政治性错误，诸如对党的路线、方针、政策有误解，怀有愤青情绪，甚或评头品足、影射攻击；有的以穿越为名，大讲唐朝、明朝人民生活如何如何，借古讽今，给读者的观感是"今不如昔"；有的书稿不严格遵循国家出版条例中的有关规定，在文学作品中存在一些宣扬封建迷信、凶杀暴力以及色情淫秽的内容，有损社会公德与公序良俗，真可谓五花八门，险象环生。而更多的则是书稿编校质量上的技术性差错：有的是重要引文或古典诗词上的差错，有的是重要事件或古今中外重要人物姓名、职位上的错讹；有的是语法修辞不规范，主谓语不全，语意不明，不利于读者阅读；有的是思想观点表述不当，存在舆论引导上的失误；有的是观点与事例不匹配，难以自圆其说；有的是体例不统一、标题制作质量差，达不到准确、简洁、新颖的要求；有的是书稿页码上多字、漏字、倒字，一本二十余万字的书稿，低级的文字差错竟高达万分之十以上。如此等等。

　　日复一日，年复一年，面对书稿编校方面的诸多差错，我们深切地感到，有一种强烈的政治责任感在提醒和鞭策着我们，应该编写一本关于图书出版差错方面的专业性书籍，以帮助国有和民营出版业的从业人员清醒认识到自己所从事职业的政治责任及其应有的职业操守与技能，以便按照国家出版工作的政策要求，严格执行图书书稿的"三审三校"把关流程，不断提高自己的职业道德及编校素养，真正担负起为党和人民讲好中国故事、宣传好中国声音、传播喜事新风、酿造优质精神食粮的重任。

鉴于此，2018年，我俩分工合作，从审读的近千本书稿中，精心选取编校方面的典型事例，分为：编校短论集萃、百字书评赏析、书稿编审中发现并纠正的二十五种差错、出版名家话出版、图书初审编辑和复审编辑工作要则、标点符号用法、图书出版相关政策法规，总计七个板块，编撰了一本名为《图书出版必备》的专业性书籍，在中国书籍出版社正式出版发行。

5年前书一上市，立即引起出版界和广大编辑从业人员的关注和欢迎。广西出版集团立即购买七百余册，发给所属出版社相关人员阅读参考；外国语教学与研究出版社邀请我为全社编辑人员现场讲课，课后立即购买五百册发给该社所有编辑；湖北省新闻出版局时任局长看了该书，认为对图书编辑很有用，立即批示所属十几家出版社人手一册购买阅读，同时委派集团图书出版处处长周凤荣同志与我联系，邀请我去武汉为近三百位出版社编辑现场授课，并获得一致好评。

转眼间，5年弹指而过。最近，我们从出版社，京东、当当等网站获悉广大图书出版工作者对该书评价甚好，也提出了一些在书稿内容上进一步调整与充实的意见和建议。为满足广大读者的意愿，亦为了进一步达到我国图书出版业多出好书、多出精品书的质量要求，我们本着严格规范、精益求精的原则，经与中国言实出版社友好协商，拟将该书修订再版，旨在原有出版内容的基础上，结合近5年来的书稿审读实践，适当增加图书编校短论集萃的分量，力求从理论与实践的结合上，以简洁生动的文字，从宏观到微观，简要论述图书出版工作的目的、意义及策划、组稿、编辑、审读等全流程所应遵循的方针政策和编校技巧，尤其是精选了书稿审读中我们发现并精心修改过的众多典型性案例以及最容易出现的二十八种典型性差错，约十万字，大大升华了原书的主旨要义，充实了原书的实用性内容。与此同时，我们还采纳了部分读者的建议，精选增加了百字书评赏析的内容，并对原书个别板块做了适当压缩，增加了国家新闻出版署近期发出的关于书稿编校差错认定办法等文件，从而使该书更具有权威性、专业性和可操作性，让图书出版从业人员更易于学习和把握，亦更有利于出版机构对图书出版人员进行专业培训，使本书真正成为图书出版专业人员的"小百科全书"和专业工作必备书。同时，感谢中国言实出版社的所有编审人员为本书的出版所付出的辛勤劳动。

由于水平上的限制，在重新编撰本书过程中，难免会出现一些不尽如人意之处，敬请专家和广大读者多提批评建议，我们殷切地期待着。

张芬之

2023 年 7 月 26 日于北京